Erhard Thiel

Sport und Sportler – Image und Marktwert

Inhaltsverzeichnis

Vorwort 7

1. Idole, Helden und warum der Sport Millionen fasziniert

1.1 Idole – Heldenbilder 11
1.2 Leitbild 1: Ernst Tachler über die neuen Helden und warum sie auch Weltmeister der Kommunikation sein müssen 31
1.3 Leitbild 2: Peter Roth sagt, warum das Idol vor allem glaubwürdig sein muß 42
1.4 Leitbild 3: Horst Kern zum Marktwert des Idols – und warum sich auch mit einem schlechten Ruf gelegentlich gut werben läßt 45
1.5 Was ist ein Image? 54
1.6 Die sieben Rollen auf der Bühne des Sports: Arbeiter und Architekt, Artist und Analytiker, Kaiser, Krieger und Philosoph 61

2. Die Images der Helden

2.1 »Boris« – unser Mega-Idol: Krieger und Kaiser 69
2.2 Steffi Graf – Symbol für Jugend, Leistung, Sauberkeit und Bodenständigkeit 83
2.3 Prototypen im Sport 89
2.4 Der FC Bayern München und der Unterschied zwischen Anspruch und Wirklichkeit 110

3. Die Images von Sportarten

3.1 Golf in Deutschland: Der blonde Bernhard – und viel Begeisterung für einen neuen Sport 121
3.2 Fußball: Die Zukunft des Spiels zwischen ursprünglichem Reiz und sinkenden Torquoten 125
3.3 Tennis – das Millionenspiel 137
3.4 Fechten in Deutschland: Unvergleichliche Erfolge vor nur wenigen Zuschauern 143

3.5 Die Leichtathletik und die Philosophie der Leistungsgesellschaft: Leistung ist hier lesbar 150
3.6 Reiten: Die »Affäre Schockemöhle« –
Beispiel für eine Imagekrise 161

4. Der Marktwert

4.1 Sportsponsoring – die Situation heute 167
4.2 Kommunikation durch Sportsponsoring –
Was ist möglich, und wo liegen die Grenzen? 168
4.3 Beispiel USA: Suche nach attraktiven »events«,
Frauen im Kommen, gelegentlich ein Blick nach Europa . 202
4.4 Trends und Tendenzen: Medienmensch, Comebacks für
»Sport live« und vergessene Sportarten, Suche nach
ungewöhnlichen Auftritten und Chancen für
weibliche Idole 209

Die Gesprächspartner 215

Stichwortverzeichnis 217

Vorwort

Dieses Buch beschäftigt sich mit der Frage: Was ist der Sport, was sind seine Idole für den Sponsor wirklich wert? Fest steht wohl, diesen Wert, den wir »Marktwert« nennen, bestimmen Images, Vorstellungsbilder. Und es darf auch davon ausgegangen werden, daß der Marktwert der Idole des Sports nach Art von freien Wechselkursen »ausgehandelt« wird.

So gesehen ist das Image der freie Wechselkurs des Marktwertes. Stellt sich noch die Frage: Was ist ein Image? Und wie bildet es sich – oder besser: Wie zeichnet es sich ab? Wenn wir dieses Wort mit »Ruf« übersetzen, wie verbindlich ist dieser Ruf?

Um andere Begriffsbestimmungen aufzugreifen: Ist dieses Image gar »Urteil« oder »Vor-Urteil«? Ist es Irrtum oder Täuschung oder was auch immer? Schließlich: Wie wirklichkeitsnah sind die Bilder im Kopf, die wir uns von den Idolen des Sports machen? Viele offene Fragen.

Doch ganz gleich, wie wir es auch immer nennen, Images, diese Vorstellungsbilder sind flüchtige Fiktionen und schwer greifbar. Images basieren auf Sinneswahrnehmungen, sind Leitlinien, geben Menschen, Sachen, Organisationen ein Gesicht.

Images – die des Sports und seiner Idole – sind deutbar und interpretierbar. Dieses Buch versucht eine Deutung von »Image und *Marktwert*« *des Sports* und seiner Idole, sucht nach den Gesetzen des Marktwertes. Eine Möglichkeit, die Images zu erkennen und damit den Marktwert zu bestimmen, liegt darin, sie dort zu betrachten, wo sie sich widerspiegeln: in den Medien, den gedruckten und den elektronischen, die sich mit dem Sport und seinen Idolen beschäftigen.

In den Medien spiegeln sich die Images. Deshalb sind sie auch so etwas wie »Wahrnehmungsorgane«; Ezra Pound nannte die (elektronischen) Medien »Antennen« und Marshall McLuhan bezeichnete sie als »Frühwarnsystem«. Hier wird deshalb versucht, mit jenen medialen »Antennen« die Signale der Idole aufzunehmen, aus dem Spiegel der Medien den Marktwert herauszulesen.

Mein Dank gilt Professor Peter Roth, mit dem ich Gespräche über die besondere Wechselwirkung zwischen dem Sport und seinen Sponsoren führte. Ein herzlicher Dank Ernst Tachler; der Diplom-Psychologe entwickelt für einen Großverlag in München Medienkonzepte, beschäftigt sich mit Medien- und Werbewirkung. In Gesprächen mit Ernst Tachler ging ich der Frage nach: Was macht ein Idol einzigartig? Und wenn es denn eine Formel für das Leitbild gibt: Wie lautet sie? Ich möchte mich auch bei Horst Kern bedanken, Geschäftsführer der Dr. Salcher Team GmbH, des Ottobrunner Marktforschungsinstitutes, das die Images des Sportes und der Sportler untersuchte. Horst Kern interpretierte diese Untersuchungen.

Bedanken möchte ich mich auch bei meiner Tochter Katja, die für mich recherchierte und dem Material Struktur gab.

Oberschleißheim, im Juni 1991   Erhard Thiel

Teil 1

Idole, Helden und warum der Sport Millionen fasziniert

1.1 Idole – Heldenbilder

Helden – Idole: Die Typen sind selten und deshalb kostbar. Weil auch Idole, wie alles im Leben, Geschmackssache sind, verteilt das Publikum seine Gunst auf die unterschiedlichsten Heldenbilder. Vom frisch-fröhlichen »Krieger«, wie ihn einst Helmut Rahn, der Reißer aus dem Kohlenpott verkörperte, bis zu dem introvertierten, selbstzweiflerischen Spielmacher Fritz Walter, ein genialer »Architekt« des Spiels aber auch ein feinnerviges Sensibelchen – um zwei klassische Beispiele aus den fünfziger Jahren zu nennen.

Idole – Wer ist denn nun wirklich der/die Größte?

Auch Boris Becker ist einer von den frisch-fröhlichen Offensiven, und er besitzt alle Voraussetzungen zum Mega-Idol der Deutschen. Bis 1988 allerdings war Boris dies noch nicht; er rangierte damals lediglich in der »Warteschleife« auf Platz fünf im Olymp unserer unsterblichen Helden. Zu diesem Ergebnis kam damals das Institut für Empirische Psychologie (IFEP) bei einer Umfrage der Zeitschrift SPORT-ILLUSTRIERTE (Sonderheft »Idole«, 8/88). Vor Boris, dem Meister des Tennisballs, waren drei weitere Virtuosen des Balls eingestuft. Auf Platz eins »Kaiser« Franz Beckenbauer, auf Platz drei Uwe Seeler, der kleine dynamische Mittelstürmer der späten fünfziger und der sechziger Jahre und auf Rang vier Mittelfeld-Regisseur Fritz Walter. Zweiter in der Hitliste unserer Helden war zu jenem Zeitpunkt der unsterbliche Faustfechter Max Schmeling.

Zur größten deutschen Sportlerin wählten die Befragten die Hochspringerin Ulrike Meyfarth, setzten sie damit vor eine weitere Leichtathletin, die Weitspringerin Heide Rosendahl. Steffi Graf war zu jener Zeit, im Frühjahr 1988, auf Rang drei zu finden, gefolgt von Rosi Mittermaier und der Eisläuferin Marika Kilius.

Nun muß an dieser Stelle wohl bemerkt werden, daß solche Ranglisten Momentaufnahmen sind, und sie sind kaum aussagefähiger als die Hitlisten der Popmusik; alles fließt, alles ist auch hier ständig in Bewegung.

Vergangenheit vergoldet Heldenbilder

Sicherlich, solche Listen ändern sich. Doch eine Erkenntnis scheint ehernes Gesetz:

Vergangenheit vergoldet. Die Helden tragen häufig Patina, und somit sind es nicht selten nostalgische Helden.

Und auch dies scheint eines der Gesetze des Heldentums im Sport zu sein:

Die Wiederholung eines großen Erfolges läßt einen Sportler erst in die Ruhmeshalle der Unsterblichen einziehen.

Ulrike Meyfarth erlangte diesen Status erst 1984 in Los Angeles durch die Wiederholung ihres Olympiasieges im Hochsprung. In gewissem Sinne war dies auch mit Max Schmeling nicht anders:

Weltmeister aller Klassen, um diesen ständigen Biertisch-Disput aufzuarbeiten, wurde Max Schmeling 1930, und zwar durch einen glanzlosen Disqualifikationssieg über Jack Sharkey. Doch erst jener legendäre Knockout in der zwölften Runde über den Aufsteiger Joe Louis am 19. Juni 1936 – bei dem es nicht um die Weltmeisterschaft ging – machte ihn unsterblich. »Maxe« wurde also keineswegs »mit einem Schlag« zum Idol.

Auch die Laufbahn des Muhammad Ali ist beispielhaft für diese These. Ende der sechziger Jahre verschwand der Vietnam-Verweigerer in der Versenkung, verlor seinen Weltmeistertitel. Im Herbst 1974 in Kinshasa wurde Muhammad Ali durch seinen K.-o.-Sieg über George Foreman erst jener unsterbliche Faustfighter – eben »der Größte«. Ein weiteres Comeback als Weltmeister, ein Kunststück, das ihm gegen Leon Spinks gelang, festigte den Status sportlicher »Unsterblichkeit«.

Die Idole des Sports sind »Vasomotorische Doppelgänger«

Warum wir die Idole von heute brauchen, beschrieb Günther Kunert in der Zeitschrift SPORTS (Nr. 9/1987) besonders eindringlich:

»Wir benötigen Idole, personifizierte Ideale, Vorbilder, die uns eigentlich in unserem privaten Leben nicht das geringste nützen.«

Auch Kunert fiel unter dem Stichwort »Idol« zuerst einmal der Name Max Schmeling ein. »Ganze Generationen«, so bemerkte er, »haben beispielsweise Max Schmeling als Gegenstand der Verehrung geerbt, ohne noch so recht zu wissen, warum eigentlich. Schmeling ist im Laufe von Jahrzehnten zu einer öffentlichen Einrichtung geworden, ohne daß jemand genau ihren Zweck erklären könnte, denn seine sportliche – und außerdem einmalige und unwiederholte – Leistung liegt weit zurück, ist schon Historie . . .« In Idolen wie Fritz Walter bis Boris Becker sieht Kunert mehr als nur Symbole, auch mehr als »ideologische Stellvertreter von Nationen, Systemen und Staaten.« Für ihn sind diese Helden »*vasomotorische Doppelgänger*«. Dabei reiche die Vorliebe für die »unkriegerischen Heroen« tief bis in unser Sensorium hinein.

Der Kampf der Stellvertreter

In den Arenen des Sports kämpfen also Stellvertreter, lassen unsere Sehnsüchte nach Siegen wahr werden. Kunert formulierte dies folgendermaßen: »*Während wir unseren Idolen zuschauen, treten wir aus der Alltäglichkeit heraus* . . . Es zuckt uns in den Fäusten und Beinen angesichts der Boxer und Fußballer; wir gebärden uns, als seien wir leiblich dabei . . . *Wir triumphieren mit dem Sieger, und wir ärgern uns mit dem – und über den Verlierer.*«

Ganz klar: Wir lieben die Sieger, und den Verlierern zeigen wir nicht selten die kalte Schulter, und gelegentlich lassen wir sie sogar einen Hauch von Verachtung spüren. Was sich schon darin zeige, so Horst Eiberle in der ›Süddeutschen Zeitung‹, »*daß dann doch schon eher die Betrüger akzeptiert werden, die den Ball mit der Hand statt dem Kopf unbemerkt ins Tor befördern*«, man erinnere sich nur an Maradona und »die Hand Gottes«, an jenes ominöse Handtor, durch das die Begegnung zwischen Argentinien und England bei der Weltmeisterschaft 1986 in Mexico zugunsten von Argentinien entschieden wurde.

Sympathie allein reicht nicht

Die Bekanntheit und die Prägnanz von Sportlerpersönlichkeiten müssen nicht unbedingt mit persönlicher Wertschätzung oder hohem

Sympathiewert einhergehen. Dies zeigt sich auch am Beispiel von Boris Becker. Stand der in einer Studie von 1986 noch klar und dominant als »beliebtester Sportler« ganz vorn in der Gunst des Publikums, so wurde sein Image ein Jahr später als sehr ambivalent bewertet.

In der Rangliste der »Minus-Männer« im Sport ist er an vierter Stelle zu finden. Ganz vorn John McEnroe, das »Ekel« schlechthin. Immerhin 25 Prozent lehnen McEnroe »innerlich« ab. Als zweiten notierten die Marktforscher den »Abpfiff«-Torwart Toni Schumacher, dann den Boxer René Weller, allzu häufig mit Halb- und Unterweltfiguren in Zusammenhang gebracht. Boris dann an vierter Stelle. Andererseits notierte Boris Becker bei dieser Erhebung immerhin noch 16 Prozentpunkte in Sachen »Wertschätzung«, während 22 Prozent ihn ablehnten.

Boris also mit polarisierender Wirkung, als »Minus-Mann« gleich hinter John McEnroe, der allerdings keinen einzigen Positivpunkt auf sein Imagekonto brachte.

Idole im Spannungsfeld zwischen Liebe und Haß

Diese beiden starken Gefühle wohnen dicht beieinander; und sicher haben die erheblichen Gemütsbewegungen, die Idole in uns auslösen, ihre tiefere Ursache in der Abhängigkeit des Zuschauers und Fans von dem Idol. In einem Interview mit der Zeitschrift SPORTS (Nr. 5/1988, Seiten 136 bis 145) nannte der Psychoanalytiker Horst-Eberhard Richter vor allem zwei Gründe für das Bedürfnis nach Idolen. *Zuerst einmal sei das Idol Vorbild für die eigene Entwicklung.*

Richter nannte hier Boris Becker. Er wurde zu einem Rollenmodell für eine Generation von Jugendlichen, die es selbst mit dem Racket probierten. Ein zweites Motiv, so Richter, komme jedoch noch hinzu:

All jene, die ihre Idole verehren, kosten in der Phantasie auch deren Triumphe mit aus. »Der Fan verschafft sich psychologisch eine Teilnehmerrolle«;

für den Psychoanalytiker Richter ist dies eine der wichtigsten Funktionen des Idols, weil für die überwiegende Mehrheit nun einmal das Ziel, ein Sieger zu sein, unerreichbar bleiben muß.

Die Sehnsucht nach Siegen

Sehnsüchte nach Siegen sind hartnäckig, und deshalb wird auch die Heldenrolle des Idols von seinen Anhängern in Gedanken so intensiv durchlebt und nachgespielt. So wärmen sie sich in der Sonne des Ruhms. Was das Idol seinem Fan damit anzubieten hat, ist Ersatz für dessen Enttäuschungen im Leben. Aus diesem Grunde auch reagieren die Fans so allergisch auf die Niederlagen ihrer Idole. Der Psychoanalytiker Richter weiß selbstverständlich, daß der Mensch es nur schwer erträgt, wenn eine Ersatzbefriedigung ausbleibt.

Für solchen Entzug bestraft der nach Siegen süchtige Fan dann eben sein Idol:

Boris Becker erlebte schon in ganz jungen Jahren die strafenden Fans; auch Franz Beckenbauer weiß nur zu gut, was es bedeutet, in Ungnade zu fallen – wie geschehen im Jahr 1977 nach seinem Wechsel zu Cosmos New York.

Ob die Teilnehmer eines Symposiums in Berlin mit ihrem Fazit, die Idealfigur im Sport existiere nicht mehr, richtig lagen, erscheint so gesehen zweifelhaft, haben sich doch die Heldenbilder – eingehender betrachtet – im Kern eigentlich nie geändert. *Dennoch die Helden von heute wirken anders, agieren auch anders als die sportlichen Vorbildfiguren aus den fünfziger Jahren.*

Die wachsende Kommerzialisierung im Sport »mit dem Trend zu mehr Subjektivität und Individualität«, so die Sektion Sport-Soziologie der Deutschen Vereinigung für Sportwissenschaften in Berlin (dvs), hat da sicherlich Einfluß genommen. Im Vergleich mit den Heldenbildern der fünfziger Jahre registrierte die Sektion weitreichende Wandlungen, sowohl bei den Spitzenathleten wie auch im Breiten- und Freizeitsport. In den »goldenen Fünfzigern« ging es um Werte wie Leistung und Disziplin, um Solidarität und um das Gemeinschaftsgefühl. »Elf Freunde müßt ihr sein«, lautete die von Sepp Herberger propagierte und allseits akzeptierte Erfolgsformel für das Mannschaftsspiel.

Selbstverwirklichung statt Solidarität

Zum Ende der siebziger Jahre hatten sich dann neue Normen mit den tradierten gründlich vermischt. Der Sport und seine Anhänger wandten sich dem offenen finanziellen Materialismus zu; Individualismus dominierte über Mannschaftsgeist. Lustgewinn hieß das neue Lebensgefühl, Disziplin war längst nicht mehr gefragt, und an die Stelle der Solidarität war die Selbstverwirklichung getreten, frei nach der Devise: *Mein Idol bin ich!*

Professor Volker Rittner von der Sporthochschule Köln formulierte diesen Bruch mit den Werten der Vergangenheit folgendermaßen: »Die Idealfigur des ›nice guy‹ im Spitzensport – vor allem in den USA in den fünfziger Jahren – der nette, brave und sympathische Star ohne Allüren existiert praktisch nicht mehr.«

Um den Bruch mit den Werten an einem Beispiel deutlich zu machen: Ein weiter Weg führt von der reinweißen Lichtfigur Fritz Walter bis zu »Toni« Schumacher, dem exzentrischen Egomanen im Tor der Nationalmannschaft. »Toni« ist typisch für *zunehmende Exzentrik und ungezügelten Individualismus*.

Helden heute – Fastfood für die Phantasie

Früher, in den fünfziger Jahren, präsentierten sich die Helden des Sports am liebsten als makellose Lichtfiguren; erinnern wir uns an Fritz Walter und seine Füße mit dem überragenden Intelligenzquotienten – ein Musterbeispiel an Mannschaftsgeist und ein »getreuer Sohn« des damaligen Bundestrainers Sepp Herberger. Erinnern wir uns auch an Hans-Günther Winkler und seinen schmerzvoll-heldenhaften Ritt bei den Olympischen Reiterspielen 1956 in Stockholm; oder »Bubi« Scholz, wie immer auch sein Schicksal später verlief, in den Fünfzigern war er nicht nur ein großer Boxer, sondern auch ein Idol und Star im allerbesten Sinne. Sicherlich, da gab es Stars mit Schatten, wie Helmut Rahn, den Reißer aus dem Kohlenpott, auch an der Pilstheke ein ganz Großer, oder der eigenwillige Armin Hary, der in Rom auf der kurzen Sprintstrecke eine Goldmedaille holte. Sie waren eigenwillig, aber eben doch keine Egomanen wie »Toni«

Schumacher. Möglicherweise verklärt die Erinnerung an die fünfziger Jahre im Abstand von mehreren Jahrzehnten diese Helden. Doch wie auch immer, all jene, die nach ihnen kamen, scheinen längst nicht mehr so zu strahlen. Schon die Helden der Sechziger – Ali vielleicht einmal ausgenommen – verblaßten in unserer Erinnerung bereits etwas schneller. Dies ist womöglich eher das Problem derjenigen, die sich erinnern, als das der Stars – doch vergleichen wir die »Sieger von Bern« anno 1954 mit den Weltmeistern von 1974, so haben sich Fritz Walter & Co. weit tiefer in unser Gedächtnis eingegraben.

Die Helden sind allgegenwärtig: Inflation für Idole?

Und es deutet vieles darauf hin, als sei das *Heldenbild in den achtziger Jahren in eine inflationäre Entwicklung* hineingedriftet. Natürlich kam in diesen achtziger Jahren Boris, und es gab auch einen Michael Groß, doch wer vermag schon auf Anhieb ganz präzise zu sagen, wieviele Goldmedaillen der Michael Groß bei den Olympischen Spielen 1984 in Los Angeles sich nun wirklich zusammenschwamm.

Der Münchner Autor Michael Geffken äußerte in der MÄNNER-VOGUE die Vermutung, durch seine gesellschaftliche Anerkennung habe der Sport seine Unschuld verloren. Doch gesellschaftlich anerkannt war der Sport auch schon in den dreißiger Jahren; Max Schmeling beispielsweise umschwärmten die damaligen Stars aus Kunst und Politik. Mit Dempsey und Tunney, den großen amerikanischen Fightern der zwanziger Jahre, war das nicht anders. Nein, mit der gesellschaftlichen Anerkennung des Sports hat die inflationäre Entwicklung des Heldenbildes sicher nichts zu tun. Es spricht sehr viel für einen Einfluß der Medien, und damit letztlich für eine Übersättigung. *In diesen total verkabelten Fernsehzeiten sind die Helden des Sports tagtäglich unter und um uns, was bedeutet: Die Idole sind allgegenwärtig, sind ständig verfügbar.*

Die Helden der fünfziger Jahre dagegen waren ausschließlich in den Stadien und Arenen zu besichtigen – ansonsten wurden sie per Hörfunk oder über die gedruckten Medien zu Produkten der Phantasie. So konnten sich an diesen Helden und ihren Taten noch Träume entzünden.

Heute ist kein Platz mehr für Phantasien, die Realität des Sports ist ständig auf dem Bildschirm zu besichtigen;

exotische Sportereignisse, wie der Super Bowl, das Endspiel im American Football – es dauert gewöhnlich vier Stunden und länger – werden zu banalem Augenfutter. Wer am Kabel hängt, kann sich ständig ins Drama einschalten.

Haben wir schon das Staunen verlernt?

Seit die Helden ständig unter uns sind, ist auch der Terminkalender des Sports mit Großereignissen vollgepackt. Vielleicht lassen sich diese inflationären Tendenzen des Heldenbildes durch die Alltäglichkeit der Helden von heute erklären. Und vielleicht ist die »Unsterblichkeit« unserer nostalgischen Helden das Ergebnis ihrer seltenen Präsenz und ihrer Exklusivität.

Ähnliches vermutet im übrigen auch einer, der es geschafft hat, schon frühzeitig in den Kreis der »Unsterblichen« aufgenommen zu werden:

Franz Beckenbauer ist der Ansicht, »daß das Fernsehen die Vorstellung von der Realität verzerrt«.

Durch den Zusammenschnitt vieler Fußballspiele reihe sich »ein Höhepunkt an den anderen, da fallen die Tore wie die reifen Früchte, passiert ständig etwas.« Mit diesem verzerrten Bild von der Fußballwirklichkeit gehe der Zuschauer dann ins Stadion und sei empört, wenn es auf dem Rasen nicht so laufe wie zu Hause auf dem Bildschirm. Dieser verwöhnte Zuschauer reagiere letztlich verstimmt und demotiviere dadurch die Spieler.

Idole müssen keine Seriensieger sein

Unsere Idole müssen im übrigen keine unschlagbaren Sieger sein. Es gibt sogar deutliche Hinweise darauf, daß der Zuschauer Aversionen gegen jene entwickelt, die ständig dominieren – Steffi Graf zum Beispiel hat sich an unterschwellig feindselige Reaktionen während ihrer großen Siegesserie gewöhnen müssen. Die Zuschauersympathie, die siegen hilft, läuft den Endlossiegern wieder davon und schließt sich jenen an, die sie herausfordern.

Wichtiger als die Serie von Siegen sind die menschlichen Qualitäten der Idole

Psychoanalytiker Horst-Eberhard Richter äußerte in SPORTS (Nr. 5/1988) die Ansicht, daß in Zukunft die menschlichen Qualitäten der Idole wieder eine größere Rolle spielen werden. Wie wir diese Qualität auch immer nennen wollen, ob wir von Image oder Charisma sprechen, jedenfalls spielt diese so schwer zu definierende Eigenschaft auch in der Vorstellungswelt der Sponsoren eine zunehmend bedeutendere Rolle.

Das Idol darf also ruhig auch ein glanzvoller und heroischer Verlierer sein; doch muß es als Individuum über eine ganz spezielle Ausstrahlung verfügen – es muß den Idealen eines Lebensstils entsprechen. Wenn man so will, eine Rückkehr zum makellosen Heldenbild.

Charisma – der »Kuß der Götter«

Leistung allein macht noch kein Idol. So schaffte es der Diskuswerfer Rolf Danneberg, immerhin Goldmedaille Diskus in Los Angeles 1984, einfach nicht, die Gunst der Massen und der Gönner zu erobern. Vielleicht wollte es dieser spröde Charakter auch gar nicht; dafür mußte er es dann aber in Kauf nehmen, seinen Sport jahrelang an der Grenze des Existenzminimums auszuüben. Was grauen Siegern wie Danneberg offensichtlich fehlt, ist eben jene spezielle Eigenschaft der großen Idole: das Charisma, jenes »etwas Ungewisse«, wie Kurt Tucholsky es nannte. Das Wort Charisma, mit dem wir die Ausstrahlung der Idole bezeichnen, kommt aus dem Griechischen und läßt sich vieldeutig übersetzen. Manche sprechen poetisch vom »Kuß der Götter«, andere sagen nicht viel weniger blumig, es heiße »mit Freude erfüllt sein«. Nun, wie auch immer, so falsch kann das alles nicht sein, liegt doch die Funktion der Idole vor allem darin, ihre Zuschauer jubeln zu lassen. *Was sie ausstrahlen, ist im Idealfall ein positives, überhöhtes Lebensgefühl.*

Wer weiter forscht, stößt bald auf Charis, so hieß eine griechische Göttin, die ihre Günstlinge auf Erden und auf dem Olymp mit der herrlichsten ihrer Gaben beglückte, eben dem Charisma.

Charisma – Transfusion vom Helden auf seine Anhänger

Warum es uns zu den charismatischen Helden drängt, warum wir die Nähe dieser Idole suchen, auch das haben die klugen Griechen schon lange vor uns gewußt. Charisma, so sagten sie, stecke an, übertrage sich vom Helden auf seine Anhänger. Auch diese Funktion der Idole bestätigt die moderne Psychologie ohne Einwände. Doch um nicht falsch verstanden zu werden, Charisma ist mehr als Erfolg und selbstverständlich auch mehr als technische Perfektion oder nur die »Schönheit der Aktion«, Charisma ist auch mehr als Genie, und mit dem Reichtum der Idole hat dies auch nichts zu tun. Alexander Lowen, Begründer der Bioenergetik, bezeichnete die geheimnisvolle Wechselbeziehung als »Anmut« – und »Anmut« verstand Lowen als »Angstfreiheit«, eben als Ausdruck eines unerschütterten Urvertrauens. Was letztlich nur bedeuten kann, daß einer, der seine eigene Identität gefunden hat, das geworden ist, was in ihm steckte. Charisma ist die Eigenschaft der Vollendeten. Die Charismatischen haben es nicht nötig, nach Effekten zu haschen, sie sind »nur« ganz sie selbst, und die anderen spüren instinktiv, daß von solch charismatischen Helden besondere Vibrationen ausgehen, *positive Schwingungen, geheimnisvolle Wellen, die in den anderen die besten Saiten anklingen lassen.*

Im übrigen entzieht sich die Liebe oder auch die Verehrung der charismatischen Helden jeder Logik; sie kommt ganz von innen, egal, ob wir darin nun den »Bauch« oder das »Herz« sehen.

Doch was motiviert nun eigentlich das Idol?

Die Zeitschrift SPORTS (Nr. 6/87) versuchte diese Frage demoskopisch zu ergründen. In einer von Uwe Prieser aufgearbeiteten Studie sind »Selbstbestätigung«, »Lust an der Leistung«, »Siegeswille« die ständig wiederkehrenden Vokabeln. Zwei von drei Athleten, so heißt es, beziehen daraus ihre Motivation. »Ruhm«, »Ehre« und »sozialer

Aufstieg« unterstützen lediglich die »Lust an der Leistung« als Motivation. Dies nur am Rande: In einer Reihe von Sportarten sind zwei von drei Athleten der Überzeugung, daß ohne die Einnahme von Dopingmitteln bei ihnen gar nichts geht. Die Athleten wissen also, welchen Preis die Höchstleistung verlangt. Um diese Höchstleistung zu erreichen, nehmen sie auch eine gewisse Einseitigkeit in Kauf; leiden mehr oder minder geduldig unter Streß und Leistungszwang sowie unter der Angst vor dem Mißerfolg. Fast jeder zweite kalkuliert realistisch auch die verpaßten Chancen im Beruf mit ein. »Nüchtern, illusionslos, pragmatisch wie er ist, wird der Athlet dennoch von einer romantischen Sehnsucht beherrscht«, kommentiert Prieser das Zahlenwerk: »Mehr als jeder zweite erklärt den Olympiasieg zum höchsten Ziel seiner Laufbahn.« Diese SPORTS-Umfrage zeigt:

Athleten im Hochleistungssport ähneln Schauspielern; mit denen verbindet sie die Angst vor dem Auftritt, und offensichtlich ziehen sie auch Lustgewinn aus dem Überwinden der Angst.

Unter Lampenfieber leiden drei von vier Athleten, genau 74,5 Prozent; 13,6 Prozent durchleiden immer wieder körperliche Sensationen wie Herzrasen; 14,6 Prozent bedrängt vor dem Einsatz der Durchfall und 15,2 Prozent bringt der bevorstehende Wettkampf sogar um den Schlaf.

Der gläubige Athlet

Wie läßt sich nur so viel Druck ertragen? Hier ist ein interessanter Trend zu registrieren: Unter den Spitzensportlern hat der Typus des gläubigen Athleten großen Zulauf. Der Tennis-Circus besitzt in dem Amerikaner Fritz Claus, einem evangelischen Geistlichen, bereits seinen eigenen Seelentrainer, der mit den Akteuren von Turnier zu Turnier reist. Häufig betet er mit den amerikanischen Jungstars Andre Agassi und Michael Chang. Die beiden sind keine Einzelfälle oder Sonderlinge. Der amerikanische Tenniskommentator Gerald Williams meinte: »Mehrere Dutzend Tennisprofis haben den Weg zu Gott gefunden.« Williams hat darüber ein Buch geschrieben (»A holy new game«) und nennt darin die Namen zahlreicher Glaubensbrüder, wie den englischen Fußballnationalspieler Glenn Hoddle, dem bei einer Reise nach Israel die Erleuchtung gekommen sei; Motorrad-Weltmeister Freddy Spencer; Jim Ryan, das Meilengenie der sechziger Jahre. Für Chang kam die »geistige Wiedergeburt« im Februar 1988 nach seinem Triumph bei den Internationalen Meisterschaften von Frankreich in Paris. 1989 bekannte er sich »vor aller Welt zum Glauben . . .«.

In England stehen inzwischen bei 35 Fußball- und Cricket-Clubs Pfarrer im Dienst. Beim FC Barcelona sitzt zuweilen sogar ein Priester mit auf der Reservebank. Vor ihren Heimspielen beten die blau-roten Katalonen gemeinsam in der Stadionkapelle.

Der vom Tennisstreß geplagte Andre Agassi fand zum Glauben, »weil er auf viele Fragen des Lebens eine Antwort« suchte. Bevor Agassi auf den Prediger traf, ging es ihm nach eigenem Bekunden gar nicht gut.

Der Star bezieht mehr und mehr Stellung

Die Stars beziehen also mehr und mehr Stellung, bekennen sich nicht nur zu irgend einem Sponsor, sondern auch zu Gott, zu einer Meinung, einer Ansicht, einer Weltanschauung. Das war durchaus nicht immer so, noch in den sechziger Jahren beschränkten sich die Meinungsäußerungen von Sportlern auf Trainings- und Wettkampffragen. Ansonsten schwiegen sie; Glaubensbekenntnisse jedweder Art wurden von ihnen nicht erwartet, ja, sie wurden von der Öffentlichkeit als unpassend empfunden.

Doch die Sportler sind seit den sechziger Jahren mündiger geworden, zeigen mehr und mehr politisches Bewußtsein. Und die Öffentlichkeit räumt ihnen durchaus das Recht ein, sich auch zu anderen Fragen des Lebens als zu denen des Sports zu äußern, ja, sie erwartet es sogar von ihnen.

Der Star und sein Publikum

Sie sind miteinander aufs engste verbunden, haben doch beide einander etwas zu geben, was sie gleichzeitig voneinander abhängig macht. Manche sprechen von einem unsichtbaren Band, von energetischen Kräften, durch die der Star und sein Publikum miteinander verbunden seien. Beifall und Pfiffe, die Reaktionen des Publikums wirken zuerst einmal auf den Star in der Manege des Sports. Er nimmt diese Energien auf, tankt sich quasi mit ihnen voll; diese Energien können ihm – wie Beispiele zeigen – sogar »übermenschliche« Kräfte verleihen. Eine Leitfigur aus dem Sport haben 42 Prozent der Deutschen (Tabelle I). Wie sie diese Leitfiguren sehen zeigt Tabelle II.

Wie ist das möglich? Manche Erklärungen klingen esoterisch. Menschen, so heißt es, sind energetische Wesen und leben von Energie – von solcher, die aus dem Kosmos kommt, aus der Erde, dem Boden, auf dem Menschen sich bewegen. Solche Energien können auch über eine gewisse Distanz wirken, und Menschen reagieren auf diese Energien wie ein hochsensibles Meßinstrument, das elektromagnetische Felder aufspürt.

Der Fan will an der Kraft, der Energie des Stars partizipieren,

denn er nimmt nicht nur über Zuwendung, also über den Beifall, positive Energien auf, er gibt auch Energien wieder von sich – und genau das ist es, was den Fan anzieht. **Der Fan spürt im Star Kräfte, die er selbst nicht besitzt.** Solche Kräfte üben eine geradezu magnetische Wirkung aus.

Ständiger Energieaustausch

Energieaustausch ist es also, was zwischen dem Star und seinem Fan stattfindet. Der »Heimvorteil« läßt sich durch solche Theorien erklären. Energie bedarf des ständigen Austausches. Geben und Nehmen ist das Grundprinzip. Und der arrogante Jungstar, der die Energien des Publikums aufnimmt, aber selbst durch Zuwendung keine abgeben möchte, durchbricht dieses System. Und wenn er dieses Prinzip des Energieaustausches mit seinem Pulikum nicht akzeptiert, wird er erleben, daß ihn das Publikum fallenläßt.

Boris irrt also, wenn er den Journalisten in die Notizblöcke diktiert, er gehöre nur sich selbst.

Wie eng dieses Band zwischen dem Star und seinem Publikum ist, zeigt sich an den Reaktionen auf den Rängen. Bewegungen lösen, wie immer wieder zu beobachten ist, dieselben rudimentären Bewegungsmuster in allen Menschen aus, die solche Bewegungen nur

Leitfiguren aus Sport / Politik / Wirtschaft / Film

Basis: 300 Tpn

Eine **Leitfigur** haben...	Ges.	Persönliches Sportinteresse		Geschlecht		Alter		Bevorzugte Sportart			
		stark	gering	männ-lich	weib-lich	< 30	> 30	Fuß-ball	Motor-sport	Tennis	Winter-sport
Basis:	300	148	152	156	144	156	144	75	75	75	75
Aus dem Sport	42 %	48 %	36 %	43 %	40 %	42 %	41 %	65 %	20 %	44 %	39 %
Aus der Politik	33 %	41 %	26 %	32 %	34 %	31 %	35 %				
Aus der Wirtschaft	15 %	15 %	16 %	17 %	13 %	14 %	17 %				
Aus dem Film	37 %	38 %	36 %	35 %	38 %	37 %	36 %				

Tabelle I   Quelle: Dr. Salcher Team

Idole im Vergleich:
Film, Wirtschaft, Politik und Sport

– MITTELWERTE – Basis: 300 Tpn

Frage: *Bitte überlegen Sie, welche Persönlichkeiten aus Politik, Film, Sport und Wirtschaftsleben Sie am meisten schätzen, am liebsten mögen bzw. Sie am meisten beeindrucken.*
Entscheiden Sie sich bitte für jeden der folgenden Begriffe, wie sehr er auf jede der 4 Personen zutrifft. (Legeskala + Kärtchensatz)

- ●————● Persönlichkeit aus Wirtschaft
- ●·········● Filmschauspieler
- ●- - - - - -● Sportler
- ●━━━━━● Politiker

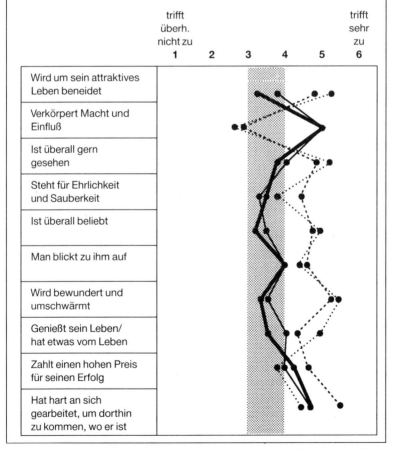

Tabelle II   Quelle: Dr. Salcher Team

scheinbar passiv verfolgen. Deshalb zuckt dem Zuschauer beim Torschuß selbst das Bein. Und auf vielen Bildern von Torschützen sind auch die »Mitfühlenden« am Spielfeldrand auszumachen, denen das »Schußbein« vorwärts zuckt (Carpenter-Effekt).

Diese »mitfühlenden Reaktionen« beweisen, wie aktiv der Fan die Spannungsphase miterlebt; in das Auf und Ab der Spannung ist er fest mit eingebunden.

Star und Fan sind weit mehr voneinander abhängig, als sie es selbst wohl ahnen und möglicherweise wahrhaben wollen. Die Dynamik wirkt im Fan selbst dynamisch.

Voraussetzung für solchen Austausch von Energien ist die Leistung. Schwankt sie, dann verliert auch das Zuwendungsgeflecht auf den Rängen an Stabilität.

Fazit: *Das Idol braucht das Publikum, braucht seine Reaktionen, braucht das Feedback. Daraus bezieht es seine Kraft. Und der Fan braucht das Idol, weil es ihm einiges von jenen Kräften verleiht, die er selbst nicht besitzt.*

Das Idol und seine geheimnisvolle Formel

Gibt es eine Formel für diese geheimnisvolle innere Chemie, die ein Idol von der Menge abhebt? Die mathematisch perfekte, unumstößliche Formel des Idols gibt es nicht. Wirklich befriedigende Antworten auf diese Frage kann keiner geben. Erklärungsversuche, die ihre Argumente aus der Welt der Stars im Showbusineß beziehen, kommen der Wahrheit womöglich ziemlich nahe.

Das Idol – und dies beweisen viele Beispiele – muß nicht unbedingt die führende Rolle in seiner Sportart spielen.

Auch hier erhellt vielleicht der Vergleich zu den Helden des Showbusineß, die so virtuos mit Gefühlen zu spielen verstehen, einiges: Marlon Brando zum Beispiel drehte seit Anfang der siebziger Jahre keinen überragenden Film mehr. Das gleiche läßt sich auch über Liz Taylor sagen. Vielleicht ist es so etwas wie eine innere Energie, die das

Idol ausmachen. Die Hollywood-Autorin Jackie Collins, Schwester von Joan Collins (Denver Clan) meint: »Ihre Seele (die der Idole) wird durch ihre Augen sichtbar.«

Starqualität ist eine Eigenschaft, die sich nur fühlen läßt, und deshalb ist sie mehr als Talent oder Perfektion.

Das Idol – vielleicht läßt es sich über diese Eigenschaft enger einkreisen – kontrolliert sein eigenes Schicksal; das Idol ist also autark, steuert sich selbst; das Idol, so scheint es, ist absolut unabhängig.

Platz für jede Art von Idol – vorausgesetzt, seine Botschaft wird verstanden

Dies macht auch den spröden Idolen Hoffnung. Im Grunde, so scheint es, ist jeder Typ vermittelbar, hat doch so gut wie jedes Idol sein Publikum, seine Marktlücke. Auch Diskuswerfer Danneberg. Wichtig ist nur, daß die ganz spezielle Botschaft für sein Publikumssegment deutlich wird. Selbst der Diplom-Choleriker John McEnroe wirbt seit jüngstem für Kameras. Die Headline zielt ganz präzise auf die Kritiklust und das aufbrausende Temperament des Amerikaners.

Jeder Charakter, jeder Typ hat im Sport seine Marktnische.

Um es überspitzt auszudrücken: Auch schwierige Charaktere lassen sich vermarkten. Entscheidend scheint zu sein, daß eine Aussage »rüberkommt«. Die Botschaft scheint zu sein: Jeder Typ ist vermittelbar, jeder ist einzusetzen.

Ein Sponsor muß sich nur darum bemühen, das Besondere zu entdecken, vom Typ/Charakter mit der richtigen Werbeaussage als Assoziationsbrücke die Verbindung zum Produkt zu schlagen.

Marktchancen bestehen theoretisch also für jeden Typ, Voraussetzung allerdings: Mut zum Bekenntnis, die deutliche Aussage. Dies gilt für die gesamte Bandbreite, für den Neon-Punker Andre Agassi und selbst für den Leistungspuristen Ivan Lendl. Für den allerdings gilt auch, daß mit seinen Leistungen sicher mehr zu machen wäre.

Doch dieses »mehr« verhindert Lendls Neigung, sich zurückzuziehen, Charakter, Gefühle, Gedanken hinter einer versteinerten Fassade zu verbergen.

Mit Herkules fing alles an

Herkules verkörpert das Heldenbild in seiner Urform – Draufgänger, Eroberer. Seine Taktik ist der Frontalangriff, unterwegs ist er auf der Direttissima. Alberto Tomba ist so einer, deshalb auch »la bomba« genannt, ein Orkan auf den Slalompisten. Und auch »unser Boris« ist ein frisch-fröhlicher Angreifer, mögen ihm diese Eigenschaften des Typus Herkules noch lange erhalten bleiben.

Was fasziniert an Helden wie Herkules? *Das Publikum spürt: Hier ist einer, der sowohl positive wie auch negative Phantasien bindet.* Einer, der das Gesetz des Handelns übernimmt. Für diesen Helden, der die Hürden des Lebens stets auf direktem Weg nimmt, gibt es dann, wenn sie sich ihm entgegenstellen, nur zwei Möglichkeiten: Entweder er überspringt oder er durchbricht sie. Selbstverständlich besitzt er ein hohes Maß an Aggressivität. Seine Instinkte funktionieren exzellent, er weiß, daß er sich auf sie verlassen kann. Deshalb scheint es, als würde er ohne einen Hauch von Selbstzweifel handeln: Auf der Slalompiste beschleunigt er, wo die anderen bremsen; im Boxring schlägt er eine Doublette, wo andere in Doppeldeckung gehen.

Held Herkules – das ist die schöpferische Aggression. Herkules, das ist nicht nur die aggressive, das ist auch die findige, die phantasievolle Kraft – das Urbild des Helden.

Faszinierende Siegessicherheit

Was die selbstzweiflerische Mehrheit der Nicht-Helden an diesem Heldenbild fasziniert, das ist auch die Siegessicherheit; jede Bewegung, jedes Wort signalisieren dies. Zweifel oder stinknormale Angst scheint der Held nicht zu kennen. Vielleicht spielt er ja auch nur einfach eine Rolle, doch er steht diese Heldenrolle meist durch. Die Siegesgewißheit ist auch Teil seiner Körpersprache, sie verschafft ihm eine tänzerische Sicherheit. Impuls und Handlung sind perfekt hintereinandergeschaltet; er ist kein Zauderer, der beim Anlauf über die eigenen Beine stolpert. Diese Bewegungssicherheit scheint auch die Gegner zu lähmen. Der Film macht solche Typen gern zu seinen Helden.

Das Idol lebt und drückt Gefühle aus

Herkules begeistert aber auch, weil er sich die Gefühle nicht verkneift, und seine Begeisterung, sein Enthusiasmus, sein Siegeswille und schließlich sein Triumph übertragen sich auf das Publikum, das sich mit dem Herkules identifiziert. Herkules ist auch keiner, der ins Grübeln gerät; er lebt jetzt, und er handelt – sofort. Helden wie Herkules erfüllen sich ihre Träume – früher oder später; Cassius Clay alias Muhammad Ali, der es allen schon als vorweggenommene Wahrheit mitteilte, daß sie es mit dem »Größten« zu tun hatten, noch bevor er wirklich »der Größte« war, ist das beste Beispiel.

Der Held und seine positiven Aggressionen

Wir bewundern Helden wie Herkules, weil sie die besten Eigenschaften der Pioniere besitzen: jene positive Aggression, die ein Tätigkeitsdrang im besten Sinne ist. Ohne diese Eigenschaft erlahmen alle Aktivitäten, ohne diese Aggression wäre die Welt nicht erobert worden. Religionsgeschichte, Mythen und Märchen erzählen von solchen Machos, erzählen auch von ihren bösen Aggressionen, dem zerstörenden Tätigkeitsdrang und von den guten Aggressionen, die das Böse besiegten.

Herkules – Urbild des Idols – ist bestens mit Aggressionen ausgestattet. Die Höchstleistungen des Herkules sind das Symbol sportlich-schöpferischer Aggression. Dies zeigt, wie wertvoll die im Sport kanalisierten Aggressionen der Helden sind. Hemmung und Verdrängung solcher Aggressionen bergen die potentielle Gefahr, daß sich diese unterdrückten Gefühle zügellos und unkontrolliert entladen; denn erst wenn die natürliche Aggression unterdrückt wird, wirkt sie zerstörend. Diese Kraft hilft, Persönlichkeit zu entwickeln. Im fairen

Wettbewerb wird der positive Wert der Aggression gelernt und auch immer wieder deutlich.

Herkules' Sieg über den nemeischen Löwen wird in den Olympischen Spielen bis heute gefeiert und trägt das Feuer als Symbol der beherrschten menschlichen Aggression in die Welt, fordert auf, die Aggression positiv und bewahrend einzusetzen.

1.2 Leitbild 1:
Ernst Tachler über die neuen Helden und warum sie auch Weltmeister der Kommunikation sein müssen

So wirken Idole.

Ernst Tachler: Wir müssen die Wirkung des Stars innerhalb eines Kommunikationsgefüges sehen. Dies ist von dem amerikanischen Kommunikationsforscher Harold D. Lasswell beschrieben worden. Die »Lasswell-Formel« lautet: Wer sagt was über welchen Kanal zu wem mit welcher Wirkung.

Das Idol – ein Kommunikator.

Ernst Tachler: Zuerst einmal stellt sich die Frage: Welche Kommunikationsinhalte werden vermittelt? Und über welchen Kanal geschieht dies? Die Medien sind die Übermittler der Botschaft: die Zeitung, die Zeitschrift, das Fernsehen. Eine weitere Frage: Wie kommen Leistungen des Idols, seine Ausstrahlung an? Wie reagiert das Publikum darauf? Letztlich haben wir es mit einem kybernetischen Kreislauf zu tun. Die Reaktion des Zuschauers, des Kommunikanten, beeinflußt wiederum den Kommunikator.

Das Idol wirkt ständig.

Ernst Tachler: Ganz gleichgültig, ob dies nun beabsichtigt ist oder nicht, die Wirkung des Idols auf sein Publikum reißt niemals ab. So gesehen gibt es eine ununterbrochene Beziehung zwischen dem Zuschauer und dem Idol. Der Zuschauer/Fan ist dabei aber nicht nur passiver Betrachter, er steht in einer aktiven Beziehung zu dem Idol; als Fan etwa, der ihn bedingungs- und kritiklos mit seiner Begeisterung unterstützt; als »Trainer«, der ihm laufend Ratschläge gibt; als »Freund«; auch als »Vater«, der dem Idol beisteht.

Das »Prinzessinnen-Prinzip«.

▪ **Ernst Tachler:** Hierzu ein Phänomen, man könnte es das »Prinzessinnen-Prinzip« nennen: Viele Illustrierte werden vor allem von Frauen gelesen, darunter auch von Frauen, deren Kinder schon erwachsen sind. Diese Frauen beschäftigen sich, wie Marktforschungsergebnisse für Zeitschriften zeigen, besonders gern mit Stephanie und Caroline und all den anderen Prinzessinnen; für diese Frauen sind es Ersatztöchter. Was für die Zeitschriftenleserin die Prinzessin ist, das ist für viele Männer das Idol aus der Welt des Sports. Dieses Idol »adoptiert« der Fan, macht es zum »Ersatzsohn«, wobei Boris natürlich auch seine weiblichen Fans hat.

Das Idol – das »bessere Ich«.

▪ **Ernst Tachler:** Der Zuschauer fühlt sich von seinem Idol repräsentiert, fühlt sich von ihm verstanden oder auch mißverstanden, fühlt sich geachtet oder mißachtet. Das Idol spielt, siegt natürlich auch stellvertretend für seinen Anhänger. Und selbstverständlich darf das Idol den Fan nicht enttäuschen. So wartet der Fan ständig auf Reaktionen, setzt bei seinem Idol auch bestimmte prototypische Verhaltensweisen voraus wie Fairneß, das Einhalten der Spielregeln, respektvolles Behandeln der Schiedsrichter. Es gibt aber noch eine Reihe von weiteren Verhaltensweisen, die der Fan bei seinem Idol erleben möchte: Gerecht muß das Idol sein, auch ehrlich, und seine Reaktionen sollten angemessen und niemals überzogen ausfallen. Was am Leben der Idole fasziniert, zeigt eine Dr. Salcher-Erhebung (Tabellen III und IV).

Wie die »Liebe« zum Idol wächst.

▪ **Ernst Tachler:** »Personenwahrnehmung« ist ein Bereich der Sozialpsychologie, die davon ausgeht, daß der erste Eindruck entscheidend ist, dies gilt auch für den »Sympathiefaktor«. Letzterer ist stark abhängig von der Häufigkeit der Kontakte. Ich denke in diesem Zusammenhang speziell an Boris und behaupte, daß er anfangs gar nicht einmal als besonders sympathisch empfunden

Attraktive Attribute im Leben eines Spitzensportlers

Basis: 300 Tpn

Frage: Viele Spitzensportler werden heute zu Idolen in weiten Kreisen der Bevölkerung. Sie werden bewundert, sie werden beneidet.
Was findet man so attraktiv am Leben eines Spitzensportlers, worum beneidet man ihn am meisten?
Bitte wählen Sie aus dieser Liste diejenigen drei Punkte aus, um die man Spitzensportler am meisten beneidet.

Verdienen viel Geld	76 %
Können (leisten) etwas, was andere nicht schaffen	49 %
Haben den Erfolg, von dem jeder träumt	42 %
Führen ein attraktives Leben	33 %
Kommen in der ganzen Welt herum	31 %
Sind bekannt	23 %
Sind die Stars des öffentlichen Lebens	18 %
Sind jung und vital	12 %
Haben leichten Erfolg bei Frauen (Männern)	6 %
Sind auf allen Festen und Veranstaltungen gern gesehene Gäste	5 %

Tabelle III

Quelle: Dr. Salcher Team

33

Attraktive Attribute im Leben eines Spitzensportlers
Fortsetzung

Basis 300 Tpn

– Absolutwerte –

Basis:	Ges.	Schwerpunktinteresse				Int. an Sportsend. im TV	
		Fußball	Motorsport	Tennis	Wintersport	sehr stark	gering
	300	75	75	75	75	148	152
Verdienen viel Geld	228	62	57	54	55	118	110
Können (leisten) etwas, was andere nicht schaffen	146	30	43	36	37	65	81
Haben den Erfolg, von dem jeder träumt	125	37	28	32	28	60	65
Führen ein attraktives Leben	99	29	27	25	18	46	53
Kommen in der ganzen Welt herum	94	25	22	22	25	50	44
Sind bekannt	68	19	17	16	16	40	28
Sind die Stars des öffentlichen Lebens	53	9	12	18	14	28	25
Sind jung und vital	36	8	9	8	11	16	20
Haben leichten Erfolg bei Frauen (Männern)	17	4	5	2	6	8	9
Sind auf allen Festen und Veranstaltungen gern gesehene Gäste	14	2	3	6	3	8	6

Tabelle IV

Quelle: Dr. Salcher Team

wurde. Den Spitznamen »Bobbele« der frühen Jahre könnte man ja auch mit »Mops« übersetzen; »Bobbele« ist ein unförmiges Kind, ein Riesenbaby, sicherlich auch ein Kind zum Knuddeln. Doch was ich damit sagen möchte: Mit der Zeit ist die Liebe zu »Bobbele« oder besser zu »Boris« gewachsen. Sozialpsychologische Studien aus den USA gingen der Frage nach, wie sich die Sympathiehierarchie aufbaut. Und die Amerikaner stellten fest, daß die Sympathie von der Nachbarschaft abhängig ist. Im Klartext: Je häufiger die Kontakte, desto größer auch die Sympathie. Jemand, der so häufig wie Boris im Fernsehen erlebt wird, der wird fast schon »zwangsläufig« von einer Sympathiewelle erfaßt, es sei denn, er macht gröbere Schnitzer.

Der *»Halo«-Effekt beschreibt den verklärten Blickwinkel der Fans*

Ernst Tachler: »Halo«-Effekt, das heißt, Menschen neigen dazu, von einer bestimmten persönlichen Eigenschaft auf die gesamte Persönlichkeit zu schließen. Nach dem Motto etwa: Wer stiehlt, der sagt auch nicht die Wahrheit. Eine Eigenschaft impliziert eben ein Bündel an weiteren Eigenschaften. So werden an den Sieger auch hohe Erwartungen geknüpft. Wenn er in der Arena des Sports dominiert – so empfinden es seine Fans – dann muß er auch ansonsten ein Pfundskerl sein. Der Fan schließt von der sportlichen Leistung auf die innere Harmonie und die emotionale Stabilität; er sieht sein Idol zwangsläufig verklärt, nimmt es als eine abgerundete Persönlichkeit mit allumfassender Kompetenz wahr. Doch Boris, unser Prototyp eines Idols, zeigt sich tatsächlich in Grenzsituationen immer wieder einmal aggressiv, auch gelegentlich frustriert und verzweifelt, zeigt sich vor Millionen Fernsehzuschauern unausgeglichen und unausgegoren und immer wieder mal heftig mit Frustrationen kämpfend. Und als er Ende Januar 1991 im Finale von Melbourne Lendl schlug und damit endlich die Nummer eins im Welttennis war, da verschlug es ihm gar die Sprache. Das empfinden die Fans als menschlich. Doch zurück zum idealisierten Bild des Idols; die Gründe für so viel Verklärung liegen wohl darin, daß der Star stets in seinen Sternstunden erlebt wird. Der Fan sieht und erlebt die Superleistung und erwartet nicht nur die ständige Wiederholung, sondern von seinem Idol auch die Superlaune, die Superschlagfertigkeit, das Superbenehmen. Dies ist der »Halo«-Effekt. Wenn Boris' Kollege John

McEnroe wieder einmal auf die bekannte Weise aus der Rolle fällt, kann er sein Gesicht verlieren, und zwar völlig. Damit will ich sagen, die Emotionen dürfen nicht völlig von der Leine gelassen werden, sonst leidet letztlich nicht nur das Image, dann ist eines Tages auch der Marktwert auf Null.

Self I und Self II – die Sonnen- und die Schattenseite der Persönlichkeit

◻ **Ernst Tachler:** Das Idol braucht ein starkes »Self I«, ein »Überlebens-Ich«. Timothy Gallwey (»The inner game of Tennis«), Schöpfer dieses Begriffes, meinte damit so etwas wie die Sonnenseite der Persönlichkeit; ein Ich, das die großen Leistungen vollbringt, das Anstrengungen vergessen läßt, das Sorgen und Zweifel beiseite schiebt. »Self II« dagegen, der Gegenspieler, das ist der Zweifler, der Nörgler und Negierer oder, um es mit den Worten meines Kollegen Jens Corssen auszudrücken, das ist der »Quatschi im Kopf«, der uns daran hindert, etwas zu tun. Bei Boris, ihn beobachten wir schließlich ständig in psychischen Grenzsituationen, zeigt sich eindrucksvoll die Auseinandersetzung von Self I und Self II. Einerseits hat er etwas von einem frei tobenden Kind, einem Kraftbündel. Der strahlende Sieger Boris, das ist »Self I«. Dieser Eindruck voll verfügbarer Kraft ist beim Idol enorm wichtig. Seine Fans wollen ihn als eine Kraftstation erleben. Doch der frustrierte Boris, der vor Millionen seine Selbstzweifel auslebt, das ist die andere Seite, das ist »Self II«, das ist die dunkle oder besser, die schwache Seite des Idols. Wenn Self II zu häufig die Oberhand gewinnt, leidet das Image, nimmt der Marktwert Schaden.

Der neue Held – ein Kommunikationsweltmeister

◻ **Ernst Tachler:** Der alte Heldentypus zeigte überwiegend konservative, puritanische Eigenschaften. Er war fleißig, ehrlich, pünktlich, fair, kämpferisch, introvertiert, bescheiden – vor allem war er angepaßt. Der neue Held dagegen ist frech, ist kommunikativ, ist witzig, er ist sich auch seiner Einmaligkeit bewußt, und in gewisser Hinsicht könnte man ihn sogar »eingebildet« nennen; im Vergleich zu seinem Vorgänger ein völlig konträrer Typ. Die alten puritanischen Eigenschaften haben zwar insgesamt nicht an Bedeutung verloren, doch die Fähigkeit zur Kommunikation ist immer wichtiger geworden, damit die Fähigkeit oder der Mut, sich zur eigenen Person zu bekennen. Der neue Held vermag als Medientyp auch Inhalte glaubhaft zu vermitteln. Zu seinen besonderen und wichtigsten kommunikativen Talenten gehört schließlich die Fähigkeit, Beziehungen – selbst über den Fernsehschirm – schnell und gleichzeitig tief aufzubauen. Das Idol – und dies sollte niemals vergessen werden – ist stets auch Teil der Persönlichkeit seines Anhängers, so wie wir im Traum in die Rollen verschiedener Persönlichkeiten schlüpfen. Laut C. G. Jung stellt jede dieser Traumfiguren eine Teilpersönlichkeit des Träumers dar. So gesehen ist das Idol auch ein Teil seines Fans. Vielleicht gilt dies nur für die Zeit, während der sein Fan ihm zuschaut. Doch dieses Eintauchen in die Rolle des Idols kann noch weiter gehen.

Das Idol: Leitbild – Vorbild – Wunschbild

Ernst Tachler: Das Leitbild ist eine Hilfskonstruktion und für das Kind eine erste Orientierung auf dem Weg zur Persönlichkeit. Kinder wählen sich Leitbilder, wenn sie aus einer introvertierten in eine extrovertierte Phase treten und sich ihrer Umwelt stärker zuwenden. Dies ist auch eine Phase der Aktivität, in der ein Ideal/Idol angeschwärmt wird. Das Kind versucht, diesem Leitbild ähnlich zu werden. Das ist eine Pubertätsphase.

Im Vorbild liegt die Kraft zu formen und zu prägen. Vorbilder werden zuerst einmal in der eigenen Umgebung gesucht. Das bedeutet aber auch: Fernsehen ist heute in mehrfacher Bedeutung zur »engeren Umgebung« geworden. Die Bindung an das Vorbild ist im übrigen meist vorübergehend. Sich Vorbilder zu suchen heißt, daß ich eigene Möglichkeiten in mir sehe, die durch einen Star aktiviert werden. Und dies bedeutet weiter: Ein Vorbild gibt mir Kraft, meine Persönlichkeit zu formen und zu prägen.

Das Wunschbild bleibt auf die Vorstellung als Lebensform beschränkt. Und dieses Bemühen sprengt kaum je die Grenzen einer äußeren Imitation, wie etwa beim Groupie-Phänomen. Beim

Wunschbild reicht dem Anhänger oft die äußere Form; da genügt es dem Fan völlig, ein Autogramm des Idols zu besitzen oder sein Trikot, um mit ihm durch eine solche »Trophäe« verbunden zu sein.

Das Idol und seine drei Botschaften.

☐ **Ernst Tachler:** Drei Botschaften des Idols sind wichtig: Die erste Botschaft ist die dauerhafte Leistung. Das Idol muß aber auch Perspektiven andeuten, muß zeigen, daß von ihm noch Leistungssteigerungen zu erwarten sind. Erst die Wiederholung der Leistung, dafür gibt es genügend Beispiele, festigen das Heldenbild im Kopf der Fans. Beispiele: Boris Becker als mehrfacher Wimbledon-Sieger und auch Franz Beckenbauer, der als Teamchef der Fußball-Nationalmannschaft mit dem Gewinn der Weltmeisterschaft wiederholte, was ihm schon als Spieler gelang.

Ein weiteres Kriterium ist die Fähigkeit des Helden, aus Fehlern zu lernen und Niederlagen positiv zu verarbeiten. Nur das Arbeiten an Fehlern bringt letztlich den ganz großen Durchbruch. Talent, Begabung allein reichen nicht, das Publikum erwartet von dem Idol, daß es ihm Lebensprinzipien vorlebt. Und das Grundprinzip des Idols heißt nun einmal Sieg, ein Sieg trotz aller Widrigkeiten und trotz gelegentlicher Niederlagen. Das Idol demonstriert also »Self I« und damit die Instinktsicherheit, das Richtige zu tun. Der Zweifel dagegen, eben der »Quatschi im Kopf« (Self II), blockiert die Entfaltung von »Self I« und ist letztlich eine Erfolgsbremse. Der Fan will erleben, wie beim Idol »Self I« – das bessere Ich – über alle Zweifel siegt.

Die zweite Dimension des Idols: emotionale Stabilität.

☐ **Ernst Tachler:** Was darunter zu verstehen ist, zeigt sich beim Vorgeplänkel zum Duell, in den Drohgesten zwischen zwei Boxern, den Ritualen der Sprinter vor dem Start, dem Renommierverhalten der Tennisstars beim Aufwärmen. So gehen dem ersten Aufschlag stets aufwendige Machtspiele, Imponiergesten voraus, die dem anderen signalisieren sollen: Junge, ich bin gut drauf heute – ich bin der Sieger. Zu diesen Körperspielen gehört auch das ständige Auf- und Abwippen vor dem Aufschlag.

Emotionale Stabilität hält die Selbstzweifel in Grenzen und hilft über Minderwertigkeitsgefühle und Niederlagen hinweg. Diese emotionale Stabilität drückt sich aus in der positiven, optimistischen Grundhaltung. Auf der anderen Seite gibt es diese ernsten, verbissenen Typen, denen alles schwer zu fallen scheint. Elemente verbissener Ernsthaftigkeit zeigt im übrigen auch Steffi Graf, der die deutschen Tennisfans neben vielen guten Eigenschaften nach einer Umfrage als Schwachpunkt allerdings zu große Verbissenheit ankreiden. Der Fan indes wartet auf das Signal des Idols: Sport macht Spaß. Das Idol muß spielerisches Bewältigen von Lebensaufgaben vorleben. Sport, dieses Signal sollte vom Idol zum Fan überspringen, ist eine Beschäftigung, die Freude macht. Damit ist Sport höchste Form der »Glücksbeschaffung«. Und das Publikum erwartet von seinem Idol unausgesprochen, daß es genau dieses Gefühl ausdrückt. Doch für viele wird aus dieser ursprünglichen Freude an der Bewegung Arbeit.

Die dritte Dimension des Idols – die Fähigkeit zur Kommunikation
Das Idol muß dies alles auch mitteilen können

Ernst Tachler: Erfolgreich zu kommunizieren, das setzt Mut voraus und Ehrlichkeit. Den Mut zuerst einmal, sich zur eigenen Einmaligkeit zu bekennen, diese auch auszudrücken. Diese Kommunikationsstärke sollte sich nicht nur verbal, sondern auch körpersprachlich ausdrücken. Notwendiger denn je ist deshalb eine gewisse sprachliche wie auch körperliche Gewandtheit. Der neue Held darf nicht linkisch sein.

All diese kommunikativen Eigenschaften wurden von den alten Helden der fünfziger Jahre noch nicht verlangt. Sie lebten erst am Anfang der Kommunikationsära. Boris dagegen ist ein Fernsehkind. Fritz Walter wurde als Weltmeister 1954 kommunikativ kaum gefordert. Die Sportler waren in der Wochenschau zu sehen, in Sekundensequenzen. Doch auch schon zu früheren Zeiten gab es »Kommunikationsweltmeister«; Max Schmeling zum Beispiel war schon in den dreißiger Jahren ein Freund der Künstler und der Künste. Dieses Charisma ist auch in seinem neunten Lebensjahrzehnt noch nicht erloschen.

Die Kommunikationsära fördert den Extravertierten – wenn auch das Fernsehen vor allem von den Introvertierten genutzt wird, weil es für sie Kommunikationsersatz ist. Möglicherweise kommt hier dem Idol eine zusätzliche Aufgabe zu, erwartet doch der Fan, daß sein Idol fehlende kommunikative Fähigkeiten oder Fertigkeiten kompensiert.

»Schönheit« ist auch ein Kommunikationsfaktor

☐ **Ernst Tachler:** Gutes Aussehen kann zum Zuschauer eine Brücke schlagen, es kann aber auch dann, wenn die Kommunikation nicht echt ist, ins Gegenteil umschlagen. Nehmen wir das Beispiel des ehemaligen Fußball-Nationalspielers Hans(i) Müller. Gewinnendes Äußeres, in ganz jungen Jahren auch mal »Bravo-Boy«, südländischer Typ, sympathisch, ein wenig schmalzig allerdings; rein äußerlich ein Idol, schaffte »Hansi« – die Verniedlichungsform des Vornamens allein ist schon enthüllend – nicht den Durchbruch und entsprach damit dem gängigen Vorurteil vom weichen Schönling.

Wie sehr Idole sich stets bemühten, den gängigen Schönheitsidealen zu entsprechen, zeigt sich an Günter Netzer. Ende der sechziger, Anfang der siebziger Jahre entsprach er äußerlich dem Bild des Popstars: Lange, wehende und zweitweise sogar weißblond gefärbte Haare. Ein Typ wie aus der Musikszene. Netzer gab sich auch stets Mühe, kommunikativ zu wirken – obwohl die Fähigkeit zu kommunizieren womöglich nicht zu seinen größten Talenten zählt, fehlte ihm doch zum Beispiel Beckenbauers Spontanität. Netzer, eher kopfgesteuert, arbeitete dafür ganz gezielt an seinem Image als Idol. Markenzeichen: Rebell am Ball.

Idole müssen selbstkritisch sein

☐ **Ernst Tachler:** Selbstkritik transportiert die Botschaft: Natürlich weiß ich, daß ich gut bin, doch ich weiß auch, daß ich mich (noch) verbessern kann und verbessern muß. Diese demonstrative Bescheidenheit läßt Leistungsbemühen erkennen, signalisiert Einsicht. Warum Selbstkritik? Das Idol muß sich auch dem Niveau des Fans anpassen, darf nicht zu weit von ihm abheben. Der Zuschauer ist schließlich sein wichtigster Kritiker, und wenn er die Gedanken des Zuschauers nicht lesen kann, ist die Beziehung zwischen dem Idol und seinen Anhängern zerbrochen.

1.3 Leitbild 2:
Peter Roth sagt, warum das Idol vor allem glaubwürdig sein muß

Welche Botschaften transportieren Idole?

☐ **Peter Roth:** Zuerst etwas zum Image. Images sind subjektive Vorstellungsbilder, die sich Menschen von anderen Menschen machen. Damit das »Bild« zum »Leitbild« wird, muß es sich um eine Person handeln, die vorbildhaft und damit nachahmenswert ist. Mit diesen Eigenschaften kann ein Idol Verhaltensweisen beeinflussen. Fitneß, Gesundheit und Jugendlichkeit sind in dieser Zeit für uns alle zu wichtigen Werten geworden. Hier besitzen die Idole des Sports die besten Voraussetzungen, um zu »Leitbildern« für Millionen zu werden.

Was macht nun das Leitbild für die Werbung so wichtig?

☐ **Peter Roth:** Leitbilder bestehen aus drei Komponenten. *Erstens: Bekanntheit* – sie ist Grundvoraussetzung. *Komponente zwei: Beliebtheit.* Die *dritte Komponente ist die Glaubwürdigkeit.* Es deutet vieles darauf hin, daß zu dieser Formel des Idols noch eine weitere Komponente gehört: Die Person muß eine Botschaft transportieren. Möglicherweise ist die »Botschaft« Teil der Komponente »Glaubwürdigkeit«.

Wie wichtig ist nun diese Botschaft?

☐ **Peter Roth:** Wahrscheinlich wurde dieser Aspekt bisher unterschätzt. Wenn es für die »Botschaft« eine »Empfängergruppe« gibt, dann hat der Sportler sein Publikum gefunden, besitzt damit einen »Marktwert«. Eine in den USA durchgeführte Untersuchung beschäftigte sich mit den Eigenschaften von 25 Spitzensportlern unter den Aspekten Bekanntheit, Beliebtheit, Glaubwürdigkeit. Diese Untersuchung wurde Mitte der achtziger Jahre durchgeführt. Idealprofil erreichten nur der Golfer Jack Nicklaus und die Tennisspielerin Chris Evert-Lloyd. Bei allen anderen zeigten sich mehr oder minder große Defizite in dem einen oder anderen Bereich. Björn Borg und Jimmy Connors waren zu jener Zeit zwar 80 bis 85 Prozent der Befragten bekannt – beliebt waren sie allerdings nur bei rund 40 Prozent. Lediglich 25 Prozent fanden die beiden glaubwürdig. Und John McEnroe, in einer lebenslänglichen Rolle des bad boy gefangen, damals auf dem Höhepunkt, war selbstverständlich mehr als drei Viertel der Befragten bekannt, jedoch nur bei knapp 20 Prozent der Amerikaner beliebt.

Stichwort John McEnroe; er tauchte Anfang 91 in einer Kampagne für Canon auf, warb für die Kamera »Eos«. Canon hatte darüber die Headline gesetzt: »Für Leute, die Fehler hassen«. Ist es nicht so, daß John McEnroe für eine bestimmte Zielgruppe eine Botschaft hat – wie ist das denkbar, bei solchen Defiziten in den Bereichen »Beliebtheit« und »Glaubwürdigkeit«?

☐ **Peter Roth:** Mitte der achtziger Jahre tauchte McEnroe bereits in einer Kampagne des Uhrenherstellers Omega auf, in der es sinngemäß hieß: Wir wissen, daß man John für eine Person hält, die tut, was sie für richtig hält . . . Dies alles zeigt: *Wichtiger als der gute Ruf ist offensichtlich die Botschaft des John McEnroe. Mit seiner rebellischen Attitude ist er ein Symbol der Sub- und Gegenkultur. Ein Kulturrebell, der die Gefühlslage einer Generation ausdrückt. Einer, der die Zügel schießen läßt, der auf die Pauke haut.*

Eine ähnliche Untersuchung gab es auch für die deutschen Spitzensportler, Ihre Agentur führte sie Mitte der achtziger Jahre durch – welche Ergebnisse brachte sie?

☐ **Peter Roth:** Bei dieser Befragung schnitt Boris Becker in den Bereichen »Beliebtheit« und »Glaubwürdigkeit« am schlechtesten ab, was gewisse Rückschlüsse auf eine polarisierende Wirkung Beckers zu jenem Zeitpunkt zuläßt. Boris löste extreme Reaktionen aus, das ist auch heute sicher nicht viel anders.

Dies kann doch wohl nur bedeuten, daß sich ein potentieller Sponsor zuerst einmal sehr eingehend mit dem Image eines Sportlers beschäftigen sollte?

☐ **Peter Roth:** Sicherlich – doch ich möchte noch einen anderen Aspekt ansprechen. Mit zunehmender Vermarktung, auch mit der Höhe der Dotierung, leidet die Glaubwürdigkeit des Athleten in der Öffentlichkeit; je spektakulärer die Einkünfte aus Werbeverträgen, desto stärker sinkt die Glaubwürdigkeit im Bereich Werbung. Ganz sicher spielt hier ein Neidaspekt mit hinein.

Dies kann nur bedeuten, daß die großen Stars nur noch bedingt als glaubwürdig empfunden werden . . .

◻ **Peter Roth:** Ja, so ist es, und es wird ihnen offensichtlich unterstellt, daß der Auftritt für ein bestimmtes Unternehmen oder Produkt nur noch des Honorars wegen geschieht. Den »Amateur« dagegen stellt das Publikum auf ein sehr viel höheres moralisches Podest. Daraus läßt sich folgern, daß die absolut vermarkteten Spitzenstars nur in der Anfangsphase ein ungetrübtes Bild besitzen und sich mit zunehmendem werblichem Engagement »abnützen« – vor allem dann, wenn sie für viele Marken auftreten.

»Amateure« oder weitgehend unbekannte Sportler besitzen also eine sehr viel höhere Akzeptanz. Da stellt sich die Frage, lohnt sich die Werbung mit Spitzensportlern denn eigentlich?

◻ **Peter Roth:** Ein Unternehmen darf auf gar keinen Fall erst den Sportler verpflichten und dann ein Konzept entwickeln; es muß sich als erstes die Frage stellen, ob der ausgeguckte Spitzensportler das Kommunikationsproblem lösen kann. Kann er mit seiner Glaubwürdigkeit ein Produkt in einem hartumkämpften Markt besser differenzieren? Zieht er mehr Aufmerksamkeit auf das Produkt, das Unternehmen? Wo und in welcher Funktion – eine weitere wichtige Frage, die sich der potentielle Sponsor stellen sollte – läßt sich dieser Sportler einsetzen?

Die Werbung mit einem Einzelsportler ist also die riskanteste Form des Sponsoring?

◻ **Peter Roth:** Ja, weil hier nicht nur die generelle Glaubwürdigkeit einer Person die Voraussetzung ist, sondern zwischen dem Star und dem Produkt eine gewisse Beziehung entsteht.

1.4 Leitbild 3:
Horst Kern zum Marktwert des Idols – und warum sich auch mit einem schlechten Ruf gelegentlich gut werben läßt

Werbung mit Spitzensportlern ist problematisch, so heißt es. Nun ist der »problematische« John McEnroe, der in einer Untersuchung aus den USA, durchgeführt im Jahr 1985, bei den Aspekten »Beliebtheit« und »Glaubwürdigkeit« ganz schlecht abschneidet, in einer Canon-Kampagne für die Kamera Eos sowohl in TV-Spots wie auch in Anzeigen zu sehen. Was bringt das – und würden auch deutsche Marken eine solche Kampagne wagen?

Horst Kern: Die Situation ist eben nicht 1 : 1 übersetzbar. Schon deshalb, weil John McEnroe hier eine andere Geschichte hat, hierzulande von den Medien auch anders präsentiert wurde. Die 85er Studie konnte allerdings noch nicht die Tatsache mit einbeziehen, daß er aussteigen würde, um ein paar Jahre später dann in den Tennis-Circus zurückzukommen. Ich glaube, dies ist für eine spezielle Altersgruppe, nämlich die Gleichaltrigen und jene, die bis zu zehn Jahre älter sind, ein wesentlicher Aspekt. Für diese Generation wurde er zum Symbol dafür, daß ihre Generation durchaus noch mit den Jüngeren mithalten kann.

Also ähnlich wie bei seinem Vorbild Jimmy Connors . . .

Horst Kern: McEnroe verkörpert Wertvorstellungen der »Protestgeneration«, die findet es gut, wenn einer sagt, was er denkt. Doch das Wichtigste ist wohl, daß er für seine Generation ein Symbol für Leistungsfähigkeit ist. Wir erleben es immer wieder, daß einer, der in seiner Glanzzeit als Aktiver gar nicht die beliebte Figur war – nehmen wir den Boxer George Foreman – ein paar Jahre später in seiner Altersgruppe für bestimmte Themen plötzlich Kompetenz besitzt. Ein nostalgischer Aspekt spielt sicherlich auch mit hinein.

Das Leitbild: Fehlt vielleicht doch ein weiteres tragendes Element an der Imagekonstruktion, die bisher auf drei Pfeiler baute – auf »Glaubwürdigkeit«, »Bekanntheitsgrad« und »Sympathie«?

◻ **Horst Kern:** Es muß nicht unbedingt ein Eckpfeiler an dieser Konstruktion fehlen. Wichtig erscheint mir, daß man weiß, was und wen von der Zielgruppe man erreichen will. Untersuchungen, die jemanden als generell sympathisch darstellen, zeichnen das Bild von »everybodys darling«. Dieser Typ ist letztlich zu glatt, und die Persönlichkeit des Glatten ist zu wenig ausgeprägt. Der Profiliertere, mit Ecken und Kanten, bietet meist auch mehr Projektionsflächen, doch – und dies muß ein Sponsor auch sehen – eben nur für bestimmte Zielgruppen. Für die Zielgruppe der Protestgeneration ist der überkritische und aufbrausende McEnroe gerade deshalb glaubwürdig, weil alle Welt weiß, daß ihm nichts auf der Zunge verbrennt.

Leitbilder und ihre Images – was tun Sponsoren, um diese Vorstellungsbilder genau auszuleuchten? Und setzen sie gar schon ganz gezielt auf bestimmte Eigenschaften?

◻ **Horst Kern:** Nach meinen Erfahrungen gibt es drei Typen unter den Sponsoren. Typ eins entscheidet aus dem Gefühl heraus. Wer selbst segelt, der neigt auch dazu, das Segeln zu sponsern, wer Tennis spielt, der tritt eben gern als Tennissponsor auf. Dieser Typ – vom Auftritt her mehr Mäzen als Sponsor – entscheidet jedoch letztlich nicht mäzenatisch. Er sagt sich, das bringt was für uns, und das bringt auch dem Sport was, an dem ich hänge. Dieses Geschäft auf Gegenseitigkeit wird vom Publikum auch weitgehend akzeptiert. Die einen profitieren davon, weil sie bessere Bedingungen für ihren Sport erhalten, die Firmen profitieren von der Bekanntheit und vielleicht sogar von Imagetransfers.

Typ zwei – ein Analytiker – tritt in zwei Variationen auf. Der eine Typ neigt dazu, sich an »fertige« Athleten anzuhängen, an Leute, die schon an der Spitze stehen, schon populär sind. Der andere Typ möchte vor allem einen Sportler »formen«, zieht es deshalb vor, schon früh bei einem Sportler einzusteigen. Dieser Typ geht auch das Risiko eines Fehlschlags ein. Doch das ist es ihm wert, er will Einfluß nehmen. Dieser Sponsor analysiert, läßt auch Imageuntersuchungen anstellen, sucht nach Negativpunkten oder kontraproduktiven Elementen in einer Persönlichkeit, die ja nicht eindimensional ist – sonst wäre sie ja auch stinklangweilig. Die Grundüberlegung dahinter lautet: Wie stellen wir uns dar, paßt dies auch zu anderen Konzepten unserer Kommunikation? Typ zwei steht mit seiner Entscheidung häufig auf einer empirisch fundierten Basis. Manche dieser Sponsoren gehen bewußt nicht in die Spitze.

Typ drei setzt auf Sportarten oder Veranstaltungen. Der Grund: Er fühlt sich beim Sponsoring einer Person nicht sehr wohl, weil er um die Veränderungen im Image oder in der Leistung fürchtet. Risiken will er meiden, er sagt sich, wenn ich mich an jemanden hänge, der noch formbar ist, dann braucht das eine Ewigkeit, bis sich dies für uns auszahlt. Und er sagt sich auch: Wenn ich mich an jemanden hänge, der schon wer ist, dann ist der auch umworben und deshalb teuer. Manchmal kriege ich auch gar nicht den, den ich will. Letztlich sind ihm solche Engagements auch viel zu teuer; er weiß, daß sich das Risiko für ihn noch zusätzlich erhöht, sind doch diese Bündnisse schließlich auch noch an den Erfolg gekoppelt. Aus diesem Grund sucht sich Typ drei entweder Mannschaften, weil die grundsätzlich weniger riskant sind, oder er setzt auf Veranstaltungen, bei denen das Risiko noch geringer ist.

Einzelkämpfer sind oft schwer einzuschätzen. In den USA ist ein Trend zu Veranstaltungen schon deutlich spürbar. Gibt es hierzulande einen ähnlichen Trend?

Horst Kern: Da gibt es ein Problem der Enge. Der Trend zu den »events« ist sicherlich schon deshalb zwangsläufig, weil es viel zu wenige herausragende Sportlerpersönlichkeiten gibt, um wirklich alle potentiellen Sponsoren zu bedienen. Als Entscheider in einem Unternehmen würde ich mich nicht als dreißigster Sponsor an eine lebende Litfaßsäule mit einem drei mal sechs Zentimeter großen Aufnäher beteiligen. Wenn schon, dann sollte sich eine Marke, ein Unternehmen auch einen prominenten Anteil an einem Sportler sichern. Geht es doch bei einem Engagement vor allem darum, sich möglichst stark zu verknüpfen; als einer unter dreißig ist die Marke eben nicht mehr eindeutig mit der Person verknüpft. Zum anderen lernen die Sponsoren, daß sich mit dem Einzelsportler selbst gar nicht so viel machen läßt wie mit einem

»event«, zu dem, um nur ein Beispiel zu nennen, auch Kunden eingeladen werden können. Mit einem Einzelsportler kann ich als Sponsor für meinen Kunden eben keine Veranstaltung arrangieren.

Kompetenz der Unternehmen in Sachen Sport – wie hoch schätzen Sie die Sachkenntnis ein?

☐ **Horst Kern:** Ich sehe die Kompetenz sehr stark mit der Dreiteilung der Unternehmen verbunden; da ist einmal der intuitive Typ und dann auch jener, der aus Neigung Sponsoring betreibt – bei ihm ist die Kompetenz eher zufällig. Am höchsten ist selbstverständlich die Kompetenz bei jenen Unternehmen einzuschätzen, die ein Engagement analytisch angehen, dort werden nach aller Erfahrung auch Positionen und Abteilungen für das Sponsoring geschaffen. Früher waren die ersten Kontakte eines Sponsors häufig von Berührungs- und Bekennungsängsten geprägt, deshalb gaben sich die Einsteiger oft mäzenatisch. Doch gibt es eine deutliche Tendenz zu einer realistischeren Haltung; bekommen doch die Controller heute sofort rote Ohren, wenn jemand Mäzenatentum in Millionenhöhe betreiben will.

Gibt es nicht auch Anzeichen dafür, daß der Trend zu Sportarten führt, die bisher in der Schattenzone des Interesses standen? Wie groß ist der Mut zu solchen Engagements?

☐ **Horst Kern:** Sportler, die an der Spitze stehen, sind ausgereifte Persönlichkeiten, während relativ junge Leute sich noch schulen lassen, um letztlich mediengerecht aufzutreten. Und was die Sportarten in der Schattenzone angeht, bin ich mir gar nicht sicher, ob das Risiko wirklich so groß ist, sind doch diese Sportarten erheblich preisgünstiger als etwa Golf, Polo oder Tennis. Wer in diese Sportarten investieren will, der merkt sehr schnell, daß die Einstiegspreise gewaltig sind. Die sogenannten Sportarten aus der »Schattenzone« dagegen sind nicht nur günstiger, sie bieten dem Sponsor auch weit mehr Möglichkeiten, sich sein Terrain selbst zu formen, während die Verbände etablierter Sportarten sich von einem Sponsor eine Traditionsveranstaltung nicht umkrempeln lassen. Ob Hahnenkamm-Rennen oder German Open im Golf, diese großen Veranstaltungen lassen sich nicht von einem, der eine neue Dramaturgie mitbringt, so einfach verändern.

Jene, die bisher in der Schattenzone standen, lassen eher mit sich reden, lassen auch den Sponsor mitreden. Natürlich gibt es ein Risiko, muß doch zuerst einmal das Interesse geweckt werden.

Mediengerechte Präsentation. Wie weit sind die Sponsoren bei der Suche nach mediengerechter Präsentation gekommen?

❏ **Horst Kern:** Viele Sponsoren sind sicher auf der Suche nach neuen Darstellungs- und Kommunikationsformen des Sports. Doch die Mehrheit orientiert sich an existierenden Sportarten und Wettbewerben, überlegt sich selten, welche Chancen habe ich, wenn ich selbst etwas kreiere? Es hat ja schon lange solche Überlegungen gegeben, wenn ich mich daran erinnere, daß vor einigen Jahren die Philip Morris-Leute daran dachten, den gesamten Formel-I-Sport für Marlboro zu okkupieren. Formel I sollte gleichgesetzt werden mit Marlboro. Philip Morris hätte bestimmt Marken wie Benetton mitmachen lassen, um noch etwas Lifestyle mit zu verbreiten, vielleicht auch Revlon. Der Gedanke dahinter hatte durchaus etwas Attraktives: »Ich suche mir ein Feld ganz für mich allein.«

Eine neue These: Das Idol der neunziger Jahre – ein Medienmensch! Hat sich diese Erkenntnis auch schon auf breiter Front bei den Sponsoren durchgesetzt?

❏ **Horst Kern:** Pirmin Zurbriggen und Vreni Schneider wurden auf Medienwirksamkeit hingetrimmt. Bei Pirmin Zurbriggen war es erfolgreich, bei Vreni Schneider weniger. *Wichtiger erscheint mir, daß der Charakter nicht verbogen wird. Das Idol sollte vor den Medien nicht wie auf einer Bühne agieren.* Hier sehe ich die Grenzen der Selbstdarstellung. Bei aller medienträchtigen Selbstdarstellung, die sich etwa Boris Becker angeeignet hat, machen ihn doch gerade die Bekenntnisse zu seinen Schwächen noch sympathischer. Ich glaube, die total durchgestylte Darstellung ist eine Gratwanderung. *Die Menschen reagieren auf das Idol »aus dem Bauch heraus«, spüren die falschen Töne.* Das Publikum sucht im Idol auch den »ganz normalen Menschen«, der noch »anfaßbar« ist, wie etwa Boris Becker durch seine Äußerungen, nun werde er vielleicht eine Familie gründen und wisse nicht, ob er die Spitzenposition im Welttennis halten könne. Auch das Unausgegorene wird vom Publikum als sympathisch aufgenommen.

Was ist sonst noch wichtig? Aussehen und Auftreten selbstverständlich. Wichtig ist auch die »Ehrlichkeit«: Ein Idol sollte sich zu einen Wurzeln bekennen, sollte sich selbst treu bleiben. Ein heikler Bereich sind die hohen Gagen. Diese Millioneneinkommen sind für die Normalverdiener stets ein Reizpunkt.

Welche Eigenschaften prägen das Leitbild?

◻ **Horst Kern:** Die Leitbildfunktion der Spitzensportler drückt sich im fast schon verklärt gezeichneten Persönlichkeitsprofil durch die Öffentlichkeit aus. Sein Gesamtbild prägen solch positive Eigenschaften wie »optimistisch«, »weltoffen«. Der Spitzensportler wird als »Draufgänger« erlebt, und die Sportkonsumenten halten ihn selbstverständlich auch für »reich«, was seine Attraktivität noch steigert. Weiterhin sticht das Idol im Sport durch solch sympathische Merkmale wie »lustig«, »lebenslustig«, »offen« und »interessant« hervor. (Tabelle V und VI)

Um es zusammenzufassen: *Entscheidend für die hohe Leitbildfunktion des Sportlers erweist sich besonders die Vorstellung von »Ehrlichkeit« und »Sauberkeit« sowie die Annahme, daß Sportler generell härter an sich arbeiten müssen, um in jene Höhen zu gelangen.* Das Idol im Sport wird ähnlich bewertet wie ein Idol auf der Leinwand, es wird wie das Leinwandidol bewundert und umschwärmt, ist beliebt, gern gesehen.

Stichwort »Eigenschaftsprofil« – welche Rolle spielt der »Erfolg«?

◻ **Horst Kern:** Die wichtigsten Aspekte sind sicher Sympathie, Bekanntheit und Glaubwürdigkeit. Doch der Erfolg spielt auch eine große Rolle. »Glaubwürdigkeit«, dies bedeutet eben, daß sich der Sportler zu sich selbst bekennt, ich meine, zu allen Ecken und Kanten seiner Persönlichkeit. Dies kann polarisierend wirken, doch es macht den Sportler für seinen Fan eben um das entscheidende Stück glaubwürdiger, macht ihn authentischer, echter. Diese »personenspezifischen« Eigenheiten können zusammen mit dem Produkt oder der Marke sehr interessante Kombinationen ergeben. Ein Beispiel: Steffi Graf war 1987, ihrem »Opel-Jahr«, zwar sehr erfolgreich, aber noch nicht der große Superstar, der war damals die Navratilova. Trotzdem konnte Steffi zusammen mit Opel einen tollen Synergieeffekt aufbauen. Das fügte sich hervorragend zusammen: Auf der einen Seite Opel, eine

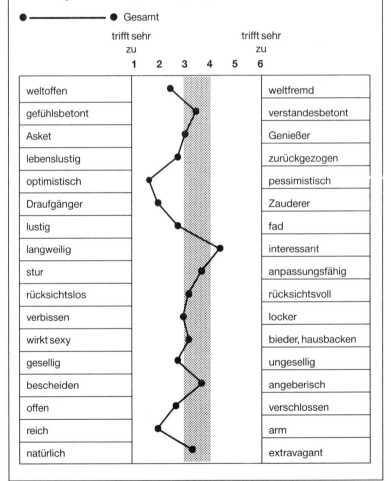

Bild vom typischen Spitzensportler

– Mittelwerte auf einer der Skala – Basis: 300 Tpn

	Ges.	Schwerpunktinteresse				Interesse an Sportsendungen im TV		
		Fußball	Motorsport	Tennis	Wintersport	sehr stark	gering	
Basis:	300	75	75	75	75	148	152	
weltoffen	2,4	2,2	2,5	2,3	2,5	2,3	2,4	weltfremd
gefühlsbetont	3,6	3,9	3,3	3,7	3,7	3,6	3,7	verstandesbetont
Asket	3,1	2,7	3,4	3,4	2,8	2,9	3,2	Genießer
lebenslustig	2,9	3,0	2,5	3,1	3,0	2,8	3,1	zurückgezogen
optimistisch	1,9	1,9	1,8	2,0	2,0	1,9	2,0	pessimistisch
Draufgänger	2,1	2,0	2,0	2,1	2,3	2,1	2,1	Zauderer
lustig	2,7	2,6	2,7	2,6	2,9	2,6	2,8	fad
langweilig	4,4	4,4	4,4	4,7	4,3	4,6	4,3	interessant
stur	3,8	4,2	3,2	4,0	3,9	3,8	3,8	anpassungsfähig
rücksichtslos	3,2	3,4	3,0	3,5	3,0	3,3	3,1	rücksichtsvoll
verbissen	3,0	3,1	2,5	3,7	2,9	3,1	3,0	locker
wirkt sexy	3,1	3,3	2,9	3,1	3,1	3,1	3,1	bieder, hausbacken
gesellig	2,9	2,8	2,8	2,9	3,1	2,9	2,9	ungesellig
bescheiden	3,7	3,5	3,9	3,6	3,8	3,5	3,9	angeberisch
offen	2,8	2,6	2,7	3,0	3,0	2,7	2,9	verschlossen
reich	2,0	1,9	1,9	1,8	2,3	1,9	2,0	arm
natürlich	3,3	2,9	3,6	3,3	3,4	3,2	3,4	extravagant

Tabelle VI

Quelle: Dr. Salcher Team

Marke ohne Schnörkel, die solide Spitzenleistung anbietet – auf der anderen Seite ein Mädchen ohne Allüren und Schnörkel, das Tennis auf höchstem Niveau spielt. Eigentlich würde man hier sagen: Das alles ist grau, da ist kein Glamour. Doch offensichtlich war dies gerade für Opel, eine Marke, die bewußt die Breite abdecken will und nicht die absoluten Exklusivsegmente, eine ideale Kombination. Sicherlich hat auch der Zufall mitgeholfen, wie übrigens bei vielen erfolgreichen Kombinationen.

Das Beispiel Opel-Steffi zeigt allerdings auch, daß sich nicht alles planen läßt. Und dies beweist auch die mißlungene Kampagne der Deutschen Bank mit Boris Becker.

❏ **Horst Kern:** Hier komme ich zu dem Aspekt Glaubwürdigkeit und füge hinzu: glaubwürdig »wofür«? Der 17jährige Boris Becker war eben doch kein glaubwürdiger Vertreter für eine Bank. Das ist eben eine Welt, die einem so jungen Burschen gar nicht als affin zugeordnet werden kann. Die Psychologie wird dies im nachhinein sicherlich erklären.

1.5 Was ist ein Image?

Wie wir es auch immer nennen wollen, ob wir von Charisma sprechen oder von Image, stets geht es um eine schwer greifbare Eigenschaft, die eine immer bedeutendere Rolle in der Vorstellungswelt der Sponsoren spielt.

Was ist nun ein Image? Die »Management Enzyklopädie« übersetzt das Wort mit »Vorstellungsbild«; doch es ließen sich durchaus auch noch viele andere Begriffe verwenden, wie etwa »Ruf« oder auch »Vorurteil«, es ließe sich von einem »Stereotyp« sprechen oder von einem »Leitbild« oder, wenn wir diesen Begriff auf Produkte beschränken, von einem »Firmen- und Markenprofil«. Hierhin passen auch die Begriffe »Firmenstil« oder »Firmengesicht«, möglicherweise auch die »Firmenpersönlichkeit«.

Doch bleiben wir erst einmal beim »Vorstellungsbild«. Sich etwas vorzustellen, das heißt nichts anderes, als sich ein Bild von einem Menschen, einer Sache, einer Organisation zu machen; etwas »annehmen«, »dafür halten« hat die »Management Enzyklopädie« noch ergänzend anzubieten, um diesen so schwer begreifbaren Begriff zu übersetzen.

Hier stellt sich die Frage: Wie wirklich ist die Wirklichkeit?

Natürlich sind die Images keine identischen Abbilder der Wirklichkeit, so es die denn überhaupt gibt. Images sind »subjektiv gefiltert und gebrochen«; sie sind also die subjektive Verarbeitung realer Objekte. Images basieren auf Sinneswahrnehmungen, auf Informationen, die uns das Sehen, Hören, Tasten, Schmecken und Riechen liefern.

Die Welt braucht Images, durch sie wird sie überschaubar; sie haben also eine Orientierungsfunktion. Images geben Menschen, Sachen, Organisationen ein Gesicht. Das Image ist sowohl **Leitlinie** wie auch **Persönlichkeit** und **Charakter.** Und als Ausdruck von Persönlichkeit beeinflussen Images Wahrnehmung und Urteil. Existiert nämlich erst einmal so ein Urteil, ist eine Meinung gefaßt, dann bildet sich gleich auch eine Erwartungshaltung, man könnte hier auch von »Vor-Urteil« sprechen. Was letztlich bedeutet, daß menschliches Verhalten durch Images manipuliert wird. Über das Image läßt sich so auch erklären, weshalb Verbraucher ausgeprägte Zu- und Abneigungen gegenüber Angeboten, Produkten entwickeln, die im Grunde gleichwertig, ja substantiell identisch sind.

Images haben vier wesentliche Funktionen:

1. Images helfen die Welt zu bewältigen, sie sind eine Art Ersatz für konkretes Wissen (knowledge function).
2. Images dienen der Selbstbestätigung (ego defensive function).
3. Images drücken Werte aus (value expressive function).
4. Images dienen der Anpassung (adjustive function).

Funktion 1: Bewältigung der Umwelt durch Images. Dies geht zurück auf den nur allzu verständlichen Wunsch, das Leben möglichst gut zu meistern. Weil wir dazu ein Bild von der Welt brauchen – es muß nicht unbedingt ein präzises und »stimmiges« sein – suchen wir nach einer Struktur, nach einer inneren Ordnung, suchen, wenn man so will, nach Schubladen. Images können solche Schubladenfächer sein, weil in ihnen ein Ordnungssystem steckt. In »Schubladen« können wir unsere Bilder von der Welt ordnen, und zwar in Kategorien. Aus diesen Schubladen holen wir uns immer dann, wenn wir sie brauchen, die passenden Bilder ins Bewußtsein zurück, »wenn bestimmte Namen oder Zeichen als auslösende Reize wahrgenommen werden« (Lutz von Rosenstiel, G. Ewald 1979, Band 2, S. 38; G. Gutjahr, 1972, S. 67 f.).

Funktion 2: Die selbstbestätigende Wirkung. Umgesetzt auf das Konsumverhalten bedeutet dies, daß nicht wenige sich für solche Produkte entscheiden, die ihnen helfen, ihr Selbstbild zu tragen und zu stützen; Produkte mit einem Image, die dazu beitragen, mögliche Spannungen zwischen Selbstbild und Idealbild abzubauen. An dieser Stelle kommen wir zu dem Schlagwort »Imagetransfer«, und da haben wir sofort jenen schmalbrüstigen Schwächling vor Augen, der durch den Konsum sportiver, flotter, dynamischer und jugendlicher Produkte den schwächlichen Eindruck zu überdecken versucht. I. Dolich bestätigte 1969 durch empirische Untersuchungen die Hypothese, daß Individuen größtmögliche Übereinstimmung zwischen Selbstbild und Produkteinstellung anstreben.

Funktion 3: Der »Wertausdruck«. Produkte und ihr Image sind also eine Form bewußter und unbewußter Selbstdarstellung; durch sie zeigen Menschen, wer sie sind und für was sie gehalten werden möchten. Produkte oder das Wissen darüber sind Informationen, durch die andere beeinflußt werden sollen. Und in den Gedanken desjenigen, der ein solches Produkt besitzt, wird das damit assoziierte Image – ein ganzes Bündel an Werten – auf ihn übertragen. Er fühlt sich, um es plakativ auszudrücken, durch das Produkt »geadelt«.

Funktion 4: Images helfen bei der Anpassung – denn wer sich einerseits abgrenzt, der will/muß sich andererseits auch anpassen. Und wer sich durch Produkte ausdrückt, grenzt sich damit nicht nur von den Nichtverwendern ab, er bekennt damit auch Farbe, demonstriert auffällig, welcher Gruppe er zugeordnet werden möchte.

Läßt sich ein Bild im Kopf (Image) erforschen?

Die Marktforschung hat dazu eine Reihe von Methoden entwickelt. Da gibt es z. B. quasi tiefenpsychologische Techniken, wie das »**Tiefeninterview**« mit freien gedanklichen Assoziationen. Dieses Tiefeninterview ist dem diagnostischen Arsenal der Psychoanalyse entlehnt, es schürft mehr oder minder tief im Unbewußten. Nach dem Urteil der »Management Enzyklopädie« ist diese Technik keineswegs das allein seligmachende Verfahren.

Eine weitere Methode, um dem Image und seinen Geheimnissen auf die Spur zu kommen, ist das »**Polaritätenprofil**« (nach Osgood-Hofstetter). Bei dieser Methode werden Eigenschaften in polaren Begriffen angeboten, die Versuchsperson hat sich anhand von Intensitätsgraden von »sehr gut« bis »sehr schlecht« für diesen oder jenen Pol in dem empfundenen Ausprägungsgrad zu entscheiden.

Zum dritten wurden »**projektive Verfahren**« entwickelt. Dabei handelt es sich um Rollenspiele. Die Befragten projizieren sich dabei selbst in andere Menschen, erläutern vorgegebene Bilder und drücken sich damit, wie die Verfechter dieser Methoden glauben, ungebremst, unverfälscht, unreflektiert aus.

Ein viertes Verfahren: der »**Vergleich mit dem idealen Produkt**«. Hier wird das Profil des »idealen Produktes« mit bestehenden Angeboten verglichen. Unter Experten gilt auch diese Methode als »nicht unproblematisch«.

Auch »**individualdiagnostische Methoden**« werden von den Imageforschern eingesetzt. Man geht bei diesen Methoden davon aus, daß bestimmte Sympathien und Aversionen durch die Persönlichkeitsstruktur eines Menschen sich mit Konsumgewohnheiten und Einstellungen vergleichen lassen.

Womit wir wieder beim »**Imagetransfer**« wären, denn darum geht es letztlich immer, wenn der Sport und die Werbung gemeinsame Sache machen. »Imagetransfer« ist ein Wechselspiel, das Übertragen und Verstärken von Assoziationen, hier von einem Sportler oder einer Mannschaft auf ein Produkt. Die Kommunikationsforschung, stets auf der Suche nach der griffigen Formel, die alles in aller Kürze erklärt, sieht Produkte von zwei Assoziationskreisen »umzingelt«.

Der erste Assoziationskreis, die kognitive Psychologie nennt ihn den »**denotativen**«, beinhaltet die technische Beschaffenheit eines Produktes, also die sogenannten »harten Informationen«. Den **zweiten Assoziationskreis** nennt die Psychologie den »**konnotativen**«: Hier geht es um das emotionale Erlebnisumfeld, die »weichen Informationen«, Phantasien und Vorstellungen, die von dem Gedanken an ein bestimmtes Produkt ausgelöst werden können.

Wie ist das zu verstehen? Bei einer Zigarette dreht sich der »denotative« Assoziationsgehalt um solche »harten« Aspekte wie den Nikotingehalt der Zigarette, um die Tabakqualität, die Länge einer Zigarette und sicher auch darum, ob es sich um eine Zigarette mit oder ohne Filter handelt. Der »konnotative« Bedeutungsinhalt, also das emotionale Erlebnisumfeld, läßt der Phantasie Spielraum. Und wir alle wissen, mit der Zigarette verbinden sich unzählig viele Assoziationsketten. Zigarettenrauchen, das hat etwas mit Geselligkeit zu tun, auch mit Entspannung, andere wiederum denken dabei auch an eine Tasse Kaffee, ein Glas Wein oder ein gutes Essen – und manche wiederum denken als erstes an die »Zigarette danach«. Mehr noch: Für manche Männer verbindet sich damit das Bild eines schwer erreichbaren männlichen Rollenmodells, eines meisterlichen Zigarettenrauchers, nämlich Humphrey Bogart. Im amerikanischen Sprachgebrauch ist die Floskel »to bogey« eingegangen, sie meint damit »Bogeys« unnachahmliche Art des entschlossenen Ausdrückens einer Zigarette im Aschenbecher. Ein körpersprachliches Signal, mit dem »Bogey« Geschichten erzählen konnte.

Ziel von Strategien des Imagetransfers: Für bereits im Markt eingeführte Produkte kann das Ziel die Intensivierung des Vorstellungsbildes einer Marke beim Verbraucher sein; weiter Aktualisierung und Modernisierung der Marke. Sportler und ihr Image können als Transferinstrument eine Veränderung der mit dem Produkt assoziierten Erlebniswelt erreichen.

Hier stoßen wir auf Begriffe wie die Identität eines Unternehmens. Gängiger Begriff: **Corporate Identity.** An der Definition dieses Schlagwortes, denn darum handelt es sich mittlerweile, haben sich viele versucht. Manche übersetzten das Wort mit »Wesen«, andere sprachen von »Charakter«, was letztlich auch nichts anderes als »Image« bedeutet. »Unternehmenspersönlichkeit« ist eine gleichfalls gebräuchliche Übersetzung.

Ein Aspekt dieser »Persönlichkeit« ist das Erscheinungsbild, mitgeprägt durch das **»Corporate Design«,** also durch Farben, Schriftarten, durch graphische Systeme, die von der Verpackung bis zur Autobeschriftung das gleiche Gesamtbild, die gleiche Persönlichkeit eines Unternehmens wiedergeben. Dies schließt selbstverständlich auch die ganze Werbung mit ein.

Zwei Begriffe: Corporate Identity, also Wesen und Selbstbild eines Unternehmens. Und das Corporate Image, das Fremdbild des Unternehmens, also das Spiegelbild der Corporate Identity in den Köpfen und Herzen der Menschen.

Das Schaffen einer **Corporate Identity** ist aus all diesen Gründen auch mehr als eine kosmetische Operation, mehr als ein facelifting, als dessen Ergebnis ein Unternehmen je nach Art des Eingriffs jugendlicher, dynamischer, vertrauenswürdiger auftritt. Corporate Identity muß daher also einhergehen mit einem Einstellungs- und Gesinnungswandel; eine innere Veränderung, deren Ergebnis eine in sich geschlossene, neue Persönlichkeit ist.

Als Instrument der Unternehmenspolitik hat Corporate Identity (Disch, 20, 27) vier Aufgaben:

1. Verdichtung von Informationen in der Massenkommunikationsgesellschaft und ihrem Überfluß an Informationen.

2. Intensivierung der komplexen Marktbeziehungen eines Unternehmens mit den verschiedenen Zielgruppen.
3. Das Vermeiden von Widersprüchlichkeiten durch Marktzwänge, die sogenannte Janusköpfigkeit, wie sie uns in der chemischen Industrie, ihren hohen Profiten einerseits und ihrer Gefährdung der Umwelt andererseits begegnet.
4. Die Harmonisierungsfunktion: Corporate Identity baut ein Vertrauenskapital für morgen auf. Wobei in Kauf genommen wird, daß die Zinsen häufig erst übermorgen anfallen.

Corporate Identity, das ist ein Teil des Images und realisiert sich genau wie dieses Vorstellungsbild allein in den Köpfen der Menschen. Entscheidend sind daher nicht die Signale, die ein Unternehmen durch Marke, Werbung, also den »Auftritt«, aussendet, sondern die Reaktionen auf diese Signale im Bewußtsein und im Unterbewußten der Empfänger.

Doch das Gehirn reagiert nicht als Einheit, sondern in drei selbständigen Bereichen, man könnte auch von drei Phasen sprechen. Da ist zum ersten die intuitiv-gefühlsmäßige Reaktion, sie findet im Stammhirn statt. Zum zweiten die emotionale Reaktion im Zwischenhirn. Und zum dritten die rationale Reaktion im Großhirn.

Wenn die Reaktion dieser drei Phasen erfolgt, wenn die Signale alle drei Hirnbereiche ansprechen, ist ein Erscheinungsbild, ein Image, eine Corporate Identity optimal. Das Image, also die Corporate Identity, stimmt immer dann, wenn die Einzelsignale in ihrer Biostruktur möglichst weitgehend übereinstimmen.

Images von Sportarten:

Das Dr.-Salcher-Team befragte 600 Personen. Aus dieser Untersuchung nur einige punktuell ausgewählte Ergebnisse: Unabhängig von einer bestimmten Sportart verbinden sich mit dem Sport schlechthin folgende Erlebnisdimensionen:

1. Sport ist Nervenkitzel: Rund 40 Prozent genießen im Sport vor allem die Spannung, lassen sich vom Sport auf angenehme Weise aufregen.

2. Sport ist Ästhetik: Für 28 Prozent ist Sport in erster Linie das »Schöne« schlechthin. Diese Gruppe goutiert beim Sport die Bewegung, begeistert sich an Grazie und Anmut.

3. Sport ist Technik: Dies ist das Grundgefühl der Perfektionisten; am Sport schätzen sie vor allem das »technische Können«, die »technische Versiertheit«: 26 Prozent teilen dieses Grundgefühl.

4. Sport ist Kampf: Diese Gruppe reagiert am stärksten auf die Auseinandersetzung Mann gegen Mann, Team gegen Team. Für 21 Prozent dominiert die kämpferische Komponente.

5. Sport ist Schnelligkeit: Auch dies, das Erlebnis von Schnelligkeit, die Rasanz, ist ein Urerlebnis. Und 19 Prozent nennen »Schnelligkeit« als ganz elementares Sporterlebnis.

Dies nur als eine Auswahl von vielen Aspekten, die über »Frische«, »Frohsinn«, »Harmonie«, »Fairneß«, »Sportgeist«, »Kraft« und »Stärke«, über das »Siegesgefühl«, das »Naturerlebnis«, über die »Lust am Rekord«, die reine »Entspannung« bis zur mit vielen geteilten »Begeisterung« führen.

Die Rangfolge der zehn hierzulande am meisten interessierenden Sportarten lautet wie folgt:

1. Fußball; 2. Tennis; 3. Leichtathletik; 4. Ski alpin; 5. Handball; 6. Eishockey, 7. Motorsport; 8. Eiskunstlaufen; 9. Schwimmen; 10. Skispringen.

Quellen: »Image-Transfer«,
Anneliese Mayer/Ralph Mayer
R. Bergler (1974)
B. Spiegel (1961)
L. v. Rosenstiel, G. Ewald (1979, Bd. 2, S. 38)
G. Gutjahr (1972)
P. F. Secord; C. W. Packmann (1977)
K. H. Hillman (1971)
Birkigt/Stadler
Disch (20, 27)

1.6 Die sieben Rollen auf der Bühne des Sports:
Arbeiter und Architekt, Artist und Analytiker, Kaiser, Krieger und Philosoph

Wir alle spielen Theater, behauptet der amerikanische Soziologe Ervin Goffman. Sport ist wie das Leben ein Spiel mit verteilten Rollen, und die Idole sind lauter Prototypen. Auf der Bühne agieren: sieben klassische Rollen – mit Variationen.

Keiner der sieben Prototypen ist »lebenslänglich« in einer Rolle gefangen. Die Idole des Sports wechseln im Laufe ihrer Karriere – wie auch die meisten Schauspieler – von einer Rolle zu einer anderen. Der junge Franz Beckenbauer zum Beispiel spielte auf dem Rasen zuerst einmal die Rolle des Artisten/Solisten. Die Rolle des »Kaisers« übernahm er erst nach und nach mit den Jahren. Ähnlich, wenn vielleicht auch nicht so ausgeprägt, verlief der Rollenwechsel des Lothar Matthäus. Am Anfang seiner Karriere Prototyp des »Kriegers«, entwickelte sich Matthäus bei Inter Mailand dann auch zu einem »Kaiser«. Die Fans und die interessierte Öffentlichkeit erlebten das Heranwachsen einer Persönlichkeit.

Diese sieben Typen sind einem »Rollenentwurf« des kalifornischen Psychotherapeuten Jose Stevens entlehnt und frei abgewandelt. Stevens hat diese sieben Rollenbilder in seinem Buch »Essence & Personality: The Michael Handbook« (Warwick Press) veröffentlicht.

Rolle 1: Der Arbeiter

»Arbeiter« verfügen – rein »technisch« betrachtet – durchaus über virtuose Fähigkeiten. Was ihre »dienende« Funktion prägt, ist das »Rollenverständnis«. Der »Arbeiter« ordnet sich und seine Fähigkeiten grundsätzlich dem Mannschaftskonzept unter, ist bereit, im Dienst der Mannschaft auch »Dreckarbeit« zu leisten. Der »Arbeiter« übernimmt jene Rolle, die in Sportberichten meist als »undankbar, aber wichtig« beschrieben wird.

Auch wenn diese Rolle wenig spektakulär scheint; der »Arbeiter« realisiert die großen Gedanken der anderen. Wer sich (für die anderen) in die Pflicht nimmt, der scheut gewöhnlich das Rampenlicht. Also: kein Medientyp, aber einer, mit dem sich andererseits auch viele Menschen identifizieren können, weil sie im Leben ähnliche Rollen spielen. Somit ist der »Arbeiter« auch eine wichtige Integrationsfigur.

Typisch für ihn ist der Blick für das Detail und das Gefühl für das richtige Timing. Sein Problem: Er läßt sich immer wieder in die Pflicht nehmen, und dies wird gewöhnlich auch immer wieder ausgenutzt. Es handelt sich um die am weitesten verbreitete Rolle; nach Schätzungen von Psychologen spielt sie jeder dritte.

In der positiven Ausprägung nimmt er einen Platz im Hintergrund der Szene ein, agiert dort als Macher, als Vollstrecker, der ausführt, was sich andere ausdenken, kompetent in seinem Bereich, vertrauenswürdig, jemand, der sich verantwortlich fühlt.

Rolle 2: Der Philosoph

Der Ideologe auf der Bühne des Sports; seine Hauptaufgabe scheint darin zu bestehen, für die anderen eine Leistungsphilosophie zu liefern. Der Philosoph ist sendungsbewußt, ist enthusiastisch, gelegentlich ist er sogar ein »Visionär«.

In der positiven Ausprägung: enthusiastisch, einer, der motiviert. Der Philosoph ist ein Medienmensch, er braucht letztlich die Medien, weil er seine Botschaft verbreiten möchte.

Zu den »Philosophen« zählen viele der großen Trainer. Da wäre Emil Beck zu nennen, der in seinem Reich der Fechter nicht nur neue Trainingsmethoden kreierte, sondern seiner Sportart auch den Weg zu mehr Medienwirkung und zu neuen Geldquellen öffnete.

Rolle 3: Der Architekt

Architekten sind die Kreativen in der Welt des Sports: Erfinder, Typen, die ungewöhnliche Wege gehen. Architekten suchen nach dem geheimen Konstruktionsplan, der inneren Mechanik; Architekten sind häufig Tüftler, die neue Techniken, neue Methoden zur Leistungssteigerung entwickeln. Wie etwa der amerikanische Hochspringer Dick Fosbury, der in den sechziger Jahren darauf kam, daß es sich rückwärts höher springen läßt, oder der finnische Langläufer Pauli Siitonen, der den Schlittschuhschritt in den Skilanglauf einführte.

Kreativität und Erfindungsgeist sind die Haupteigenschaften dieses Typs. Dies ist auch die Rolle vieler großer Trainer, die ungewöhnliche Wege gehen und auf diesen neuen Wegen erfolgreich sind.

In der positiven Ausprägung bestechen die Spontanität, der Erfindungsgeist, die Exzentrik, der Mut, Neues zu wagen – Menschen, die Visionen ins Machbare umsetzen.

Rolle 4: Der Artist/Solist

Seine Philosophie: Alleingang. Sein Auftritt: Solo. Er arbeitet hart an der perfekten Form. Der Artist/Solist hat deshalb auch stets die Tribüne im Auge. Vor der will er glänzen. Maradona zählt zu diesen Artisten, sicher auch Pele. Beckenbauer spielte in jungen Jahren diesen Part. Der Artist/Solist ist ein herausragender Könner, aber einer, der nicht führen möchte.

Genau wie der Architekt zählt der Artist zu den Kreativen, zu den schöpferischen Naturen im Sport. Doch diese Kreativität ist auch Selbstzweck. Klar, er ist meist auch ein Medientyp, will im Licht stehen, sich gut verkaufen. Meist ist dieser Typ verbal geschickt, vermag sich auszudrücken und mitzuteilen.

In der positiven Ausprägung ist er ausdrucksstark, witzig, originell, eben ein großer Tenor, ein Solist – doch kein Regisseur.

Rolle 5: Der Krieger

Das Zielbewußtsein des Vorwärtsstrategen imponiert. Weil er nichts anderes als das Ziel vor Augen hat, ist die Perspektive des Kriegers eingeengt, er sieht oft nur das, was sich im Fokus befindet. Der Krieger neigt dazu, wie der Artist/Solist als Einzelkämpfer aufzutreten und die Aufmerksamkeit ganz auf sich zu ziehen.

Ähnlich wie der Arbeiter ist er zu jeder Anstrengung bereit, doch was ihn von dem Arbeiter unterscheidet, ist die Tatsache, daß er für seine Anstrengungen auch den Lorbeer beansprucht.

Der Krieger liebt es zu organisieren, zu planen und zu kontrollieren. Und bevor das Ziel erreicht ist, läßt er sich nicht bremsen. Krieger besitzen immensen Kampfgeist, treten stets mutig für das ein, was sie für richtig halten.

In seinem Auftreten ist der Krieger direkt und frei heraus, einer, der gern die volle Wahrheit auf den Tisch knallt, der auch keine Entschuldigungen akzeptiert, nicht einmal für sich selbst. Oft eine Persönlichkeit mit Kanten, wie etwa John McEnroe, der sich nach der Rollentheorie des Jose Stevens wohl auch als Solist versteht.

Krieger sind in der Lage, schwierige Situationen zu durchstehen. In der positiven Ausprägung sind sie Garanten für Erfolge und wenn es denn sein muß, mit der Brechstange. Krieger besitzen auch reichlich Aggressionspotential, spielen die Rolle des »Robin Hood«, der sich für den Erfolg aller einsetzt.

Rolle 6: Der Kaiser

Er scheint Situationen zu suchen, in denen er Gelegenheit findet, seine Autorität zu delegieren; ein exzellenter Manager, eben der Kopf einer Gruppe. Das Talent des Kaisers liegt darin, in einer Gruppe das Gefühl für Loyalität anzuregen und auch das Gefühl für Hingabe/Treue bei anderen Menschen.

Der Kaiser schafft es immer wieder, andere dazu zu bringen, daß sie selbst Dinge tun, ohne daß der Kaiser es ausdrücklich von ihnen verlangen würde. Dieser Typus dominiert eine Situation, er fühlt sich für die anderen verantwortlich. Der Kaiser, ein Dominator, ist ein seltener Typ.

In seiner positiven Ausprägung ist er der von allen respektierte Meister, ein natürlicher Häuptling, charismatisch, auch ein Stratege.

Selbstsicher, stabil in schwierigen Situationen, eine abgerundete Persönlichkeit. Eine Sportlerpersönlichkeit mit einer Vision. Ein Meister des Delegierens. Er betrachtet die Szene aus einer »übergeordneten Perspektive«, hält sich nicht mit den Details auf.

Rolle 7: Der Analytiker

Wichtigste Eigenschaft: Neutralität. Er ist stets sachorientiert. Der Analytiker ist die Nabe, um die sich das Rad dreht, ein idealer Moderator, ein Richter, der, wie es scheint, eine 360-Grad-Perspektive besitzt und deshalb eine Situation auch von allen Seiten her betrachten kann.

Seine besondere Fähigkeit besteht darin, den Kern eines Problems zu erkennen. Er seziert eine Situation, versucht, jede Facette zu durchdringen und zu verstehen. Was gelegentlich dazu führt, daß solche Typen im Detail steckenbleiben.

In seiner positiven Ausprägung ist er verständnisvoll, wissensdurstig, ehrlich, auch praktisch, integrierend, neutral, nachdenklich, betrachtend, klar und logisch.

Teil 2

Die Images der Helden

2.1 »Boris« – unser Mega-Idol: Krieger und Kaiser

Ende Januar 1991, fünfeinhalb Jahre nach seinem ersten Wimbledon-Sieg, war Boris zum erstenmal die Nr. 1 im internationalen Tennis. In diesen fünfeinhalb Jahren beschäftigte sich die Nation eigentlich fast ständig mit ihrem Idol. Boris wird uns wohl auch weiter beschäftigen.

Dem Kapitel Boris müssen alle paar Monate ein paar Ergänzungen angefügt werden. Die Entwicklung scheint noch längst nicht abgeschlossen, die Persönlichkeit lange noch nicht ausgereift. Anfang 1990 dachte Boris im SPIEGEL (Nr. 6/1990) über seine »Rolle als Nationalheld« nach, äußerte sich, wie gewohnt, in starken Worten.

Die aufgesetzt starken Worte lassen keinen Zweifel: Die Bürde drückt. Heute wisse er, so war im SPIEGEL zu lesen, »über Geld läßt sich nicht alles regeln.« Meinte der junge Tennis-Millionär damit etwa, Geld allein mache nicht glücklich? Es ging ihm um die für ihn wohl schwierige Beziehungskiste, die ihn mit seinen Sponsoren verbindet. Wenn die mit ihm »nicht happy« seien, dann habe er darauf eine ganz einfache Antwort: »Ich bin nicht deren Produkt, ich gehöre niemandem.« Nun ja, diese große Freiheit, von der Boris träumt, ist aber nun mal nicht ganz billig, und sie ist wohl nur durch den Verzicht auf die Sponsorengelder zu erkaufen.

Wie ist das zu werten? Sind es die Befreiungsversuche eines jungen Mannes, der sich gefangen glaubt; einer, der mehr sein will als das »Werbemittel Boris Becker«? In einem Interview der Zeitschrift SPORTS hatte Boris wenige Wochen zuvor den Reportern spätpubertäre Philosophien zu allen möglichen Lebensfragen in die Diktiergeräte gesprochen. Gedanken von der Hafenstraße bis zum Doping. Diese unausgegorenen Philosophien stießen ganz offensichtlich vielen Lesern sauer auf. So beschwerte er sich dann im SPIEGEL, »mich unterschwellig zum Sympathisanten von Anarchie und Terrorismus hochzujazzen oder zum Vorkämpfer für den freien Verbrauch von Opiaten, geht mir schon auf den Sack.«

Ein weiterer verbaler Ausbruchsversuch: Wogegen er antrete, das sei die weitverbreitete Meinung, ein Hochleistungssportler dürfe und müsse zwar bis zum letzten seinen Körper beanspruchen, habe aber gefälligst das Denken den anderen zu überlassen. An dieser Stelle folgte nun eine beziehungsvolle Klage: Für ihn hätte es »nie 'ne Chance« gegeben, für sich selbst zu entscheiden, »weil ich ja schon mit 17 in diesem Zirkus drin war. Man hat mich über Nacht zu einem Idol gestempelt, das ich gar nicht werden wollte.« Und dann folgte ein Schlüsselsatz:

»Ich suche ja selbst noch Vorbilder.«

Jetzt sei er auf der Suche nach Normalität, die Jahre des Becker-Booms hätten dazu geführt, daß sich auf seinen Schultern eine Sport- und Unterhaltungsindustrie aufgebaut habe, die ihn zunehmend belaste. Es gehe um die »systematische Vereinnahmung einer Person, und dagegen wehre ich mich.«

Erinnern wir uns: Mitte Juni 1985 brach dieses Fieber aus, und am 7. Juli 1985 erreichte die »Becker-Mania« ihren ersten Höhepunkt; es war der Tag seines ersten Sieges in Wimbledon. Anfang einer neuen Ära; Zeitenwende im deutschen Tennis. Seit damals ist wohl über keinen Deutschen mehr geschrieben, mehr nachgedacht, mehr gejubelt und mehr geflucht worden als über »unseren Boris«. Und alle sind auch fest überzeugt, »ihren« Boris durch und durch zu kennen. »Unser Boris«, schon die Formulierung zeigt den massiven Besitzanspruch, ein Wort, mit dem wir ihn an uns zu fesseln suchen.

Doch wer ist eigentlich »unser Boris«? Ist er das Aushängeschild einer Nation mit Identifikationsproblemen? Ist er Prototyp und Rollenmodell einer Gesellschaft, für die Leistung nicht mehr reicht, die beginnt, sich vornehmlich am Erfolg zu orientieren? Boris, der weiße Ritter, der gegen die »Null-Bock-Mentalität« anschmetterte? Einer, der vorlebt, daß sich Leistung lohnen kann?

Erfolg, das war die magische Formel, die Boris (wir können es einfach nicht lassen, unseren Helden beim Vornamen zu nennen) mit der Deutschen Bank verband. Erfolgsphilosophie anno 85, gegossen in eine Werbeaussage: »Es ist ein gutes Gefühl, wenn aus Leistung Erfolg wird. Viele junge Menschen haben schon in frühen Jahren viel Erfolg: im Sport, in der Musik, aber auch in der Schule, im Studium und immer häufiger im Beruf. Erfolg zu haben ist sicher nicht immer eine Frage der Begabung. Voraussetzungen sind Fleiß, Beständigkeit – und vor allem der Wille zur Leistung.«

Das war schon mehr als Werbung, das war Philosophie; Sätze, die für Leistung, für Erfolg, für den Fleiß, für den Willen und die Beständigkeit standen. Und wer konnte diese Philosophie besser vorleben als »unser Boris«, unser Mega-Held, Idol und Integrationsfigur einer Nation?

Drei Millionen Mark, so hieß es, habe die Deutsche Bank gezahlt, um diese Philosophie vom Erfolg in jungen Jahren mit dem (nachdenklichen) Konterfei des jugendlichen Helden (damals gerade 17) zu koppeln. Das »Warum« erklärte Eckart van Hooven, Vorstand der Deutschen Bank, im Herbst 1985 folgendermaßen: »Wir Älteren müssen heute das, was in den vierzig Jahren nach dem Krieg mit Fleiß und viel Entbehrung geschaffen worden ist, in guter Verfassung in die Hände der nächsten Generation geben. Wir müssen wieder lernen, den Begriff der Leistung so zu symbolisieren, daß er für viele Menschen verständlich wird. Und so kommen wir jetzt in die Nähe von Boris Becker.«

Damit war dem »17jährigen Leimener« – wie es in Tennisreportagen damals häufig hieß – nicht nur eine erdrückende Last aufgebürdet worden; die erhoffte bundesweite Identifikationswelle fand dann auch nicht statt. Medienforscher Ernst Tachler sieht die Gründe dafür in einem Denkfehler der Bänker und ihrer Werber:

Eine Bank ist nach der Persönlichkeitstheorie von Freud eine »Autoritätsperson«, ein »Über-Ich« und kann deshalb nicht von einem 17jährigen – in der Psychologie das »Es« – repräsentiert werden. Das »Über-Ich« – in diesem Fall die Bank – vertritt die Gesetze, die Normen, die Gebote und Verbote. Und der 17jährige Boris repräsentierte nach dieser Theorie das Kind, also das »Es«.

Was hatte die Deutsche Bank, erster großer Sponsor nach dem Wimbledon-Sieg von 1985, nun mit dem Boris-Deal im Sinn? Tachler:

»Die Deutsche Bank hatte über Boris die junge Generation im Visier. Die Botschaft lautete: Boris ist einer wie ihr. Über und durch ihn sollte die Brücke geschlagen werden zwischen der Nadelstreifengeneration und der Turnschuhgeneration. Boris, der Leistungsfreak als Vorbild, eine Attacke auf die damals noch existente Null-Bock-Generation.«

Wie alles begann – die Fieberkurve der Becker-Mania

Der 7. Juli 1985, damals ging es los mit der Becker-Mania. Vordem waren für die deutschen Tennis-aficionados die feinen Erfolge des Gottfried von Cramm die höchsten aller Gefühle; von Cramm erreichte in den dreißiger Jahren zwar gleich dreimal das Herrenfinale von Wimbledon, gewann aber keines. Cilly Aussem, eine Rheinländerin, konnte dieses Turnier in Wimbledon dagegen Anfang der Dreißiger sogar gewinnen; aus schwer zu analysierenden Gründen ist Steffis Ahnfrau weitgehend vergessen.

Doch zurück zur Tennis-Zeitenwende, zurück zum 7. Juli 1985: Schier ertränkt wurde der Rotblonde in Lobeshymnen, die wir hier auszugsweise wiedergeben möchten, weil sie auch zum Bild des Boris Becker gehören. Die englische Presse zog den Bogen der Vergleiche wieder einmal zurück in kriegerische Zeiten und schrieb von der »deutschen Ein-Mann-Division«, vom »Bomben-Becker«, vom »Artilleristen« und vom »Blitzkrieger«.

Daheim wurde der damals Siebzehnjährige häufiger mit dem badischen Kosenamen »Bobbele« bedacht, woraus die Amerikaner die groteske Wortkombination »Bobbele the wunderkind« bastelten. »Bobbele«, glücklicherweise psychisch ähnlich stabil gebaut wie physisch, zeigte gesundes Selbstbewußtsein, ließ sich die waffenklirrenden Vergleiche nicht bieten und konterte: »Hören Sie, ich bin Tennisspieler und kein Soldat.«

Unversehens war der Nachwuchsmann in diesem Sommer 1985 in eine Heldenrolle geraten – und über die Deutschen kam er »wie ein Lotto-Sechser«, schrieb DER SPIEGEL.

»Unser Boris« – als kurze Schlagzeilenformel

»Satansbraten« (Raimund Le Viseur im PLAYBOY); oder auch »gefesselter Gulliver« (gefesselt an die Öffentlichkeit), »Lausejunge«, »Sportliche Verkörperung der Kohl-Ära«. »Diesen Boris hat uns der Himmel geschickt« (Dr. Claus Stauder, Präsident des Deutschen Tennisbundes). »Tubborn«, was widerspenstig, eigensinnig bedeutet, »authentic genius« (echtes, ursprüngliches Genie) nannte ihn das

Magazin TIME. Für STERN-Autor Peter Bizer war er ein »eiskalter Bengel« und »der Junge, der sie alle schlug«. Für SUNDAY EXPRESS »ein deutsches Löwenherz« und ein »Jung-Siegfried ohne Furcht«. Für den SPIEGEL war schon der frühe Becker ein »chauvinistischer Held«.

Ein Fernsehkommentator aus den USA: »Er ist groß, stark, mutig und sauber. Er wirkt selbst dann noch sauber, wenn er mit blutigen Knien und dreckigem Hemd vom Platz kommt.« Die Berufsjugendliche Desirée Nosbusch in zwei Zitaten, abgedruckt in BUNTE. Erstens: »Dieser Boris ist einfach irre, ein tierischer Typ.« Zweitens: »Ich finde den Jungen affengeil.« Die französische Sportzeitung L'EQUIPE: »Noch nie lag ein solcher Tornado an Gesundheit und Beständigkeit in der Tenniswiege.« Die Würdigung von Bundespräsident Richard von Weizsäcker kam dem Text in der Anzeige der Deutschen Bank schon sehr nahe: »Boris Becker hat in Leistung und Haltung ein Beispiel für junge Leute gegeben.«

Mutter Elvira rückte all die Heldenbilder mit dem Einwand zurecht, der Junge sei ja »noch ein Kind«. Damit war das Wortbild aus THE OBSERVER »Boris the bold« (Boris der Kühne) relativiert. Doch »das Kind« stand auf dem Court »aufrecht wie ein preußischer Gardist« (DAILY EXPRESS).

»Boris ist echt – durch und durch«. Für Tachler ist Boris Becker übrigens »keiner von den artifiziellen Helden: Und was seine Ausstrahlung angeht, steht er weit über dem Rest der Heldengesellschaft.«

Boris und sein Platz in der Ruhmeshalle des Sports

Unser aller Held mit dem Raketenaufschlag stürmte auch mit Raketengeschwindigkeit in die Ruhmeshalle des deutschen Sports. Schon im August 1985, vier Wochen nach dem ersten Wimbledon-Sieg, zählte ihn die Öffentlichkeit zu den ganz Großen, zu Michael Groß, Ulrike Meyfarth, Franz Beckenbauer, Hans-Günter Winkler, Rudolf Harbig, Max Schmeling.

Doch zeigte sich schon früh, daß von Boris eine polarisierende Wirkung ausgeht, unser aller Held ist eben keiner für alle. Die Zeitschrift

SPORTS versuchte mehrfach, das Heldenphänomen zu deuten und zog Quervergleiche zu anderen Helden, zu Fritz Walter etwa, der stellvertretend für die »Helden von Bern« steht. Der Rasenregisseur vom 1. FC Kaiserslautern und die anderen Helden des Regenspiels vom 4. Juli 1954 hatten der Nation neun Jahre nach Kriegsende das Selbstbewußtsein zurückgegeben.

Max Schmeling vermittelte in einer ganz anderen Zeit jenes offensichtlich unverzichtbare Heldengefühl, am 19. Juni 1936 im Kampf gegen Joe Louis stand mit ihm ein Deutscher im Ring, der in Amerika stellvertretend für alle anderen Deutschen verhöhnt wurde. Als der Kampf wegen starker Regenfälle um einen Tag verschoben wurde, erschien in einem New Yorker Blatt die Meldung: »Die Hinrichtung des Maximilian Siegfried Otto Adolf Schmeling findet einen Tag später statt.« Die Namen »Siegfried«, »Otto«, »Adolf« standen für den »häßlichen Deutschen«, was in der Heimat zu noch stärkerer Solidarisierung führte.

Sieben Bilder von Boris

Boris, das Bild von einem Helden, animiert viele dazu, an Charakterbildern zu malen. Diese sieben veröffentlichte eine Boulevardzeitung. Sie sind eindeutig überzeichnet, aber sie zeigen doch schon einiges vom Heldenbild. Da ist . . .

1. Boris, der Held von seiner sonnigsten Seite: Zitieren wir die NEW YORK TIMES: »Was die Tennisfans in aller Welt für ihn einnimmt, ist seine jungenhafte Art, mit der er demonstriert, daß dieses Spiel für ihn ein Spaß ist.«

2. Boris, der Spaßvogel: New York Open, als der bullige schwarze Linienrichter ein dröhnendes »out« brüllt, fragt Boris, der nur ein paar Schritte entfernt steht »what . . .?« Vorteil Boris für Schlagfertigkeit und Pluspunkte auf der Sympathie-Weltrangliste.

3. Boris, der Sponti: Seine Körpersprache ist eindeutig; stets zeigt er, was er fühlt, schimpft und lamentiert, schmollt, ist verzweifelt. Doch nicht mit der Bosheit eines John McEnroe oder der latenten Obszönität eines Jimmy Connors. Da ist auch nichts von dem nach innen fressenden Frust eines Ivan Lendl.

4. Boris, der Eroberer: Er besitzt noch dieses Urvertrauen, in einer Welt voller Mißtrauen und Feindlichkeit ist er frei von Angst.

5. Boris, der Junge aus der Provinz: Alle wissen, er kommt aus Leimen, einer deutschen Kleinstadt (17 000 Einwohner). Und damit setzt Boris für die bundesdeutsche Mehrheit – und die kommt nun mal aus der Provinz – ein Zeichen: Auch die kleinen Städte haben ihre großen Talente.

6. Boris, die ehrliche Haut: Er hat sich lange nicht verbiegen lassen, bewahrte sich den unprätentiösen Ausdruck. Da waren Sprüche über den Bildschirm zu hören, wie: »Sie sind ein Mann, ich bin ein Mann – ich mag Mädchen, Sie nicht?« Es ging um Boris' Liebesleben, und die Antwort war vielleicht etwas zu stark im Ausdruck, aber doch gerade heraus, doch so ist er nun mal, und so spielt er ja auch auf.

7. Boris, der Unvollkommene: Der »Sportler des Jahres« wurde gefeiert – Boris. Er zitierte ein anderes großes Idol der Deutschen: Schmeling – in den Worten von Boris »Heinz« Schmeling. Die meisten wissen es, wissen es besser: Max Schmeling, damit können sie sich ein paar Pluspunkte gegenüber Boris gutschreiben und sich großzügig geben: kann der Junge ja nicht wissen, wer ist schon perfekt.

Hungrig nach Idolen – Boris kam wie gerufen

»Ohne Frage, da gibt es ein tiefes Bedürfnis nach Becker-Mania, und das nicht nur im Tennis, einem der mitgliederstärksten Sportverbände mit relativ bescheidenen Erfolgen in der Vergangenheit«, schrieb Gerhard Spörl in der ZEIT (12. Juli 1985) eine knappe Woche nach dem ersten Wimbledon-Sieg.

Dieses »tiefe Bedürfnis« existiert, und es deutet vieles darauf hin, als suchten wir nichts sehnsüchtiger als Idole, Vorbildfiguren, personifizierte Orientierungsmarken in einer immer komplexeren und unüberschaubareren Welt. Heldenfiguren kommen wieder in Mode.

In den Achtzigern begannen die Menschen sich wieder zu Menschen zu bekennen. Zu solchen, die ihnen Vorbild waren: zum Papst oder zu Jutta Ditfurth, wie Spörl in der ZEIT schrieb, zu Mick Jagger oder zu Peter Hofmann.

Das Angebot an »neuen Helden« ist vielfältig und differenziert. Es ist fast schon wie in der Mode – alles scheint zur Zeit möglich. Helden unterschiedlichster Machart und Zielrichtung.

Margarete Mitscherlich, die Frankfurter Psychoanalytikerin, bietet eine Deutung dieser Heldenträume an:

»Es ist uns klar, wir brauchen Ideale, Vorbilder, Ziele, an denen wir uns orientieren, nach deren Verwirklichung wir streben können. Ohne sie sind wir einem Gefühl der Leere ausgesetzt, und das lebendige Interesse an den Dingen der Welt und an unseren Mitmenschen geht verloren.«

Wenn das Bedürfnis – und zwar nicht nur das des Kindes, des Jugendlichen, sondern auch das des erwachsenen Menschen –, sich ein Ideal aufzubauen, seinem Leben ein Ziel und damit einen Sinn zu geben, nicht rechtzeitig adäquat befriedigt wird, werden später oft Führer zweifelhafter Art gesucht. Füllt Boris also unsere innere Leere?

Berührungsängste – die erste Krise

Nach zwei Jahren begann sich Boris zum erstenmal seinen Fans zu verweigern, driftete – wohl als Reaktion auf allzu viel Zuneigung – in eine selbstgewählte Isolation. Medienforscher Ernst Tachler: »Solange Boris der Erfolg treu bleibt, wird sich diese Isolation weiter verstärken, wobei die erdrückende Liebe der Deutschen ihren Helden mit der Zeit psychisch zu erwürgen droht.«

Eine weitere Gefahr sah Tachler in jenem Mann, der Boris an die Weltspitze führte, in Ion Tiriac, dem Rumänen. Der »korkenzieherlockige Transsylvanier«, wie ihn Tenniskommentatoren seit Jahren gern nennen, ist zweifellos von finsterer Ausstrahlung – und die strahlt auch auf den roten Riesen aus Leimen ab. Zwar gilt Tiriac als »klügster Kopf im Welttennis-Geschäft«, doch der sinistre Schnauzbart aus Brasov kultiviert das Draculaimage zu sehr und besitzt hierzulande nur geringe Chancen, Sympathiepunkte zu sammeln.

Boris in der Schattenzone

Für 29 Prozent der Jugendlichen bis zu 17 Jahren war Boris im Sommer 1985 die Nummer eins. Dies ergab eine Umfrage der Tübinger

Wickert-Institute bei 2110 Jugendlichen. An zweiter Stelle folgte Steffi Graf, für die sich 14 Prozent der Befragten als Topvorbild entschieden. Bundespräsident Richard von Weizsäcker erreichte sieben Prozent, Franz Beckenbauer, Exlibero und Fußball-Kaiser, damaliger DFB-Teamchef, kam fünf Jahre vor Gewinn der Weltmeisterschaft auf sechs Prozent.

Dem Phänomen des doppelten badischen Tenniswunders Boris und Steffi versuchte die mittlerweile eingestellte SPORT-ILLUSTRIERTE über eine Umfrage des Institutes für Empirische Psychologie (IFEP) in Köln auf die Spur zu kommen und stellte fest, daß Held Boris 1987 bereits in einer Verehrungskrise steckte. Steffi kam in den Genuß der Zuneigung. »Sehr sympathisch« fanden Steffi nämlich 21 Prozent der Befragten; für Boris wollten dies im Sommer 1987 nur noch acht Prozent gelten lassen. Einen »Freund« sahen 15 Prozent in Boris – aber immerhin stattliche 25 Prozent in Steffi. Und der Steffi wünschten 65 Prozent, daß sie bald die Nummer eins sein möge; ein Wunsch, der sich auch schnell erfüllen sollte. Zu solch guten Wünschen für Boris mochten sich zu diesem Zeitpunkt nur 20 Prozent durchringen.

Auf einem Eigenschaftenkatalog verbuchte Steffi eindeutig Pluspunkte. Sie wurde als »natürlicher« eingestuft, als »beständiger«, »vorbildlicher«, und die Befragten fanden auch, daß sie »konzentrierter« aufspiele. Zudem wurde sie auch als besonders »familienbezogen« und »ausgeglichen« wahrgenommen.

Boris hingegen dominierte bei den Eigenschaften »*Selbstbewußtsein*«, »*Ehrgeiz*« und »*Karriereorientierung*«. Andererseits galt er aber auch als besonders »*jähzornig*« (86 Prozent); lediglich drei Prozent glaubten bei Steffi diese Eigenschaft wahrnehmen zu können. Damit nicht genug, die Mehrheit, nämlich 56 Prozent, hielt ihn für besonders »*eingebildet*«, dies treffe auch auf Steffi zu, meinten lediglich fünf Prozent. Stattliche 87 Prozent empfanden Boris als »*launisch*« – doch nur acht Prozent glaubten dies von Steffi. Die »subjektiven Wahrheiten« in der Gefühlswelt der Tennisfans zeigen, daß Boris zwei Jahre nach dem ersten Sieg in Wimbledon zum ersten Mal Kurs auf die Schattenzone genommen hatte.

Es zeigte sich auch die polarisierende Wirkung, die von Boris ausgeht. Erste »Anti-Boris-Becker-Clubs« wurden gegründet. Von einem Anti-Steffi-Club hingegen ist nie etwas bekannt geworden.

Im Herbst 1987 erlebte unser Held, daß auf Regen wieder Sonnenschein folgt, und einem AZ-Reporter diktierte Boris den Satz: »Die Deutschen mögen mich wieder.« Diese zweite Welle der Zuneigung erfaßte ihn ausgerechnet nach seiner frühen 87er Wimbledon-Niederlage und dem Abrutschen auf Platz vier der Weltrangliste. Carlo Jung analysierte in der AZ: »Vielleicht weil Boris wieder netter zu den Leuten ist?« Jedenfalls nahm Boris sich wieder Zeit, um Hunderte von Autogrammen zu schreiben, stellte sich auch wieder lächelnd und gelöst den Fragen der Fans. Boris hatte die erste Krise überwunden, war nun wieder ein Star zum Anfassen. Sichtlich genoß er auch die wiederbelebte Zuneigung.

Wie es zur Anti-Boris-Stimmung kam

War die Becker-Mania schlichtweg überhitzt worden? Sicherlich, doch es gab noch eine Reihe von anderen Gründen, glaubt Medienforscher Ernst Tachler. So die Berührungsängste von Boris, »er versuchte sich von der ›Sippe‹, also seinen Fans, abzusetzen.« Die Tatsache, daß er wie auch sein Manager Ion Tiriac Monaco als Wohnsitz wählte, wurde vom Publikum als Absetzbewegung interpretiert.

So dachte Tiriac in den Anfangszeiten für seinen Schützling gelegentlich auch mal laut darüber nach, ob der für das schwache bundesdeutsche Daviscupteam wohl nicht zu hochkarätig sei. Hier muß wohl hinzugefügt werden, daß diese angeblich schwache Davis-Cup-Mannschaft mit Boris dann zweimal die Schüssel gewann. Die Hybris des Ion Tiriac schlug auf Boris zurück. Gelegentlich kam dann auch mal (un)heimliche Schadenfreude auf, wenn der Held danebenhaute.

Manchmal mochte das Idol Boris kein Held mehr sein

Der immer noch sehr jugendliche Held formulierte schon früh trübe Lebenserfahrungen, wie jene: »Helden leben nicht sehr lange; ich möchte ein guter Tennisspieler sein und ein guter Mensch.« Wenn Boris dann draußen in der weiten Welt des Toptennis an die Heimat dachte, formulierte er Sätze wie: »In Deutschland wird man sehr schnell zum Helden und Superstar gemacht. Aber wenn man mal oben ist, darf man nicht zu groß werden, dann muß man wieder runtergeholt, die Beine müssen abgehackt werden. Erst unten gibt es ein Comeback und wieder Hurra, das ist der Kreislauf. Manchmal glaube ich«, so Boris, »sie wollen uns (die Erfolgreichen) aus dem Land hinausscheuchen.«

Mit solchen Erfahrungen stand Boris nicht allein; auch Björn Borg, der Schwede, zog sich für ein paar Jahre aus seinem Heimatland zurück. Yannick Noah, der Franzose, floh aus ähnlichen Gründen nach New York, wo ihm dann der Wunsch verging, sich der Belastung des Heldendaseins durch einen Sprung vom Eiffelturm zu entziehen.

Die Deutschen nahmen Boris aber auch den Abschied von Tennis-Daddy »Güntzi« Bosch übel. Den »verlassenen Tennis-Vater« Bosch umspülte nach der Trennung von Boris und Tiriac eine warme Sympathiewelle. »Sohn« Boris dagegen rutschte in der Gunst der Massen durch diese Trennungsaffäre jedenfalls für eine Zeitlang mal wieder deutlich ab. Der damalige Hauptsponsor Puma wollte selbstverständlich Genaueres wissen und ließ sich von den Wickert-Instituten eine Untersuchung anfertigen. Die bewies, bei den Aspekten »Beliebtheit«, »Sympathie«, aber auch »Erfolg« ging es nach der Affäre Bosch abwärts.

Der ungeliebte Ion Tiriac

Der Rumäne fühlte sich nicht nur von den bundesdeutschen Medien grundsätzlich mißverstanden; er glaubte sich auch ständig vehement gegen den Vorwurf verteidigen zu müssen, er orientiere sich ausschließlich an den zu verdienenden Gewinnsummen. Immer dann verwies er auf die unvergleichliche Erfolgsbilanz des Manager-Spieler-Doppels und fügte stets an, 80 Prozent der deutschen Journalisten, die über Tennis schrieben, seien »völlige Ignoranten«, die weder Ahnung von der Tennistechnik noch vom Tennismanagement hätten.

Medienforscher Ernst Tachler vermutet: »Tiriac versteht sich offensichtlich selbst als Star.« Deshalb wurme es ihn auch so sehr, daß die Deutschen den auf sinister gestylten Rumänen nicht als kongenialen Partner von Boris anerkennen mochten, daß sie mit ihm nicht seine

Selbsteinschätzung teilten, nach der Tiriac ein Genie des Sportmanagements ist; in seiner Effizienz vergleichbar mit der Spielstärke von Boris Becker. »Die (Deutschen) werden nie sagen, dieser Rumäne ist ein Genie«, klagte Tiriac dem SPIEGEL (Nr. 20/1987).

Die Arbeit an einem neuen Becker-Image konnte ihm da keine Sympathien zutragen. In der französischen Sportzeitung L'EQUIPE stand Anfang 1987, Becker lächle auf dem Platz nicht mehr. Und im SPIEGEL war schließlich zu lesen, Tiriac mache diese neue Ernsthaftigkeit, die Verwandlung des lächelnden Lausejungen zum Pokerface also, »besonders glücklich«. Dies zeige nämlich, daß Boris »langsam professioneller« werde. Nun stimme jedenfalls die Richtung, und in Zukunft solle das Publikum seinen Boris gefälligst als Mann akzeptieren, als einen Tennisprofi und nicht als einen Unterhalter.

Medienforscher Tachler: Von den »Glorreichen Drei« zum Problem-Doppel

Becker, Tiriac und Bosch – welche Reihenfolge man auch immer wählen mag, das war ein erfolgreiches Musketiertrio: zwei Oldies, zwei Tricky Boys, die alle Winkelzüge des Geschäftes beherrschen, und Boris, der Energieklotz. In dieses (trügerische) Bild einer harmonischen Männerfreundschaft brachen immer häufiger, was nur allzu verständlich ist, weibliche Wesen ein. Bosch, der Tennis-Daddy, versuchte abzuschirmen, wohl aus dem Gefühl heraus, daß Vierergruppen vom Zerfall bedroht sind. Die Dreiergruppe Becker-Tiriac-Bosch hatte lange Zeit durch ihre perfekte Rollenverteilung funktioniert; Bosch spielte dabei seinen Part auf dem Tennisplatz; den gesellschaftlich-geschäftlichen Teil übernahm Tiriac. Plötzlich mußte Bosch einen Teil seiner Aufgabe abgeben.

Boschs Ausscheiden veränderte jedenfalls die Dynamik der Gruppe. Der »Güntzi« war nämlich ihr beruhigendes, konsolidierendes Element gewesen. Die Probleme zwischen dem jugendlich-eruptiven Becker und Tiriac, einem nur mühsam durch erlernte Selbstkontrolle ruhiggestellten Choleriker, waren vorprogrammiert.

In Tachlers Analyse ist Boris für Tiriac nur ein Medium, das ihm Aufmerksamkeit für seine eigene Show verschafft. Ein weiteres Problem:

Boris' Blitzkarriere; jeder gehe nun davon aus, daß sich diese Erfolge ständig wiederholen lassen. Mit dem zweiten und schließlich dem dritten Wimbledon-Sieg lieferte Boris auch noch den Beweis für Kontinuität auf höchstem Niveau.

Beschattet sieht Tachler indes die Heldenfigur Boris von Tiriac, »der schon rein optisch, durch seine Mimik und Gestik ungünstige Signale aussendet.« Und manche glauben tatsächlich, daß einer, der Glas frißt – ein Thekenscherz, den sich Tiriac hin und wieder während seiner aktiven Zeit geleistet haben soll –, wirklich zu allem fähig ist.

Medienforscher Tachler sieht Hinweise darauf, daß Tiriac seinem Schützling das Image eines Tenniskosmopoliten verpassen möchte. Dies, so glaubt Tachler, könnte zu einem gravierenden Fehler in Tiriacs Vermarktungsstrategie werden; ohne seine nationale Identität werde Boris viel von seiner Ausstrahlung und Wirkung auf das Publikum verlieren.

Zwischenbilanz: Boris polarisiert

In seinen Bewegungen wirkte Boris lange Zeit noch fohlenhaft, und bei aller Brillanz seines Spiels und trotz des gefühlvollen Umgangs mit dem Racket wirkte er vor allem wuchtig (Bum-Bum Becker). Es fehlte das Kantige, weil rein optisch der Eindruck von viel bewegter Masse überwog. Doch dies werde sich ändern, glaubte Beobachter Tachler 1987; Boris stecke voller Überraschungen, manchmal sei er erstaunlich schlagfertig und geschickt in seinen Antworten. Der Psychologe sah bei ihm vor allem die »soziale Intelligenz weit überdurchschnittlich entwickelt«. Andererseits wirke er im Gegensatz zur hohen Reife seines Spiels in sehr vielen Dingen oft für sein Alter noch erstaunlich kindlich.

Im Konflikt zwischen dem Gespann Becker/Tiriac und den Stars sah Tachler die Gefahr, daß sich aus enttäuschter Liebe ein Pingpong der Animositäten entwickle. Doch offensichtlich registrierten die beiden diese gefährliche Entwicklung selbst, warfen das Steuer herum und gerieten damit wieder in das Fahrwasser der allgemeinen Zuneigung.

Schon vor Jahren beschwerte sich Boris: »Sie (die deutschen Fans) denken, ich gehöre ihnen. Ich bin einer von ihnen, aber ich gehöre ihnen nicht. Sie können meine Fans sein, aber sie besitzen mich nicht.« Diese Gedanken sind sicher alle nachvollziehbar, doch in Boris' These von der Freiheit des Idols steckt ein Fehler:

Leistung allein macht noch kein Idol

Die Verträge mit der Wirtschaft sind nicht ausschließlich das Ergebnis einer hevorragenden Positionierung in der Weltrangliste; das Idol ist mehr, es ist das strahlende Ich seiner Fans, es ist all das, was sie sich in ihren kühnsten Träumen ausmalen. Deshalb muß Boris es sich – wie alle anderen Idole – wohl gefallen lassen, daß ihm die Fans auf den Leib rücken und ihm gelegentlich auch auf die Nerven gehen. Dies erwarten im übrigen auch seine Sponsoren. Das Idol muß sich immer wieder dem Publikum präsentieren.

Auch wenn Boris die Zuneigung der Fans als erdrückend empfindet, wird er doch auf Dauer die Gesetze des Miteinander von Sport und Sponsor akzeptieren müssen. Boris ist an seine Fans gekettet, weil sie seinen Marktwert bestimmen; ihre Zuneigung ist der Pegel, an dem sich dieser Wert orientiert.

Die Fans erheben Anspruch auf ihre Helden. Sollte Boris ernsthaft daran denken, sich aus dieser Beziehung freizustrampeln, dann ist ein Sinken des Marktwertes unvermeidlich.

Idole sind Produkte der Imagination, und sie sind ein flüchtiges Produkt. Und es war wenig logisch, als zum Beispiel der junge John McEnroe es als sein selbstverständliches Privileg ansah, in jedem Restaurant nur am besten Tisch zu sitzen, dabei aber vom Publikum weder angeschaut noch angesprochen werden wollte.

Welche Produkte passen zu Boris?

Medienforscher Ernst Tachler: Produkte, die etwas mit Schnelligkeit zu tun haben, die kraftvoll und männlich sind, dabei aber auch technisch, gibt es doch eine starke Beziehung zwischen High-Tech und Tennis. Ein Auto wie BMW, Opel ist für ihn eigentlich schon zu mediokrer. Coca-Cola würde passen, auch Motorräder. Mode? Hier spannt sich der Bogen vom »B« wie Bogner zum »B« wie Boris; Levis Jeans könnte er ebenfalls überzeugend präsentieren, während »Boss« für ihn noch etwas zu alt wäre.

2.2 Steffi Graf
– Symbol für Jugend, Leistung, Sauberkeit und Bodenständigkeit

»Sie ist sauber, anständig, zahlt ihre Steuern und liebt ihren Papa«, so das Werbeblatt HORIZONT am 16. Oktober 1987 über Steffi Graf. HORIZONT hatte den Jade-Geschäftsführer Schneider nach den Gründen gefragt, warum sein Unternehmen mit Steffi Graf einen Werbevertrag abgeschlossen habe. Antwort: »Sie symbolisiert Jugend, Leistung und Fitneß. Sie ist dynamisch und erfolgreich.«

Attribute, die sich auch Granini für seine Säfte sicherte. Da hieß es, lange habe man nach einem geeigneten Imageträger forschen lassen, der die Firmenattribute Genuß, Qualität, Jugend, Modernität auch weltweit vertreten könne. Granini sicherte sich die jugendfrische Erfolgsfigur Steffi Graf gleich für fünf Jahre, um mit Steffi den internationalen Durchbruch zu schaffen; Kostenpunkt: rund fünf Millionen Mark. Gleich zum Einstand wurde von dem Saftkonzern ein Cocktail mit dem Namen »Steffi Graf« kreiert.

Opel änderte für Steffi gar die Werbestrategie. Jahrelang hatten die Automobilhersteller sich auf dem Sportmarkt ausschließlich am Ball engagiert – und hier auch nur als Sponsor von Großveranstaltungen wie der Fußballweltmeisterschaft 1986 in Mexico, dem Fußball-Europapokal, der Europameisterschaft 1988 in Deutschland. Gelegentlich engagierte sich Opel auch mal für einen Club wie den VfL Bochum, am westdeutschen Standort der Automobilbauer, später dann auch beim Rekordmeister Bayern München.

Wie Opel zu Steffi kam? Eine neue Produktserie verlangte nach einer Imagekorrektur, nach einem dynamischeren und jugendlicheren Bild in der Öffentlichkeit. Und genau diese Attribute verkörpert Steffi. So wurde im Sommer 1987 der Vertrag geschlossen.

Steffis Marktwert begann rasant zu klettern. »Wenn das Mädchen jetzt nicht inflationiert wird,« so Jürgen Stolte von der Hamburger Werbeagentur Lintas, »wenn ihre Werbewirksamkeit nicht durch unnötig viele Verträge abgenützt wird, dann ist die Grenze nach oben eigentlich offen.« Werbemann Stolte riet dazu, künftig nur noch mit internationalen Marken Werbeverträge abzuschließen: »Es müssen Firmen sein, die sie glaubwürdig vertreten kann.« Unter anderem in den USA. Stolte lag richtig, und der Graf-Clan schloß wenig später einen Vertrag mit Opel-Mutter General Motors in den USA.

Der SPIEGEL zeichnete von Steffi Graf das Bild eines Mädchens »ohne Allüren und Affären«. Sie trage Jade-Milch auf, so ließ die Marbella-Urlauberin Steffi über BILD die Tennisgemeinde in der Heimat wissen, sie trinke Granini-Fruchtsaft, laufe in adidas-Schuhen und Gerry-Weber-Klamotten rum, verstaue den Dunlop-Schläger im Opel, lege eine BASF-Kassette ein und lese irgendwo in Ruhe eben jenes weitverbreitete Massenblatt, dem Steffi diese Botschaft anvertraut hatte.

Zu jenem Zeitpunkt, im Spätsommer 1987, beliefen sich ihre Werbeeinnahmen auf über fünfeinhalb Millionen Mark jährlich. Da waren einmal die 1,2 Millionen Mark von Opel, die Million vom Saftpresser Granini, 750 000 Mark von dem Konfektionär Gerry Weber aus Steinhagen, 200 000 Mark vom Kosmetikhersteller Jade, zwei Millionen Mark von adidas und Dunlop.

Was versprachen die Sponsoren sich nun konkret von Steffi?

Opel erhoffte sich, wie erwähnt, von ihr mehr Dynamik und Jugendlichkeit; Granini den weltweiten Markteinstieg; Gerry Weber wollte sich von Steffi zur großen Modemarke aufmöbeln lassen; Jade versprach sich von dem Bündnis den Durchbruch auf dem hartumkämpften Marktsegment der Körperpflege; adidas und Dunlop setzten auf mehr Absatz.

Die Popularitätskurve kletterte weiter steil aufwärts. Damals fanden sie *75 Prozent der Deutschen »sympathischer als Boris Becker«.* Selbst Niederlagen steigerten ihre Popularität. Als Steffi im Wimbledon-Finale 1987 gegen Martina Navratilova verlor, verkündete die Opel-Werbeabteilung in ganzseitigen Anzeigen: *»Für uns bleibst du trotzdem die Nummer eins.«*

Für die Werber war das Medium Steffi ganz im Gegensatz zu dem unberechenbaren Boris Becker so etwas wie eine »feste Bank«. So hatte das Institut für Empirische Psychologie in Köln herausgefunden, Boris sei zu sehr von Stimmungsschwankungen geprägt. Im Gegensatz zu der introvertierteren Steffi wurden Boris Eigenschaften wie »jähzornig«, »launisch« und auch »eingebildet« zugeordnet.

Während Steffis Image sich durch Stabilität auszeichnete, bereitete Boris den Werbestrategen wegen seiner Leistungs- und Stimmungsschwankungen Kopfzerbrechen. Boris' mangelnde Stabilität erschwere eine planvoll gesteuerte Produktwerbung. Der damalige Coca-Cola Pressechef Jörg Neikes meinte, es sei problematisch, das Image eines über viele Jahre erfolgreichen Markenartikels (eben Coca-Cola) und Boris' Wankelmütigkeit zu verbinden. *Bei Steffi dagegen sei alles perfekt, da stimme alles.*

Steffi, ein »Vorbild für die Jugend«. Das ist auch kaum übertrieben. Die Meinungsforscher des Sample-Institutes fanden bei Steffi höchstens Spuren negativer Eigenschaften. Zwar empfanden 63,1 Prozent Steffi als »zu verbissen«; doch »Arroganz« mochte ihr kaum jemand unterstellen, nämlich nur eine Minderheit von 11,7 Prozent. Und nur 8,7 Prozent der Befragten meinten, ihr sei der Ruhm zu Kopf gestiegen. Auch »unbeherrscht« hatten Steffi offensichtlich nur wenige je erlebt, die verschwindend kleine Minderheit von 4,8 Prozent. Dagegen fanden 90,7 Prozent sie »schön« und »natürlich«. Bemerkenswert auch: Für 79 Prozent war Steffi zum Zeitpunkt der Befragung ein »Vorbild für die Jugend«.

Dies ist ein vorwiegend strahlendes Imagebild, an dem auch die Steffi zugeordnete Eigenschaft »verbissen« kaum kratzen kann. So schwärmt ein Drittel der Jugendlichen zwischen 14 und 18 Jahren von ihr. Bereits als 18jährige wurde Steffi nach einer Umfrage der mittlerweile eingestellten Zeitschrift SPORT-ILLUSTRIERTE hinter Ulrike Meyfarth, Heide Rosendahl, deren Goldmedaillen in der Erinnerung besonders intensiv glänzen, zur drittbesten Athletin aller Zeiten gekürt. Mittlerweile dürfte sie die Nummer eins sein. Nur Bundespräsident Richard von Weizsäcker erzielte unter der Rubrik »Arbeit/Leistung« höhere Zustimmungswerte als Steffi.

Vater Graf, der tief in die negativen Schlagzeilen rutschte, achtete bei seiner Tochter jedoch stets strikt darauf, deren strahlendes Image durch rein gar nichts trüben zu lassen. Im SPIEGEL (Nr. 35/1988) hieß es, »wenn ihr einmal entfährt, sie würde ›am liebsten nach

Amerika verschwinden‹, so korrigiert er für Sponsoren und Fans gleichermaßen, man habe sich gerade in Brühl vergrößert.«

Die Botschaft dieser ostentativen Bodenständigkeit zielt auf potentielle Sponsoren. Mit Artigkeiten »mein Zuhause ist Deutschland« oder »sicher werde ich irgendwann heiraten und Kinder haben«, (SPIEGEL Nr. 35/1988), hebt sich Steffi vom exzentrischen Weltkind »Bobbele« Becker ab.

Mit solchen Bekenntnissen erfüllt Steffi eine jener im Grunde widersprüchlichen Forderungen des Publikums an einen Star; es verlangt nämlich zwei Dinge, die eigentlich nicht miteinander zu vereinbaren sind:

Einerseits möchte der Fan den Star an sich binden, gibt Signale wie »bleib' bei uns und sei, wie wir«, andererseits verlangt der Fan aber auch »sei anders als wir«.

Der SPIEGEL (Nr. 35/1988) bemerkte dazu, normalerweise übernehme das Fernsehen die Vermittlung dieses Widerspruchs, rücke einerseits ein Idol – wie Steffi – seinem Publikum näher und erzeuge, wie der Sportwissenschaftler Gunter Gebauer formulierte, »Intimität«. Andererseits jedoch tragen die Idole auf dem Fernsehschirm Masken, führen Spiele auf. Spiele, die mit dem Alltag des Zuschauers nichts gemein haben: »*Alles wird man von dieser imaginären Welt erwarten können, nur nicht Rationalität, Vernunft, Logik, denn sie repräsentiert ja gerade deren Aufhebung.*«

Der »Vater-Faktor« im Graf-Clan

Ein wichtiger Faktor im Imagebild von Steffi Graf ist ihr Vater Peter. Er ist der Mann, der sie in die Weltspitze führte – sportlich und sicherlich auch als Werbemedium – daran besteht kein Zweifel. Doch Peter Graf brachte nicht erst seit der leidigen Affäre mit dem Playboy-Modell Nicole Meissner und deren Vaterschaftsklage gegen ihn viele negative Aspekte ins Umfeld von Steffi Graf.

Peter Graf ist zweifellos eine allzu beherrschende Vaterfigur. Steffis Kollegin Martina Navratilova riet dann auch auf dem Höhepunkt der Peter-Graf-Affäre Steffi zu mehr Abstand zu dem fesselnden Familienverband. Peter Graf verärgerte nicht nur die Presse durch arrogante Auftritte, er blockte Steffi auch lange Zeit von den anderen Spielerinnen ab, verhinderte, wie immer wieder behauptet wird, Kontakte und Freundschaften.

Unbestritten ist allerdings die Effektivität des »Managers« Peter Graf. Ein Vergleich zwischen Peter Graf und Ion Tiriac drängt sich auf. Tiriac gegen Graf – das mondäne Monaco gegen das Kleinstadtmilieu von Brühl. Auch: Ferrari gegen Opel. Oder die Welt des Jetset gegen den bürgerlichen Alltag. In einem allerdings sind sich die durch Leistungen anderer, nämlich der von Boris Becker (Tiriac) und Steffi Graf (Peter Graf), aufgestiegenen Impressarios des internationalen Tennis-Circus ähnlich: in ihrem ausgeprägten Geschäftssinn und ihrer Bauernschläue, so Wolfgang Uhrig in der QUICK (Nr. 31/1987).

Zum Imagefaktor Peter Graf: Der SPIEGEL (Nr. 41/1987) wollte von Peter Graf wissen, ob er denn keine Angst habe, daß das positive Image seiner Tochter Stefanie darunter leide, wenn ihr Name mit negativen Schlagzeilen oder Berichten über ihn in Verbindung gebracht werde. Peter Graf beschwerte sich darüber, daß bei Steffi »nur das Umfeld« interessant zu sein scheine. Sein schlechter Ruf in der Branche jedenfalls sei »meist konstruiert«. In Deutschland, da möge er vielleicht für einige der Buhmann sein, im Ausland dagegen, »wo das Geschäft seriöser verfolgt wird, zählt der Erfolg. Da wird der große Einsatz, mit dem ich Steffi auf Rang eins gebracht habe und der früher belächelt wurde, heute voll und ganz respektiert.« Konstruiert empfand Peter Graf zum Beispiel den Vorwurf, er habe sich angeblich darum bemüht, das Doppel Claudia Kohde-Kilsch und Helena Sukova auseinander zu bringen. Auch hätte eine Intrige von Peter Graf darauf gezielt, Bettina Bunge Prämien für den Federation-Cup vorzuenthalten. Obwohl Steffis Einnahmen seit jeher niedriger lagen als die von Boris Becker, schätzten Experten, es bleibe dem Unternehmen Graf letztlich doch mehr übrig. Der Grund: Die Grafs treten als geschlossener Familienverband auf, das Geld geht nicht verloren.

Hier zeigen sich auch deutlich unterschiedliche Imagedimensionen: Da ist einerseits Boris und Monaco, der extrovertierte Boris, den es in die weite Welt zieht. Dagegen stehen die bodenständige Steffi und die badische Kleinstadt Brühl. Steffi: typisch deutsch, ohne Extravaganzen, ganz in der Familie aufgehend.

Fazit des Medienforschers Ernst Tachler:

Sie ist so sauber, sie ist so anständig, sie ist so familienverbunden. An diesem Image hat der Graf-Clan über Jahre gestrickt. Doch Steffi Graf steht auch für Jugendlichkeit, für Leistung, für Fitneß, für Dynamik, für Erfolg. Das sind alles Attribute, mit denen sich Unternehmen und Marken wie Opel und Jade gern schmücken. Opel münzte die Attribute Jugend, Modernität und Qualität, die sich auch mit dem Imagebild der Steffi Graf verbinden lassen, zu Werbeaussagen für seine Automobile um, versuchte speziell vom sportiven Erfolgsimage der Steffi Graf zu profitieren.

Steffis großes Plus gegenüber Boris Becker ist das sehr viel stabilere Image. Da liegt es nahe, daß nach dem »Halo-Effekt« der Steffi auch eine Reihe von anderen positiven Eigenschaften noch zugeschrieben werden.

2.3 Prototypen im Sport und wie sie sich in den Medien darstellen. Die Signale dieser Imagebilder auf das Publikum interpretierte der Medienforscher und Diplom-Psychologe Ernst Tachler.

Zwei »Tennis-Krieger«:
1. Jimmy Connors, der auf dem Court »Feindbilder« bekämpfte

In den siebziger Jahren war er das Ekel schlechthin, der Jimmy Connors mit dem braunen Bubischnitt; gedrillt von seiner tennisverrückten Mutter Gloria und zurechtgeschliffen von erlauchten Tennis-Maestros wie Pancho Gonzales und Pancho Segura. Eine Art Rollenmodell offensichtlich für John McEnroe. SPORTS-Autor Dankwart Grube erinnerte (Nr. 9/88) an den jungen Jimmy, der mit dem Racket warf, Linienrichter und Offizielle verbal attackierte und wohl über das kompletteste Repertoire an obszönen Gesten verfügte. Seine Gegner, so Wolfgang Scheffler in der FAZ (26.6.1987), suchte er in einer Art Faustkampf mit dem Schläger zu demütigen.

Der junge Jimmy brachte Flegeleien in den einstigen Gentlemensport, die zuvor für unmöglich galten. Natürlich war Jimmy in dieser Phase nicht der einzige Flegel auf dem Court. Da gab es auch den Rumänen Ilie Nastase, der als »crazy« galt. Connors galt nicht als »crazy«, er war »einfach nur ein Ärgernis«, so Grube. Wie es heißt, soll ihn seine Mutter darauf getrimmt haben, seine Gegner zu hassen. Und Jimmy haßte. Für ihn war Tennis Krieg, und selbst wenn er gewann, gelangen ihm keine großzügigen Gesten; für Jimmy war der Geschlagene immer noch ein Halunke, den er zerstören wollte, damit der ihn beim nächsten Mal nicht doch noch schlagen konnte.

Am Spätabend seiner Karriere sah Jimmy das alles plötzlich ganz anders, sah alles verklärt, als läge über allem nun eine milde Abendsonne. Als der Druck weg war, begann er erst das Tennis zu genießen, so als habe er nun das seelische Gleichgewicht gefunden. In nicht ganz uneitler Selbsterkenntnis bezeichnete er den jungen Jimmy als »ein Tier, das Schaum vor dem Maul und die Tollwut hatte.« Für Dankwart Grube war Connors die »Kämpfernatur schlechthin«, und tatsächlich schlug er ja auch alle in diesen siebziger Jahren. Er schlug auch Björn Borg, bis Borg ihn dann schlug und Connors ablöste. Da versprach Connors, er werde »diesen Hundesohn bis ans Ende der Welt verfolgen, und wann immer er über seine Schulter blickt, wird er meinen Schatten sehen.«

Für den Tennisanalytiker Grube machte Connors Schluß mit der Vorstellung, daß Sport grundsätzlich etwas mit Fairneß und Freundschaft zu tun habe. Dies ist sicherlich überzogen, böse Buben gab es schon lange vor Jimmy Connors im Sport. Doch zurück zu dem geläuterten Mittdreißiger, der Interviewern bekannte: »Heute bin ich ein anderes Tier als früher.«

Und als er aufhörte zu beißen, begannen die Tennisfans den Jimmy Connors plötzlich richtig zu lieben, entdeckten nostalgische Begeisterung für einen Krieger, der längst kein Siegertyp mehr war, der zwar immer wieder heroische letzte Gefechte hinlegte, seinen Anhängern aber nur noch selten Happy-endings – sprich: Turniersiege – bieten konnte. Autor Grube erinnerte an Wimbledon 1987, an sein Spiel gegen den zehn Jahre jüngeren Schweden Mikael Pernfors und die ersten beiden Sätze, die er glatt mit 1 : 6 und 1 : 6 abgab. Doch dann wurde der Krieger in Jimmy Connors noch einmal wach. Jimmy bog das Spiel tatsächlich noch einmal um, besiegte den Schweden in fünf Sätzen. Mit diesem Sieg hatte er in seinem Publikum offensichtlich etwas berührt, es müssen tiefere Seelenschichten gewesen sein.

Wie der Medienforscher Jimmy Connors sieht:

Die Medienwirkung: Das Urbild des Kriegers. In seinen jüngeren Jahren überzog er als »Ekel« und »Rächer« diese Kriegerrolle. Haß auf den Gegner schien ein beherrschendes Leistungsmotiv für den jungen Jimmy Connors. Tennis, so wie er es empfand, das war »Krieg«. Jimmy Connors als lebende Legende, als Vorbild und Sympathieträger, wer hätte das in den siebziger Jahren für möglich gehalten?

Die Botschaft: Es ist die Botschaft des Kriegers Jimmy an sein Publikum: Ganz egal, wie nahe einer am Abgrund steht, nichts ist verloren, so lange er sich selbst nicht aufgibt – Lebenshilfe auf dem Tennisplatz. Der Mensch ist lernfähig, er kann sich ändern, was in seinem Fall als »bessern« zu verstehen ist. Der alte Krieger Jimmy Connors, milder und mit einer gewissen Selbstironie, war zu einem nostalgischen Helden geworden. Seinem Publikum demonstrierte der gealterte Tennis-Krieger in lauter »letzten Gefechten« eine souveräne Haltung auch in der Niederlage. Connors gab Beispiele, wie es einem gelingen kann, mit unabänderlichen Lernprozessen souverän fertig zu werden.

2. Bad Boy John McEnroe
Krieger und Solist, der sich Connors zum Vorbild nahm

Sein Markenzeichen: Dramatische Auftritte im Tennis-Circus, zum Beispiel bei den Australien Open 90 in Melbourne, das waren Obszönitäten, Flüche, zerschmetterte Schläger, üble Pöbeleien, seine typische Handbewegung, der aufwärts gereckte Mittelfinger – auf Schieds- oder Linienrichter gerichtet. Seinen tschechischen Gegner Tomas Smid beschimpfte er einst als »kommunistischen Bastard«, und einem CBS-Reporter riet er: »Steck' dir das Mikrofon in den Arsch!« Die Stärke des verbalen Ausdrucks schien mit den Jahren immer noch zuzunehmen.

Nach 1985, als McEnroe von der Spitze der Weltrangliste immer tiefer abwärts rutschte, ging dann auch immer häufiger der Gaul mit ihm durch. Es wurde von »gespaltener Persönlichkeit« gesprochen.

Zwei Jahre später dann schien plötzlich eine wundersame Verwandlung mit ihm vorgegangen zu sein: McEnroe sprach seinen Teamkollegen beim Davis-Cup gegen Frankreich Mut zu, reagierte sogar gelassen auf die gelegentlichen Fehlentscheidungen der Linienrichter. War er nun wirklich erwachsen geworden oder war dies nur ökonomische Einsicht, führte McEnroe doch mit weitem Abstand die ewige Bußgeldliste an.

Eine Verwandlung, die im übrigen auch Landsmann Jimmy Connors durchmachte, den auch eine Sehnsucht nach Zuneigung erfaßte. Beide möchten im Grunde nämlich von den Zuschauern geliebt werden. Im Gegensatz zu Connors vermochte McEnroe die Wandlung nicht durchzustehen, immer wieder brannte ihm mal die Sicherung durch. Doch das Ziel des Cholerikers blieb das gleiche: ein Platz unter den Top five.

Wie der Medienforscher John McEnroe sieht:

Die Medienwirkung: In den Händen steckt das feine Gefühl eines großen Künstlers. Das Temperament: ein Krieger auf dem Court, der dazu neigt, diese Rolle ständig zu überziehen. Eigentlich nicht mehr erklärungsbedürftig; jeder hat es gesehen: Mac the Mouth kann von der Rolle des bösen Buben nicht lassen.

Die Botschaft: McEnroe steht für all jene, die gegen Autoritäten aufmucken, die sich nicht unterkriegen lassen wollen. Er ist die personifizierte Protestbewegung. Dieses Image machte sich ein Kamerahersteller zu eigen und ließ den Amerikaner die Botschaft verkünden, dies sei die Kamera für alle, die sich nicht so schnell zufriedengeben.

Artisten und Solisten
1. Der Bohemien und Dropout Mats Wilander

Manche sagen über ihn, er besäße keinen Ehrgeiz, und John McEnroe nannte den lockigen Schweden sogar selbstzufrieden. Mats Wilander erwidert darauf: »Ich will meinen Spaß haben, und Freude will ich haben und mit dem Tennis meinen Lebensunterhalt bestreiten.« Diese Darstellung eines Gelassenen in einer hektischen Branche stammt aus der Zeitschrift SPORTS (11/1988).

Wilander, der Gelassene, bringt, was nicht wundern kann, die Fähigkeit mit, sich überall und jederzeit entspannen zu können; auch beim Seitenwechsel, so glauben Beobachter, sei er manchmal in Gefahr einzuschlafen. Er ist, wie er sagt, »gern faul« und könnte sich tagelang hängenlassen. Und der große Trainingsfleiß ist auch nicht seine Sache, er ist alles andere als ein Arbeiter, kein Trainingsberserker wie Ivan Lendl, und auch als Kind trainierte er nur so viel, um zurechtzukommen, was in dem ambitionierten Tennisumfeld höchst ungewöhnlich ist. Kurt Magnusson, sein erster Trainer, erinnert sich, daß Wilander trotzdem stets ein wenig besser spielte, als eigentlich zu erwarten war.

In jüngeren Jahren erwarb sich Wilander in der Branche den Ruf besonderer Fairneß, als er sich im Finale der French Open in Paris weigerte, einen Matchpoint zu akzeptieren, den ihm der Schiedsrichter zugesprochen hatte. Wilander ging zum Referee und korrigierte: »Clercs Ball war gut« und erklärte dem seine Haltung damit, so könne er nicht gewinnen. Der Ballwechsel wurde wiederholt, und – welch himmlische Gerechtigkeit – der noble Tennis-Ritter aus Schweden gewann.

In diesen jungen Jahren lobte die Presse Wilander, was in Schweden nahelag, zu einem neuen Borg hoch. Und tatsächlich gibt es auch einige Parallelen: die Leichtfüßigkeit, die beidhändige Rückhand, das Spiel von der Grundlinie. Doch ein zweiter Borg wollte Wilander nicht sein, und weil manche auch sein zeitweilig lang getragenes Haar zum Anlaß nahmen, Parallelen zu ziehen, ließ er sich eben die Haare kurz schneiden.

Im Gegensatz zu Borg ist jedoch Wilander stets umgänglich, auch mit der schwedischen Presse. Im Umgang mit Menschen hat der Bohemien Wilander keine Schwierigkeiten, aber mit der Motivation. Nur bei den Grand-Slam-Turnieren spielte er jedes Match mit hundert Prozent Einsatz, beim Masters waren es zuletzt dann nur noch 99 Prozent. Zu Schaukämpfen vermag er sich nur zu 70 Prozent Anstrengung zu motivieren. Entsprechend fiel auch die Bilanz gegen Jimmy Connors aus: makellose Turnierbilanz, lauter Siege von Wilander. Bei Schaukämpfen ist es genau umgekehrt, da verlor er jedes Spiel gegen den Altmeister aus den USA.

Wie der Medienforscher Wilander sieht:

Die Medienwirkung: Ein Künstler, ein Solist, ein Artist – und zwar einer von der sonnigen Sorte. Zeigt sich als Bohemien, Lebenskünstler, als Künstler nicht nur am Ball. Vielleicht einer der letzten Tennis-Gentlemen. Sein Spiel ist ohne Aggression. Er will den Gegner ausspielen, nicht niederknüppeln.

Die Botschaft: Nicht alles so verbissen sehen. Fairneß und guter Stil sind wichtiger als der Sieg um jeden Preis. Das Leben hat so viel schöne Seiten. Ich will im Leben meinen Spaß, und deshalb höre ich auf, wo der Spaß endet. Wer so viel inneren Abstand zu seinem Job zeigt und andere nicht durch überzogenen Ehrgeiz verprellt, der sammelt Sympathien, und so ist von der Konkurrenz im Grunde eigentlich nur Gutes über den Schweden zu hören.

2. Andre Agassi:
Little Joe des Tennis-Circus entfacht Offensiven des Charmes

Andre Agassi, das ist der Kunterbunte vom Court, der mit dem Fünftagebart, den langen Haaren und dem Neonlook. Kein böser Bube wie John McEnroe, kein Obszönling wie Jimmy Connors, nein, wenn er gewinnt, dann bedankt er sich artig lächelnd mit einer tiefen Verbeugung bei seinem Publikum. Diese tiefe Verbeugung, so stand es in SPORTS (Nr. 1/1989), sei geradezu sein Markenzeichen. Andre Agassi kreierte einst die abgeschnittene Jeanshose in der Tennismode. Ein anderes Markenzeichen, die nachgezogenen Augenbrauen, fand weniger Nachahmer, obwohl auch das Make-up für den Mann durchaus einem Zeittrend entspricht.

Ein bunter Protest gegen die heiligen Traditionen des Tennis, doch ohne die obszönen Gesten des Jimmy Connors, ohne die cholerischen Ausbrüche des John McEnroe. Andre Agassi, der kleine Bruder, nimmt es locker, greift sich schon mal den Regenschirm eines Zuschauers, wenn es zu nieseln beginnt; gelegentlich führt er mit dem Publikum auch längere Gespräche, applaudiert auch ganz spontan dem Gegner für gute Schläge, was diesen gelegentlich mächtig verwirrt. John McEnroe zum Beispiel, nahm dem Jungstar so etwas höchst übel, mutmaßte gar, der wolle damit den Gegner lächerlich machen. Dies kann nicht wundern, ist doch McEnroe mit der Hand ein Künstler, doch von der Psyche her ein Krieger, unübersehbar auf die Feindrolle fixiert.

»In einer Welt der bösen Blicke und der bösen Sprüche«, so Dankwart Grube in seiner SPORTS-Analyse, »entfacht Andre Agassi Offensiven des Charmes, der nicht verletzenden Scherze; er hat in den weißen Sport wieder das Leben eingeführt.« Grube sieht in dem kleinen Bruder ein Kontrastprogramm zur asketischen Kälte des Ivan Lendl, zur schwedischen Intraversion von Edberg und einstmals Borg und auch zum brachialen Siegeswillen eines Boris Becker.

So präsentierte sich »Little Joe«, der Großmeister des Charmes, jedoch nicht immer. Ganz am Anfang seiner Karriere – er kann damals kaum älter als 16 Jahre gewesen sein – orientierte er sich an den grimmigen Vorbildern, an den Rollenmodellen von Jimmy Connors, dem cholerischen McEnroe und dem flegelhaften Nastase. Doch noch vor seinem 18. Geburtstag erkannte er, daß dies einer negativen Grundeinstellung zu seinem Sport entsprach und wandelte sich zu dem Charmebolzen, einem Sonnenschein auf dem Court. Schade eigentlich nur, daß weniger einsichtige, weniger flexible Kollegen ihm dies manchmal übelnehmen.

Wie der Medienforscher Andre Agassi sieht:

Die Medienwirkung: Der erste Eindruck: Charmebolzen und Sonnenschein. Ein Künstler. Prototyp auch für die junge Generation, ganz in der Nähe der Popidole angesiedelt, ausgestattet mit einem Dreitagebart, mit einem Ring im Ohr und dem Neonlook. Diese jugendlich-modischen Attribute hat sich Nike höchst geschickt zu eigen gemacht und ließ einen TV-Spot gestalten, der den schmetternden Agassi zeigt, untermalt von wilden Rocksynkopen. Slogan: Want' to play Rock'n Roll-Tennis?

Die Botschaft: Wir kommen. Eine neue Generation, die alles lockerer anpackt – und besser. Agassis Protesthaltung ist von der bunten, lustigen Art, ist niemals verkrampft, ist auch Sieg durch Offensiven des Charmes. Auch der »neuen Gläubigkeit der jungen Athleten ist er zuzuzählen, und manchmal signalisiert er auch einfach nur, daß man alles ein wenig locker sehen soll. Leben nach dem Spaßprinzip.

Ein »Kaiser« und ein »Artist«:
Die Hochspringer Dietmar Mögenburg (Rolle: Kaiser) und Carlo Thränhardt (Rolle: Artist) – die Überflieger

Zum Anfang der neunziger Jahre neigten sich die »Flugkurven« der beiden Super-Flopper (speziell die des Carlo Thränhardt) wieder nach unten. Dietmar Mögenburg krönte seine ganz persönliche »Flugbahn« mit einer Goldmedaille in Los Angeles; der andere – Carlo Thränhardt – sprang einmal Weltrekord in der Halle. Beide verstehen/verstanden sich als freie Unternehmer des Hochsprungs, die allerdings ihr »Geschäft« aus zu vielen Quellen finanzieren mußten.

Ihr Persönlichkeitsprofil wußten Mögenburg und Thränhardt stets sehr präzise einzuschätzen. Mögenburg – der Kaiser – ein risikofreudiger, cooler Siegertyp, kennzeichnete sich selbst als »Spieler«. Dieses Image, so begründete er, habe sich über längere Zeit aufgebaut. Thränhardt kultivierte über gut 15 Jahre seiner Hochspringerkarriere sein Talent zur Selbstdarstellung – ein »Artist«. Zweifellos ist er eine faszinierende Persönlichkeit, charismatisch und anziehend; Männerfreund Boris Becker, so schrieb die BUNTE, sei ihm geradezu »hörig«.

Mögenburg und Thränhardt kultivieren beide das Image von Künstlernaturen. Wenn viele zuschauen, rauchen beide ganz gerne auch mal eine Zigarette, ihnen gefällt es, daß dies dem Vorstellungsbild asketischer Lebensführung im Hochleistungssport widerspricht. Und jeder von ihnen kultivierte stets bei allen Gemeinsamkeiten der beiden Zweimeter-Männer auch das Bild des Artisten in der Zirkuskuppel.

Beide unterscheiden sich allerdings erheblich in der Erfolgsbilanz. Die Ausbeute an hochedlen Medaillen, an Titeln bei den großen Wettbewerben, hält bei Thränhardt nicht mit der Höhe seiner besten Sprünge mit. Thränhardt sprang mit 2,42 Metern – Weltrekord in der Halle – zwar ein wenig höher als Mögenburg, doch der siegte dafür, wenn es darauf ankam. Ein auffälliges Imagemerkmal ist deshalb auch der Erfolgsappeal.

Kollege Thränhardt war dagegen für die stärkeren Sprüche gut, ein Showtyp, wie erwähnt, auch im engen Boris-Becker-Clan zu finden. Er holte sich keinen großen Titel, weil ihm immer dann, wenn es darauf ankam, die Nerven flatterten.

Dietmar Mögenburg, Olympiasieger, kühler, distanzierter, introvertierter, letztlich ein Realist, war sich stets der Tatsache bewußt, daß ein Hochspringer selbst mit den höchsten Sprüngen niemals den Gipfelpunkt der Popularität erreichen kann und betonte: »Mit Gold läßt sich das nicht vergleichen.«

Ob und wie gut Mögenburg und auch Kumpel Thränhardt von ihren hohen Sprüngen lebten, ist eine Frage der Relation. Vergleicht man den Trainingsaufwand, der wie in jedem anderen Spitzensport bei einem vollen Arbeitstag liegt, und die finanzielle Ausbeute dieser Mühen zum Beispiel mit einem Boris Becker, dann müßten die Überflieger aus der Leichtathletik in der Rückschau schier verzweifeln. Im direkten Vergleich mit der eigenen Branche, zum Beispiel mit Diskus-Olympiasieger Danneberg, lag Mögenburg allerdings gar nicht so schlecht. Mögenburg stand bei adidas auf der Honorarliste, warb für Proteine, Vitamine, Hefe – was sicherlich auch nicht das ganz große Geschäft sein kann.

Mögenburg mochte den Hochsprung nie zu einem Showelement verkommen lassen. Da wurde an die beiden immer wieder mal der Wunsch herangetragen, in quergestreiften Jahrhundertwende-Badeanzügen aufzutreten. Mögenburg lehnte mit der Begründung ab, sobald »Zirkus oder Show das Übergewicht über den Sport gewinnen, ist das Quatsch, da verarscht du dich doch nur selbst.« Und als abschreckendes Beispiel nannte er den Turner Eberhard Gienger, »was der am Reck macht . . . ich möchte einfach nicht den Affen spielen.«

Dietmars Lebensphilosophie, das sind eben nicht die Ansichten eines Clowns, er wollte stets so ernst genommen werden, wie er den Hochsprung nahm; wenn ihm auch ständig bewußt war, daß selbst ein zu höchsten Ehren gekommener Hochspringer vom Gold allein nicht leben kann. Deshalb wollte Mögenburg von den Veranstaltern auch immer alles; pokerte mit Res Brugger, dem Impressario des Zürich-Meetings, erbarmungslos und mußte sich deshalb auch gefallen lassen, von Brugger als »Preistreiber« angeprangert zu werden. »Doch wer genügend psychische Kraft besitzt, um jahrelang die Weltelite auszupokern«, so Mögenburg selbstbewußt, »der läßt sich auch von einem Veranstalter nicht über den Tisch ziehen.«

Wie der Medienforscher die »Überflieger« sieht:

Die Medienwirkung: Mögenburg und Thränhardt sind Solisten der Leistungsgesellschaft. Mögenburg, der erfolgreichere von beiden, Olympiasieger 1984, ist von authentischerer Ausstrahlung, weil er die Erwartungen, die in ihn gesetzt wurden, stets mehr als erfüllt hat.

Thränhardt dagegen, ein altgewordener Jüngling, nicht nur ein Mann der hohen Sprünge, sondern auch der großen Sprüche, verpaßte sich selbst das Image eines Playboys und wirkt im Vergleich zu seinem Freund Thränhardt weniger seriös. Im Siegerappeal lag stets der feine, aber entscheidende Unterschied zwischen den hochfliegenden Freunden. Zu der Erfolgsausstrahlung des Dietmar Mögenburg gehörte auch jenes frostige Gefühl, das stets die Konkurrenz beschlich, wenn Dietmar in den Wettkampf einstieg. Obwohl er – war dies nun kalkulierte Ehrlichkeit oder tatsächlich nichts anderes als die pure Wahrheit? – einmal gestand, dies sei alles nur Bluff, denn »ich bin wahnsinnig nervös, das kocht richtig in mir. Ich kann eben innen toben und außen trotzdem ganz still sitzen.«

Die Botschaft: Es ist möglich, über den eigenen Schatten zu springen. Eine positive Botschaft also. Bei diesem Poker mit den Beinen war Mögenburg stets der Agierende. Das Lebensmotto von Pokerface Mögenburg: »Alles oder nichts!« Um der beste Hochspringer der Welt zu werden, ging er mit 16 von der Schule ab. In den Jahren, die folgten, lernte er, für seine Leistung den Marktwert zu fordern, sich – und letztlich der gesamten hochspringenden Branche – angemessene Privilegien zu sichern. Und so sieht er sich auch als Pionier, bezieht da Freund Carlo mit ein.

»Kaiser« auf dem Golf-Course: Greg Norman – der »Weiße Hai«

Journalisten inspiriert der weißblonde Australier immer wieder zu gewagten Vergleichen. Manche sprechen vom »blonden Hai« und meinen damit wohl sein bissiges Lächeln; Gunther Marks in der WELT AM SONNTAG fiel da schon einiges mehr ein. Das Lachen (!) des Greg Norman erinnerte ihn an Robert Redford und Kirk Douglas, und im Gang machte er fast schon schwärmerisch die Leichtfüßigkeit eines Fred Astaire aus – andererseits aber auch die Standfestigkeit eines John Wayne; zwei Bewegungsmuster, die – rein anatomisch betrachtet – nur schwer miteinander zu vereinbaren sind. Doch wie auch immer, Idole wecken Assoziationen, die sich nicht immer kontrollieren lassen.

Manager Mark McCormack, dessen International Management Group (IMG) zusammen mit zahlreichen Tochterfirmen weltweit einen Jahresumsatz von knapp 500 Millionen Dollar erzielt, hatte für »Kaiser« Norman 1987 ein so dichtes Vertragsnetz geknüpft, daß dem Mann aus Queensland nur wenig Zeit zum Trainieren blieb.

Mit dem Schuhhersteller Reebok hatte McCormack für seinen Klienten einen Zehnjahresvertrag abgeschlossen, der ihm seitdem per annum eine Million Dollar einbringt. Und eine Million zahlt jährlich auch eine japanische Grundstücksgesellschaft, für die Norman in seiner Heimatregion Queensland Immobilien verkauft. Doch damit nicht genug, Autor Gunther Marks listete auf, daß sein Charismatiker von der australischen Fluggesellschaft Quantas und dem US-Mietwagenunternehmen Hertz jährlich auch noch je drei Millionen Dollar kassiert. Eine halbe Million Dollar zahlte ihm 1987 auch der Computerhersteller Epson. Und damit immer noch nicht genug: Australien ist ein Land legendärer Biertrinker und Greg Norman als symbolträchtiger Biertrinker durchaus glaubwürdig, ja animierend. Der Bier-Werbeträger Norman kassiert noch einmal zwei Millionen Dollar. Jährlich! Und Manager McCormack, das ist an dieser Stelle unbedingt noch hinzuzufügen, sahnt von allen an Norman vermittelten Engagements 25 Prozent der Bruttoeinnahmen ab. Hughes Norton, ein leitender Angestellter in McCormacks Vermarktungsfirma, zuckt mit den Schultern, wenn er auf mögliche Überlastung seines Klienten angesprochen wird: »Greg verkauft sich unheimlich gut, da kann man einfach nicht nein sagen.«

Wie der Medienforscher Greg Norman sieht:

Die Medienwirkung: Ein Kaiser. Die Ausstrahlung eines Filmstars, was auch der Vergleich mit Kirk Douglas, Robert Redford, Fred Astaire und John Wayne zeigt. Greg Norman wirkt sehr britisch und gleichzeitig weltmännisch. Ein Glücksfall für die Werbung, was die ja auch nicht anders sieht.

Die Botschaft: Greg Norman ist ein Siegertyp, und Siegeszuversicht ist es, was er verbreitet, die Erfolgsgewißheit und – ganz britisch – die Souveränität in der Niederlage – durch und durch »Self I«. Tatsächlich vereint Greg Norman alle wichtigen Eigenschaften, die einen Star-Golfer ausmachen: ein Kaiser mit Können und Charisma. Wen die Natur so ausgestattet hat, der ist, so meinte auch Gunter Marks, »für die Werbung wie geschaffen«.

Kaiser und Krieger – Lothar Matthäus: Kapitän und Motor der Fußballnationalmannschaft

Der Kapitän der Weltmeisterschaft 1990, schon mit 19 Jahren im Kader der Nationalmannschaft – einer, der früh vieles versprach –, brauchte lange, um zur Persönlichkeit heranzureifen. Beim FC Bayern stand er in Konfrontation zum Dominator Klaus Augenthaler. Nach dem verlorenen Europacup-Finale 1987 wurde dies vor allem Matthäus vorgeworfen. Bevor Matthäus dann bei Inter Mailand zur Persönlichkeit heranreifte, vom Krieger zum Kaiser wurde, begleitete ihn lange ein diffuses Image. DER SPIEGEL (Nr. 11/1989) nannte ihn einen alternden Kinderstar, der es nicht riskiere, sich weiter zu entwickeln, geschweige denn für seine Überzeugungen einzustehen. Zu oft habe er »was aufs Maul bekommen, wenn er sich von der Norm entfernte.«

Zweifellos gab es bei ihm lange eine Diskrepanz zwischen Traumbild und Wirklichkeit. Der Traum des Lothar Matthäus, das war die Rolle des genialen Dirigenten, die und nur die wollte er spielen. Und an diesen traumhaften Rollenmodellen à la Netzer, Overath und Beckenbauer scheiterte er letztlich beim FC Bayern. Wenn aus ihm dann letztendlich doch ein Fußball-Kaiser wurde, so geschah dies zu einem Zeitpunkt, als eigentlich keiner mehr daran glaubte.

Lothar Matthäus, so wie ihn Horst Vetten in der Zeitschrift SPORTS (Nr. 1/88) porträtierte, ist »eine einzigartige Fallstudie für die heutige Generation der Berufsfußballspieler.« In der Mitte des Feldes gehöre ihm alles, schrieb Vetten. Doch der Lothar Matthäus beim FC Bayern, so glaubte Vetten feststellen zu können, wollte Absender und Adressat gleichzeitig sein. Wenn er die Freistöße trete, fiebere er so, als wolle er sie auch noch selbst ins Tor köpfen.

Doch dem Lothar Matthäus wuchsen in Situationen, in denen sich alles entschied, nicht immer magische Kräfte zu; hier war das Bild des jugendlichen Helden gebrochen. Beispielhaft dafür ist das verlorene Europacup-Finale des FC Bayern 1987 gegen den FC Porto, als Matthäus versagte und als ihm schließlich alle die Schuld zuschoben. In einem SPIEGEL-Artikel (Nr. 11/88) wurden dann auch Mutmaßungen über den Karriereknick des Lothar Matthäus angestellt. Die Arbeit sei dem jugendlichen Helden Kinderspiel geblieben.

Worum er sich beim FC Bayern erfolglos bemühte, nämlich auf dem Fußballfeld Regie zu führen, das Spiel zu gestalten, gelang ihm dann in Mailand, hier wurde er Vorbild und Organisator, spielte eine Rolle, die ihm zum Beispiel Kollege Breitner nie zugetraut hatte.

Wie der Medienforscher Lothar Matthäus sieht:

Die Medienwirkung: Naturbursche (Anzeigenmotiv von American Express, Gatorade, Puma), Mannsbild, Hansdampf, vom Kraftpaket und der Energiestation dann doch zu einem »Kaiser« gereift. Der Sportjournalist Horst Vetten sah in Matthäus ein »neues Mannesbild« einen General und Grenadier in einem, einen Taktiker und Techniker, Bullenbeißer und Vollbluthengst«; ein Spielertyp, der etwas bewege im Feld, ein impulsiver Charakter, ein siegreicher Hassadeur.

Die Botschaft: Ur-Kraft siegt, Gesundheit, Stärke, Instinkt und auch Genialität, überragendes Talent, also Self I. Nicht lange fackeln, das Gesetz des Handelns selbst in die Hand nehmen. Rascher Zugriff von keinerlei zögerlichem Vorbehalten gebremst – das bringt den Erfolg.

»Architekten« und »Konstrukteure«:
1. Ivan Lendl – grauer Sieger und »Workaholic«

Richard Schönborn, Bundestrainer beim Deutschen Tennisbund, besitzt ausgeprägtes Gerechtigkeitsgefühl. In der WELT AM SONNTAG (5. April 1987) bemühte er sich, am schiefen Image des Ivan Lendl so einiges wieder geradezurücken. So werde der langjährigen Nummer eins im Welttennis immer wieder ein Mangel an Talent unterstellt, was sicher seine Ursache darin habe, so Schönborn, daß Journalisten nach Klischees suchen, um ihn einzuordnen. Mit der Wahrheit jedoch habe dies so gut wie nichts zu tun. Schönborn stellte klar, daß Lendl im Bereich Talent auch unter den absoluten Topspielern ganz weit vorn einzuordnen ist; seine Vorhand lasse sich höchstens noch mit der von Boris Becker vergleichen, und das Balltalent des Ivan Lendl beweise wohl allein schon die Tatsache, daß er im Kreis der besten Tennisspieler der Welt der absolut beste Golfspieler ist. Und ohne Frage ist Ivan Lendl der Schnellste auf dem Court.

Was ihm sicherlich fehlt, räumte Schönborn ein, sei das Talent zum Showman, zum Clown; Lendl mangele es an der Begabung, auf dem Platz für das Publikum eine Rolle zu spielen. Dies nehme ihm offensichtlich das Publikum übel; ein Publikum, das eher das rüpelhafte Benehmen eines John McEnroe oder eines Jimmy Conners verzeihe. Schönborns Urteil: »Ein fairer Sportler, ein hochintelligenter Mensch, ein fast vollkommener Spieler.«

Subjektiv zeichnen ihn die Medien jedoch ganz anders. Hans Borchardt, der sich für die Zeitschrift SPORTS (Nr. 7/88) mit Lendl beschäftigte, zitierte die Titelseite des amerikanischen Magazins SPORTS ILLUSTRATED, auf der zu lesen war: »Der Champion, der niemanden interessiert.« Den Ivan Lendl muß dies wie ein Keulenschlag getroffen haben, und dies trieb ihn auch zu dem verzweifelten Versuch, der Welt den wahren Ivan Lendl näherzubringen. Er schrieb einen Brief an die NEW YORK TIMES, eine Art Rechtfertigung, in der es hieß: »Was kann ich dafür, wenn ich auf dem Platz so verbittert aussehe? Ich muß mich unglaublich konzentrieren.« Und er ließ die Leser auch wissen, gegenwärtig sei er »einer der glücklichsten Menschen auf dieser Welt.«

Doch die Medien sprachen von «Ivan the Terrible« und von »Old Stoneface«. Und fast stets, wenn Journalisten in Worten ein Bild von ihm zeichnen, benutzen sie Vokabeln wie »hart« und »Arbeit«. Sie sprechen von jemandem, der in seinem Erfolg den gerechten Lohn für »sehr, sehr harte Arbeit« sieht.

In einem weiteren Porträt der Zeitschrift SPORTS (Nr. 10/89) zeichnet der Autor Tony Schwartz Ivan Lendl als eine zwanghafte »Suchtperson«, die das Leben »zu einem fortgesetzten wissenschaftlichen Experiment gemacht« habe. In diesem Leben sei jede Stunde verplant; der Tag beginnt für Lendl früh um sechs, wenn er lostrabt, setzt sich nach einem kargen Frühstück mit Aufschlägen, Volleys, Returns fort, unterbrochen durch Kraftarbeit im Bodybuilding-Institut und ergänzt durch Läufe oder Touren auf dem Rennrad. Schwarz glaubt, Lendl habe sich zu einer Art Maschine geformt, und zwar in einer harten, schmerzlichen Prozedur, nicht nur für den Körper, sondern auch für die Psyche.

SPORTS, in der Seele des Ivan Lendl nach den Gründen dieser Perfektionssucht suchend, kam zu dem Fazit: Wenn Lendl vor der Entscheidung stehe, entweder dem Publikum zu gefallen oder zu seinen Prinzipien zu stehen, entscheide er sich für seine Prinzipien und sein Tennis. Diese Kompromißlosigkeit habe ihn Popularität und bares Geld gekostet. Lendl hat erstaunlich wenige Werbeverträge.

Wie der Medienforscher Ivan Lendl sieht:

Die Medienwirkung: Ein Introvertierter, der sich abkapselt. Lendl ist der Prototyp für den Perfektionismus und den Arbeitsethos des Technologiezeitalters. So müßten Lendls Chancen bei den Sponsoren eigentlich gar nicht so schlecht sein. Lendl hat durchaus das Zeug zum Leitbild einer leistungsorientierten Gruppe, die nichts anderes als den Erfolg akzeptiert. Warum ihn die Menge trotzdem nicht zu lieben scheint, könnte wohl daran liegen, daß dieser kühle Konstrukteur des Erfolges das Ideal mehr liebt als die Menschen. Lendl, der Perfektionist, der Architekt, der Konstrukteur, zeigt in seinem Bild Parallelen zu Bernhard Langer. Wie Langer »arbeitet« er ständig am Ideal, das doch nicht zu erreichen ist; wie Langer will er stets das Absolute. Der Perfektionist stellt allerhöchste Ansprüche (an sich), will stets das Beste und will stets der Beste sein. Sein Erfolg, so glaubt die Psychologie, resultiert aus der Angst vor dem Scheitern. Kompensation ist für die Seelenforscher ein weiteres Schlüsselwort; stets habe der Perfektionist ein Handicap überwinden müssen, und nicht selten stecke im Perfektionist sogar ein Faulpelz – der dies durch Perfektion zu kompensieren suche.

Die Botschaft: Ausgefeilte Präzision ist das Geheimnis des Erfolges. Und auch: Harte Arbeit bringt ihren Lohn. Genau dies scheinen die Werber in den USA erkannt zu haben, zeigen sie doch mehr und mehr Ivan Lendl bei harter, schweißtreibender Konditionsarbeit, zeigen, wie er beim Berglauf einem Mountain-Biker davonrennt, zeigen ihn auch als asketischen Bodybuilder an der Kraftmaschine.

2. Bernhard Langer, »Konstrukteur« des Golf, der nichts dem Zufall überlassen will

Auf den ersten Blick wirkt er kühl-konzentriert, in sich gekehrt, lächelt bestenfalls verhalten. Das tat Langer, als er bei einem Turnier in Großbritannien auf einen Baum klettern mußte, um einen verirrten Ball von oben herunter zu spielen. Eine Szene wie diese paßt in das Bild, das er von sich selber zeichnet: »Diszipliniert, geradlinig, selbstverständlich auch ehrgeizig und zu enormer Konzentration fähig.« Langer nennt sich häufig »determined«, was auf seine Selbstbestimmung hinweist und auf das Faible eines schwäbischen Perfektionisten, der dem Zufall nicht die geringste Chance einräumen will.

Vor den glorreichen Tagen von Atlanta, Mitte April 1985, als er das wichtigste Golfturnier der Welt gewann, »arbeitete« Langer täglich zehn Stunden lang auf dem Golfplatz, vermaß mit einem Laufrädchen exakt jeden Meter des Platzes zwischen den »tees«, den Abschlagpunkten und dem jeweiligen »green«, wo der Rasen kurzgeschoren ist.

Bernhard Langer privat. Es heißt, daß er sich außer schnellen Autos und guten Hotelzimmern keinen Luxus leiste. Steuer-Monegasse – wie Boris Becker – will Langer nicht werden. Er liebt Anhausen, die Wälder, in denen er läuft, das Land, wo er radfährt, Kraft und Ruhe tankt. Selbstverständlich zeigt er all jene Neigungen einer Spielernatur, spielt Tennis, Fußball, Billard.

Spielernatur Bernhard Langer: Perfektionist, Ingenieur, Konstrukteur des Spiels. Vor einem Turnier nimmt er einen Golfplatz nicht nur in Augenschein, er schließt Bekanntschaft mit so gut wie jedem Grashalm, es reicht ihm auch nicht, wenn sein Caddie den Kurs vermißt, nein, das übernimmt er selbst. Während andere ihr Training in lockerer Runde zu dritt, zu viert absolvieren, komme Langer allein seines Wegs, beobachtete Axel Hacke (SÜDDEUTSCHE ZEITUNG). Langer sinniere vor jedem Schlag minutenlang, blättere auch dann und wann in seinem Notizbuch, schlage auf jeder Bahn nicht einen, sondern drei Bälle.

Beobachter Hacke stellte sich die Frage, ob es wirklich ein unerschütterlicher Gleichmut sei oder vor allem eine eiserne Selbstkontrolle, die alle Emotionen in Fesseln lege. Die äußere Fassade jedenfalls zeige diesen Gleichmut, und die Reaktionen auf Äußerungen des Publikums fallen bei Langer verhalten aus. Es scheint so, als würde er sich die Gefühle verbeißen. Klatsche ihm die Menge zu, bestehe seine Antwort meist in nicht mehr als einem kaum merklichen Heben des rechten Armes. Mißlinge ihm ein Schlag, dann folge ein langer Blick, ein neues Durchschwingen mit dem Schläger. Ansonsten bleibe Langer ganz das Stoneface, erlaube sich nicht einmal ein ärgerliches Durchatmen wie Jack Nicklaus, den die Amerikaner liebevoll »Golden Bear« nennen.

Seinem Publikum zeigt sich Langer als ein Meister der Selbstkontrolle. Er ist ohne weiteres in der Lage, die sechs Stunden einer Runde durchzustehen plus zwei Stunden Training vorher und nachher, ohne etwas zu essen. Für Hacke ist dies »Pedanterie«, eine allerdings, die Methode habe. Ein akribischer Analytiker. Sein Gesicht ist wie versteinert, von granitener Härte, der schmallippige Mund verkniffen.

Trotz oder vielleicht auch gerade wegen dieser Kontrolle stieß Langer schon an die Grenze, wurde selbst zeitweilig vom »Yps« kontrolliert. Dieser »Yps« ist ein Phänomen, möglicherweise eine Art psychosomatisches Golferleiden, das die Befallenen zu lähmen scheint. Langers »Yps« trat fatalerweise immer dann auf, wenn es um alles ging, wenn es den Ball einzulochen galt. Der »Yps« meldete sich stets auf dem kurzgeschorenen Rasen rund um das Loch, dem »green«. Er lähmte Langer, der umklammerte dann den Putter so fest, »daß er beinahe den Schaft zerbrach«. Also wieder Versteinerung, ein fesselnder Körperpanzer. Kontrollierte, lockere Bewegungen waren nicht mehr möglich. Ein Alptraum.

Langer bestreitet indes immer wieder, daß es sich um psychische Probleme gehandelt habe, die bei ihm den »Yps« auslösten. Wie auch immer, nach eigenen Worten hat er die Erstarrung auf dem »green« überwunden, gewöhnte sich, wie er sagt, in monatelanger Kleinarbeit den Fehler wieder ab, verbrachte dazu jeden Tag viele Stunden auf dem Rasen, stieg auch auf eine andere Schlägerhaltung um. Erfolgreich – letztlich gelang es ihm dann wieder, die Bälle auf schnellstem Wege einzulochen.

Langer spürt den Druck, die Erwartung der deutschen Golf-Gemeinde. Diese Erwartungen setzen ihn selbst unter Druck, lassen ihn aber niemals an seinen Fähigkeiten zweifeln. Auf die Frage, wer denn der größte deutsche Golfer aller Zeiten sei, antwortete er bereits 1981 frei von jeglicher falscher Bescheidenheit: »Ich glaube, das bin ich.«

In jenem Jahr hatte er bei den British Open, dem ältesten Turnier der Welt, den zweiten Platz belegt. Damals begann sein Aufstieg zum Weltstar. Den Gipfel erreichte er wohl 1986 mit Platz eins in der Weltrangliste. Sein Verdienst: Er etablierte seinen Sport. Als Fernsehereignis schob sich Golf hinter Fußball, Tennis, Reiten und Motorsport an die fünfte Stelle der Gunst-Rangliste.

Weil er die Welt für berechenbar hält, versucht er sie auch ständig »auszurechnen«; deshalb brütet und feilt er an Methoden, um seine Probleme zu meistern. Improvisation ist Langer, dem Prototyp des Konstrukteurs, offensichtlich zuwider. Für ihn muß alles kalkulierbar, alles berechenbar sein, und weil er die Kontrolle behalten will, arbeitet er ständig am Detail.

Wie der Medienforscher Bernhard Langer sieht:

Die Medienwirkung: Verbissener Tüftler des Golfs, ein Perfektionist, der sich allerdings selbst hemmen kann. Das Bild des Bernhard Langer im Spiegel der Presse zeigt ihn auf der Suche nach dem Ideal. Jeder Schlag zielt auf das Nonplusultra, auf das Absolute. Doch Perfektionisten liegen ständig im Streit mit den tagtäglichen Schwierigkeiten, drohen immer wieder an den Unzulänglichkeiten zu zerbrechen. Mit diesen Ansprüchen setzen sich Perfektionisten wie Langer, ähnlich wie im übrigen auch der Tennisspieler Lendl, immer wieder unter Druck. Die Stärke des Konstrukteurs kommt im Grunde aus der Schwäche, und sein Erfolg resultiert aus der Angst vor dem Scheitern. Der Typus des kühlen Konstrukteurs hat stets ein Handicap überwinden müssen – Langer hatte als Kind einen Herzfehler – und seine Erfolge mit Trainingsfleiß und Akribie erreicht. Es darf sogar gemutmaßt werden, daß in Typen wie Langer und Lendl stets ein Faulpelz steckt. Das soll nur niemand merken. Deshalb setzt er alle seine Talente und Fähigkeiten ein, um Schwächen zu verbergen. Psychoanalytiker vermuten dahinter die Depression.

Die Botschaft: Wer sich bedingungslos einer Aufgabe widmet, wird letztlich erfolgreich sein. Der Perfektionist Langer könnte wie Lendl eine Symbolfigur des Technologiezeitalters sein, steht er doch für Präzision und Arbeitsethos. Ein Leistungsmaniker, der nichts anderes als den Erfolg akzeptiert. Kühle Konstrukteure wie Langer und

Lendl lieben vor allem das Ideal, und sie verlangen von Menschen, daß sie in die Ideale hineinpassen.

3. Rolf Danneberg, »Konstrukteur« im Diskusring, Minimalist, Purist, übersehener und ungeliebter Olympiasieger – der »Mann ohne Eigenschaften«

Keinem wäre es in den Sinn gekommen, von einem »Golden Boy« zu sprechen. Rolf Danneberg bietet keinen Ansatz für goldene Assoziationsketten, wie sie etwa für den »Nordisch-Kombinierten« Georg Thoma aus dem Schwarzwald geschmiedet wurden, auch im sechsten Lebensjahrzehnt noch »Gold-Jörgli«.

Nein, aus diesem Rolf Danneberg – die kurzsichtigen Augen versteckt hinter starken Brillengläsern – läßt sich kein Knuddeltierchen machen. Das ist einer, der das Understatement auf die Spitze treibt. Keiner kennt ihn ohne diese maskenartige Brille. Die untere Gesichtshälfte ist ebenfalls verdeckt – durch einen Balbo-Bart. Wer sich so tarnt, der darf sich nicht beklagen, daß die Nation ihn nie so richtig wahrnimmt, geschweige denn »würdigt«.

Dabei kam dieser Rolf Danneberg tatsächlich zu höchsten olympischen Ehren. Doch im Gegensatz zu der Hochsprung-Olympiasiegerin Ulrike Meyfarth, die zur selben Stunde olympisches Gold gewann, brachen für den zeitgleichen Olympiasieger, Danneberg keine goldenen Zeiten an. Kein Wunder, spielte er doch selbst das Ereignis herunter. Schon die Ehrenrunde – gezieltes Understatement, eine Abfuhr für Jubler. Die Bundesflagge, die er schwenkte, war nicht größer als eine Briefmarke. Die Ehrenrunde war eine Demonstration gegen den überkochenden »Go-for-Gold-Chauvinismus« der medaillenhungrigen Amerikaner 1984 in Los Angeles.

Diese Miniflagge zeigte den Minimalisten in der Zwei-Meter-Statur des Rolf Danneberg. Ein stiller grauer Tarnkappenriese, der die Verkleinerung liebt; er baut Modellautos, Modellschiffe, Modellflugzeuge. Große Töne, wie sie der längst nicht so erfolgreiche Carlo Thränhardt anschlägt, sind nicht die Sache des Temperamentsminimalisten aus dem Norden.

Doch wer sich selbst so konsequent zurücknimmt, der darf sich nicht darüber beklagen, man habe ihm »immer zu wenig zugetraut und nicht immer gerecht behandelt.« Stimmt wohl, jene Referentenstelle in den Fächern Sport und Sozialkunde, die dem Lehrer Danneberg versprochen worden war, bekam er erst nach zwei Jahren – und dies trotz des Einserexamens.

Danneberg wurde stets unterbewertet, lebte, wie zu lesen war, zeitweilig an der Grenze des Existenzminimums. Ende 1986, zwei Jahre nachdem er Gold in Los Angeles gewonnen hatte, reduzierte ihm sogar Sponsor adidas die Bezüge um 50 Prozent. Das empfand der stille Riese mit dem sensiblen Innenleben als Demütigung, stieg deshalb bei seinem Sponsor ganz aus und bezahlte sogar die Werferschuhe selbst. Da ließ er allerdings auch den Sponsor ganz schlecht aussehen. Dies schien ihn im übrigen zu stimulieren; Mitte 1987, ein gutes halbes Jahr nachdem seine Bezüge so drastisch gekürzt worden waren, schleuderte Danneberg den Diskus weiter als alle anderen, da war der graumelierte Werfer aus Wedel wieder die Nummer eins in der Welt.

Wie der Medienforscher Rolf Danneberg sieht:

Die Medienwirkung: Er ist/gibt sich so spröde, daß das Publikum die Lust an seinen Leistungen verliert. Ein »Verweigerer«, ein Purist auf der Suche nach der wahren, echten Leistung. Was macht ihn eigentlich zu einer unterschätzten Größe? Ein Punkt in der Psyche des Rolf Danneberg wurde schon angesprochen. Der Mann, der für seine Spezialdisziplin nahezu maximales Talent mitbringt, ist ein »Minimalist«, einer, der sich weit kleiner macht als jene 1,98 Meter, die das Munzinger-Archiv als Körpergröße nennt.

Die Botschaft: Er verweigert nicht nur, er scheint sogar zu verneinen, möglicherweise sogar sich selbst. Seine Rolle ist die des Mannes »ohne Eigenschaften«. Vielleicht war er zeitweilig weltweit der Beste in seiner Disziplin, doch keiner hat es so recht mitbekommen, und Rolf Danneberg hat ja auch alles getan – oder besser: unterlassen –, um diese Tatsache nicht allzu publik werden zu lassen. So viel widerborstige Introversion ist nur schwer zu vermarkten. Der »Mann ohne Eigenschaften«, der vor allem jene Eigenschaft unterdrückt, die

Charisma genannt wird, ist sich seiner »Nicht-Wirkung« durchaus bewußt, und bisweilen findet er: »Wäre ich nur aufgeschlossener gewesen, ich hätte mehr verdient als die paar Mark, von denen das Finanzamt ungerechterweise auch noch profitieren will.«

Der Arbeiter:
Fußball-Weltmeister Jürgen Kohler

Autor Hans Borchardt (SPORTS, Nr. 12/88) beschäftigte sich mit der besonderen Beziehung des jungen Jürgen Kohler zu seinem einstmaligen Mannheimer Trainer Klaus Schlappner, der mit »fast väterlicher Freude« Kohler trainierte. Denn der wollte »erst was leisten«, den müsse keiner, wie anderen, erst in den Hintern treten. Stundenlang im Einzeltraining übte Schlappner mit Kohler das kleine und das große Einmaleins des Fußballs, und Schlappner kam zu der Erkenntnis: »Der kriegt alle klein. Wenn man Kohler nachts um drei Uhr weckt und sagt, ›jetzt gehts gegen Völler‹, dann steht er auf und macht das.« Kohler wußte sich stets richtig einzuschätzen und sagte von sich selbst: »Ich bin ein ehrlicher Arbeiter.«

Das Klischee des kompromißlosen Aufräumers präsentierte Hermann Westkamp am 24. Mai 1989 in der FAZ: »Hart bis grausam gegen sich selbst und den Gegner, ist der Spieler (Kohler) eher ein zurückhaltender Mensch, der im Training oft genug Sonderschichten einlegt, sich in seinem Beruf am Ball zu verbessern.«

Wie der Medienforscher Jürgen Kohler sieht:

Die Medienwirkung: Der Vergleich zum Picador im Stierkampf drängt sich auf. Kohler leistet die »Dreckarbeit im Team«, steht dort, »wo es wehtut«, ist sich »für nichts zu schade«. Sein Einsatz sorgt dafür, daß sich andere ins Licht stellen können.

Die Botschaft: Unterordnung unter eine Strategie. Das Team ist alles. Harte Arbeit zahlt sich aus. Oder auf Englisch: »No pain no gain«. Kohler gehört zur Kategorie der Arbeitssüchtigen. Die Gesellschaft honoriert den Arbeitssüchtigen mit Bewunderung und Belohnung. Viel zu arbeiten ist eines der gesellschaftlichen Ideale, und wenn der Begriff des »Workaholic« eine gewisse Distanz ausdrückt, so kann der Befallene diese Sucht durchaus mit einer gewissen Koketterie tragen, drückt sie ihm doch gleichzeitig das Etikett des Erfolges auf.

2.4 Der FC Bayern München und der Unterschied zwischen Anspruch und Wirklichkeit

Das Rollenmodell der Bayern ist Real Madrid. Und rein astrologisch fand Oskar Beck in der Zeitschrift SPORT-ILLUSTRIERTE (Nr. 3/88) durchaus Parallelen, wurden doch beide Vereine im Sternzeichen Fische gegründet: Real Madrid am 6. März 1902 – der FC Bayern München am 27. Februar 1900. »So groß wie Real« wollten sie werden, dies verkündete einst bei jeder sich bietenden Gelegenheit der einstige Bayern-Präsident Willi O. Hoffmann (»Champagner-Willi«).

Ein Gefühl für das Königliche an Real kommt im sala de trofeos auf, dem Saal der Trophäen, einem Raum von fast fünfzig Metern Länge, in den Vitrinen stehen annähernd 3500 Pokale. Damit verbunden sind die Namen von Spielern, die heute Legende sind: Alfredo di Stefano, Francisco Gento, Ferenc Puskas, Raymond Kopa, der Brasilianer Didi, Günter Netzer, Paul Breitner, Uli Stielicke und Bernd Schuster.

Ganz so viel Glanz kann der FC Bayern nicht bieten. Aber da waren doch immerhin Franz Beckenbauer, Gerd Müller, Sepp Maier, Paul Breitner, Uli Hoeneß, Karl-Heinz Rummenigge, Sören Lerby, Klaus Augenthaler. Und auch die Pokale der Bayern können sich sehen lassen: Pokalsieger-Cup 1967, Meister-Cup 1974, 1975, 1976, Weltcup 1976. Doch im Vergleich zum sala de trofeos in Madrid ist beim FC Bayern alles eine Nummer kleiner.

Dies ist indes der Lorbeer der Vergangenheit und drückt keineswegs die augenblicklichen Kräfteverhältnisse aus. Doch die Siege der Vergangenheit prägen das Image von heute. Und die Bayern sind ja immer noch nicht satt, sie wollen in Europa an die Spitze, dorthin, wo einst Real stand. Dafür sind sie bereit, zu investieren, machen immer wieder gewaltige Summen locker, wenn die auch, hier muß wieder der Vergleich zu Real gezogen werden, sich nicht mit denen der »Königlichen« vergleichen lassen. Die Etatrelation zwischen Real Madrid und Bayern München lautet 2:1. Ganz klar, bei Real ist alles doppelt so groß. Da spendete Präsident Mendoza seinen Spielern für das Erreichen der nächsten Runde im Europapokal jeweils einen Mercedes für 50 000 Mark.

Die Königlichen aus Madrid treiben es auch, was die Mitgliedszahlen angeht, auf die Spitze: 60 000 »socios« leisten in Madrid ihren Beitrag zu dem königlichen Unternehmen. Beim FC Bayern sind es knapp 13 000.

Gigantisch auch die Zuschauerzahlen in Madrid. »Selbst als es im Pokal nur gegen den Tabellenletzten Sabadell ging, fanden 75 000 den Weg ins Estadio Bernabeu«, schrieb Oskar Beck. Auch hier liegt der FC Bayern gegenüber Real mit 1:2 hinten: Die durchschnittlichen Zuschauerzahlen des Rekordmeisters liegen etwa bei 37 000.

»Königlich« sind die Weißen aus Madrid seit 1920, als ihnen König Alfons XIII. den Titel »Real« verlieh. Und auch wer die Vereinsanlage Ciudad Deportiva beschreibt, kommt nicht am Superlativ vorbei. Da gibt es ein Verwaltungsgebäude für 200 Angestellte; eine Turnhalle, zwei Swimmingpools mit olympischen Maßen; vier Fußballplätze; sechs Tenniscourts; eine Basketballhalle für 5000 Zuschauer; das Restaurant für 3000 Gäste – ein Areal mit einer Größe von 186 000 Quadratmetern. Autor Beck: »Spaziergänger brauchen eine Stunde – wenn sie gut zu Fuß sind. Die Vereinsanlage des FC Bayern an der Säbener Straße läßt sich leichter umrunden. Alles in allem sind es 10 000 Quadratmeter.

Hintergrundreportagen über den FC Bayern beginnen häufig mit Szenen von der Ehrentribüne und aus der VIP-Lounge des Münchner Olympiastadions. Dann knallen die Sektkorken, während der Commodore-Ära vornehmlich der Hausmarke »Cuvèe Commodore«. Die Bussibusineß-Atmosphäre der Isar-Schickeria wird dann eingehend beschrieben. Wie Raimund Le Viseur in einem QUICK-Artikel (Nr. 49/84): »Die Damen erscheinen vornehmlich in Luchs, Wolf oder Rotfuchs. Die Herren, teuer aufgepolstert, begrüßen sich jovial, wie es in Münchens Schickeria-Kreisen üblich ist.«

Da grüße der reiche Wurstfabrikant den smarten Modezaren und betuchte Rechtsanwälte und Zahnärzte verneigen sich, wie es heißt, vor dem millionenschweren Sexunternehmer. SPORTS-Autorin Ann

Thoenissen beobachtete ähnliches, sichtete den immer noch bayerntreuen Wurstfabrikanten auf der Tribüne, ohne ihn beim Namen zu nennen und berichtete auch von einem Herrenausstatter im italienischen Designerkaschmir. Wenn auch die Mannschaft unten auf dem Rasen ständig ihr Gesicht verändere, so stehe die noble Fangemeinde doch in Treue fest zu ihrem FC Bayern.

Beim FC Bayern, daran ist nicht zu zweifeln, geht es nobler zu als in anderen Stadien der Bundesliga. Die feine Klientel steht, wie bereits erwähnt, in Treue fest, läßt das Objekt ihrer Zuneigung auch nach verlorenen Europacupfinals nicht im Stich. Offensichtlich findet diese Zielgruppe für ihren FC Bayern nirgendwo in München so recht Ersatz.

Doch die Katzenjammerstimmung zum Beispiel nach dem verlorengegangenen Finale gegen den FC Porto im Frühsommer 1987 zeigt noch mehr. Da schrieb Beobachter Siegfried Heinrich am 1. Juni 1987 in der SÜDDEUTSCHEN ZEITUNG über »jenes Gefühl zwischen Wut und Enttäuschung, Hilflosigkeit, Ohnmacht und Trauer.« Die »verpaßte Chance des Lebens« wurde nicht so schnell verarbeitet, und Heinrich sah die Bayern auf »ein verträgliches Maß zurechtgestutzt.« Was wiederum zeigt, daß bei aller Anziehungskraft der Mannschaft mit den Bayern so recht keiner weinen mochte. An der Ausstrahlung der Truppe hatte sich seit den sechziger Jahren nichts geändert:

Cool and commercial.

Dabei sind die Bayern mittlerweile im dritten Jahrzehnt ein **Synonym für Erfolg.** Psychologen, Soziologen, die im Zeitgeist herumstochern, wissen, daß sich speziell die junge, aufstrebende Managergeneration, die sogenannten »neuen Eliten«, von dieser Erfolgsausstrahlung berührt und ausgedrückt fühlen. Dabei wartet der FC Bayern seit 1976 auf die Wiederholung des ganz großen Erfolgs, den Europacup – der nun einmal das Maß des Erfolges ist. Mehr als eine Finalteilnahme vermochte der FC Bayern in den achtziger Jahren nicht zu bieten. Beim letzten Cupgewinn 1976 spielte noch »Kaiser« Franz Beckenbauer mit; in jenen glorreichen Zeiten war die Welt der Bayern auch noch bestens ausbalanciert zwischen Anspruch und

Wirklichkeit. Es war das Ende von den drei goldenen Bayern-Jahren 1974, 1975 und 1976.

Wie sich rund um den Talent-»Kindergarten« Müller, Beckenbauer, Maier & Co. das Image der kühlen Erfolgstruppe bilden konnte, ist auch in der Rückschau nicht so einfach zu erklären. Da hat sicher der Fußballtüftler Dettmar Cramer mitgewirkt, der den Gegner so tiefgehend zu analysieren pflegte, daß er ihn letztlich besser kannte als der sich selbst. Kühle taktische Zurückhaltung praktizierten die Bayern schon in den späten sechziger Jahren.

Der bisherige Höhepunkt der Vereinsgeschichte, das waren die drei Europacupsiege in Folge. Danach riß die Serie ab. Im Mai 1987 schien der FC Bayern wieder an die Herrlichkeit der siebziger Jahre anknüpfen zu können, scheiterte dann jedoch unglücklich im Finale am Außenseiter, dem FC Porto. Das wurmte, das traf und saß tief, und das machte dem FC Bayern zum Anfang der neunziger Jahre immer noch zu schaffen, **verdeutlichte doch das Ausbleiben des ganz großen Erfolges die Diskrepanz zwischen Anspruch und Wirklichkeit beim FC Bayern.**

Anspruch und Realität stehen seit 1976 also in einem Widerspruch. An diesem hohen Anspruch, aus dem Münchner Club ein Real der achtziger Jahre zu machen, wird dem ehemaligen Präsidenten Willi O. Hoffmann das Copyright zugeschrieben. »Willi O.« oder auch »Champagner-Willi«, ein Steuerberater mit hohem Bekanntheitsgrad, bestimmte zum Anfang der achtziger Jahre das Bayern-Bild, drückte ihm das Etikett der Exklusivität auf; »Willi O. setzte viel Ehrgeiz darein, die Bayern zum Goldhamster unter lauter weißen Mäusen« der Bundesliga zu machen.« Ein feinsinniger Vergleich aus der Kleintierwelt, den Raimund Le Viseur in seiner QUICK-Analyse anstellte. »Willi O.«, ein Kapitel für sich, aber eines, das diesen Rahmen sprengen würde; ein barocker Bayer mit der Neigung zu edlem Schaumwein und der Ambition, den Verein schleunigst zum Nabel der Fußballwelt zu machen um dann mit sechzig zurückzutreten. Beide Ziele erreichte er nicht; sein Unternehmen geriet ins Trudeln, und der FC Bayern holte nicht den Cup.

Ein Problem des Vereins scheint die »Positionierung« zu sein. Es ist nicht einfach, die Frage zu beantworten: **Was sind die Bayern nun**

wirklich? Sind sie eine Millionentruppe? Sind »die Bayern« wirklich Bayern? Rückbesinnung aufs bayrische Element wurde tatsächlich erkennbar, wenn die Heimatgefühle zuweilen auch auf die brachiale Art geweckt wurden. Da war die Truppe doch tatsächlich nach einer Deutschen Meisterschaft im Lederhosenoutfit und Haferlschuhen zu besichtigen. Der Westfale Karl-Heinz Rummenigge und der spröde Ungar Pal Csernai, letzterer privat ein Liebhaber seidener Halstücher, gerieten, von der Vereinsführung solchermaßen modisch vergewaltigt, zur Lachnummer. Die Lederhosen der Bayern hängen mittlerweile womöglich in irgendeiner Requisitenkammer, folglich kann sie ihnen im (einst) so feindlich gesinnten Fußball-Westen auch keiner mehr ausziehen.

Das heißt, die Feindschaft aus den siebziger Jahren hat sich verflüchtigt, jetzt lieben selbst die Fans aus dem Westen die Bayern. Eine Umfrage förderte bereits 1985 zutage, daß die Bayern landein landauf auf den Fußballplätzen die Beliebtesten sind. Sie rangierten vor dem zu jener Zeit noch recht erfolgreichen Hamburger SV. **Geliebt werden »die Bayern« wohl, weil sie sich zur bajuwarischen Identität bekennen.** Gerade die versuchte, die zweifellos genialere Kickergeneration der siebziger Jahre zu verdrängen. Beckenbauer, Ur-Münchner aus Giesing, Breitner, der Rebell aus der oberbayrischen Provinz (Kolbermoor) und auch Maier (»Katze von Anzing«) versuchten, sich den rrrollenden Originalton Süd abzugewöhnen. Heute spricht man wieder Dialekt, und das nicht nur in der Waschmittelwerbung.

Geliebt werden sie also, »die Bayern«, weil sie Bayern sind. Das hätten sich »Kaiser Franz und die Seinen« nicht vorzustellen gewagt. Vielleicht trieb sie der Haß auf den Bundesligaplätzen (»Zieht den Bayern die Lederhosen aus«) in die hochnäsige Haltung.

Diese Bayern-Hybris scheint Uli Hoeneß, als Spieler noch einer jener »hochnäsigen« Cupgewinner der siebziger Jahre, gelegentlich wieder herbeizusehnen. »Wir müssen einfach wieder arroganter werden«, soll er gesagt haben. Selbstverständlich wurde der Ausspruch heftig dementiert und war doch nicht so einfach wegzuwischen. Schließlich griff Präsident Scherer moderierend ein und sagte in einem Interview der Münchner AZ über seinen Manager: ». . . seine größte Schwäche ist wohl seine Öffentlichkeitsarbeit. Er ist sehr impulsiv, er sagt schon mal Sachen, die er hinterher tief bereut. Aber ich kann nicht jedesmal dabei sein, um ihn zu bremsen. Als er damals ›arrogant‹ sagte, meinte er ›selbstbewußt‹. Darunter hat der Verein leiden müssen, aber der Uli litt am meisten.«

Für Raimund Le Viseur in seiner QUICK-Analyse ist der FC Bayern eine »Arena von Geld und Geltung . . . aber auch von Charme und Charisma.« Doch der Manager wünsche sich etwas von der kalten Ausstrahlung der Kicker aus den siebziger Jahren, um zu mutmaßen: vielleicht weil sie erfolgreicher waren?

Die elitäre Selbsteinschätzung der »Bayern« und die ihres Managers stieß auch dem SPIEGEL-Reporter Jürgen Leinemann (Nr. 42/1987) auf. Der Mann vom Nachrichtenmagazin schnappte bei einem Telefongespräch im Büro von Hoeneß einige Fetzen auf. Hoeneß sprach mit dem designierten Lattek-Nachfolger Heynckes in Mönchengladbach, dabei gab der Manager fernmündlich Kostproben der Bayern-Philosophie: »Wir brauchen uns nicht zu rechtfertigen. Wir lassen uns nicht vergleichen.« Leinemann fragte sich: Ist Uli Hoeneß der Verein persönlich? Sein Eindruck von der Bayern-Symbolfigur: smart und hart, solotänzerisch und doch mannschaftsdienlich.

Das alles erscheint auch einigermaßen widersprüchlich. Da sind einerseits die Bayern zum Liebhaben als »Knuddelkicker«, da preist der Manager so oft es geht die Lebensqualität im roten Trikot und die souveräne Vereinsführung, da zeigt er sich väterlich besorgt als gütigstrenger Pädagoge, der Jungkicker ermahnt, sich gefälligst bescheidener zu motorisieren, als sie es eigentlich nach einem euphorisch stimmenden Blick auf ihr Bankkonto vorhatten; andererseits spricht er vom FC Bayern als einem »Gesamtprodukt«, das es zu vermarkten gelte, und dann taucht auch noch jener unglückliche Satz auf, den er vor Braunschweiger Unternehmern sprach: »Wer käme schon ins Stadion, wenn uns alle lieben würden? Dieses kalte Klischee vom arroganten, professionellen Klub, das müssen wir aufrechterhalten.« Allerdings fügte er dann noch hinzu: »Wir dürfen es nur nicht leben«. SPIEGEL-Reporter Leinemann, dem dies auffiel, fügte dann selbst noch einen Gedanken an: Der Marketinggag sei heftig belacht worden.

Wenn es beim FC Bayern doch nicht zum »Real der achtziger Jahre« reichte, dann lag dies am Fehlen des absoluten Mega-Stars. Mit Karl-Heinz Rummenigge verschwand eine Figur mit Ausstrahlung in Richtung Mailand; dorthin folgten ihm Jahre später auch noch Matthäus und Brehme. Gesucht wird nach wie vor der Charismatische, einer wie »Kaiser Franz« oder zumindest einer mit der ruppigen Nonkonformistenausstrahlung des »Überzeugungsgrantlers« Paul Breitner. Dies ist offensichtlich die Ursache für die Diskrepanz zwischen Anspruch und Wirklichkeit bei den Bayern. Hoeneß weiß, daß er eine überragende Figur braucht, die entweder polarisiert oder integriert. Doch immer dann, wenn einer in diesen Bereich hineinwächst, den Kopf aus der Masse herausreckt, dann ist er auch reif für Italien.

Uli Hoeneß – das Krokodil, der Teufel, der Polizist, die Oma und der Kasper des FC Bayern

Horst Vetten schrieb in der Zeitschrift SPORTS (Nr. 1/1990) und bemühte, wohl um seinen Vergleich bildhafter zu machen, dazu das Kasperltheater. Dort sind die Rollen klar verteilt: Das Krokodil ist die ständig lauernde Gefahr, das Übel der Welt wird durch den Teufel personifiziert; Ordnungsfaktor ist der Polizist, für das Gute im Menschen steht die Oma und für die Beziehungskiste die Gretel. Vetten glaubt, daß Uli Hoeneß auf der Bühne des FC Bayern so gut wie alle Rollen spielt, Gretel vielleicht ausgenommen.

Das Selbstbewußtsein dieses Rollenvirtuosen ist dem üblicherweise bevorzugten Tabellenplatz des FC Bayern durchaus angemessen, nämlich »ganz oben«. Er ist der Ansicht, »jedes andere Unternehmen an leitender Stelle mitführen« zu können. Uli Hoeneß, so wie Autor Horst Vetten ihn sieht, »hält die Suppe am Kochen, weicht keinem Krach aus, produziert Ideen, die andere ärgern, und macht je nach Tagesbedarf den Kasper, das Krokodil, den Polizisten und wahlweise auch mal die gute Oma.«

Das Erscheinungsbild: häufig Cordhosen, ein Pullovertyp, meist mit offenem Hemdkragen, kein Krawattenfreund. Er gibt sich alert, gewitzt, gerissen, allem Anschein nach schlitzohrig. Dem Schwaben aus München haben die Münchner Zeitungen – fünf berichten täglich – mit »Cleverle« einen Kampfnamen verliehen, den auch Lothar Späth, der ehemalige Ministerpräsident von Baden-Württemberg in besseren Zeiten trug. Hoeneß ist Leiter eines Ein-Mann-Syndikates, einer, dem beim FC Bayern weder Präsident noch Schatzmeister hineinreden. Und sein Erfolg rühre vor allem daher, daß er total unabhängig sei. Es liege nahe, daß sich so neben Uli Hoeneß keine anderen Stars etablieren können. Dies sei auch ein Grund, warum die Freundschaft zwischen Hoeneß und Lattek in die Brüche ging. Lattek, nach eigener Einschätzung der Erste der Branche, war, wie Vetten vermutete, Hoeneß zu groß geworden.

Vetten fand aber auch viel Verletzlichkeit bei Hoeneß und das Bedürfnis, geliebt zu werden, was er aus dem Hoeneß-Zitat ableitete, »98 Prozent der Leute, die mich kennen, mögen mich auch«. Dagegen würden ihn nur zehn Prozent von jenen schätzen, die ihn nicht kennen. Was nach Vetten im Klartext bedeutet: Wer Hoeneß nicht mag, der kennt ihn nicht.

Im übrigen sieht Vetten in dem Meistermanager aus München vor allem einen Rollenspieler, der auch sein Negativimage kalkuliert einzusetzen vermag. Seine Vorsicht, die besondere Wachsamkeit dagegen verrate ein Satz wie: »Man muß die Messer blinken sehen, die auf einen zufliegen.«

Der Medienexperte Ernst Tachler:

Den FC Bayern plagt das Real-Syndrom. Angezogen fühlen sich »Erfolgstypen«, und so gruppiert sich auf der Tribüne des Olympiastadions in München stets ein nobles Umfeld. Ein Club, mit dem sich die neuen Aufsteiger identifizieren können. Die Ausstrahlung ist »cool and commercial« und trifft damit genau das, was diese »neuen Eliten« suchen. Und deshalb trifft auch das Schlagwort von der »kühlen Erfolgstruppe« zu. Dazu gehört auch noch das Etikett der Exklusivität. »Geld und Geltung«, schrieb Raimund Le Viseur in der QUICK, dem ließe sich schlagwortartig noch »smart und hart« hinzufügen. Alles in allem: Ein windschlüpfriges Erfolgs-Styling. Gelegentlich beschwört dann auch Uli Hoeneß mit dem sicheren Instinkt für elektrisierende Botschaften an seine Zielgruppe das »arrogante Image« des FC Bayern und sagt dann: »Wer käme schon ins Stadion, wenn uns alle lieben würden.«

Teil 3

Die Images von Sportarten

3.1 Golf in Deutschland: Der blonde Bernhard – und viel Begeisterung für einen neuen Sport

In dem Golf-Entwicklungsraum Bundesrepublik mit seinen zur Mitte der achtziger Jahre höchstens 70 000 Golfern – mehr als 15 Millionen in den USA und reichlich 4 Millionen in England – nahm an diesem 14. April 1985 kaum einer das sensationelle Ereignis in Augusta/Georgia so recht wahr. Dieser 14. April 1985 war ein sporthistorisches Datum. Ein Tag, der sich durchaus mit dem 7. Juli 1985 vergleichen läßt, dem Tag, an dem Boris Becker mit 17 Jahren zum ersten Mal das Turnier von Wimbledon gewann. Oder – um noch einen anderen Vergleich zu nennen – mit dem 19. Juni 1936, als Max Schmeling Joe Louis ausknockte. An diesem 14. April 1985 gewann Bernhard Langer das Masters-Turnier in Augusta, es wird das Turnier der Turniere genannt.

Langer kassierte nicht nur 126 000 Dollar, er führte das deutsche Golf auch in eine neue Ära, nämlich die Zeit »nach dem Masters«. Ein Erfolg, der es verdient, auch im Abstand von mehreren Jahren gewürdigt zu werden, weil Langer neben dem Südafrikaner Gary Player und dem Spanier Severiano Ballesteros als dritter Nicht-Amerikaner das wichtigste Golfturnier der Welt gewann.

Obwohl Langer sich nicht an der Spitze der Weltrangliste festsetzen konnte, sollte dieses Ereignis Folgen haben. Ein Golfboom setzte ein.

Doch Golf gab es in Deutschland selbstverständlich schon vor Langer. Mitte der fünfziger Jahre: Fünfzig Clubs und rund 5000 Aktive wurden gezählt. Und auch die Plätze waren in ihren Ausmaßen bescheiden: selten mehr als neun Löcher. Der typische Golfer jener Zeit war so alt wie das Jahrhundert, nämlich ein Mittfünfziger; meist war er ein »Umsteiger«, der sich für Tennis, Hockey oder den Reitsport nicht mehr fit genug fühlte. Das ist inzwischen alles ganz anders. Ständig kommen neue Golfplätze hinzu.

Zum Beginn der neunziger Jahre hat nun der »Golfstrom« die Republik erreicht, die Zahl der Spieler durfte nun bereits auf rund 100 000 geschätzt werden, die Zahl der Golfplätze auf 260. Und weil sich überall neue Projekte anbahnen, ist in den neunziger Jahren damit zu rechnen, daß sich diese Zahlen durchaus noch verdoppeln können. *Golf zählt »zu den dynamischen Sparten«* schrieb Klaus Kröger im SPIEGEL (Nr. 32/1988).

Allerdings machte Krögers Situationsbeschreibung auch deutlich, daß *Golf ein Sport mit Imagedefekten* ist, »die Beschäftigung mit dem kleinen Ball, die nur in der Bundesrepublik – ganz anders als in den angelsächsischen Ländern und in Skandinavien – manchen noch als leicht sozialschädliche Freizeitaktivität der ›happy few‹ gilt . . .«

Nach wie vor hängt Golf noch das Eliteetikett an; es verhindert, daß sich der Sport auf die erwünschte Weise ausbreiten kann. Es gibt Widerstände gegen den Bau neuer Plätze, darin schwingen ökologische und auch emotionale Argumente mit. Und SPIEGEL-Autor Kröger bemerkte, die Widerstände gegen den Bau neuer Plätze seien kurioserweise dort am stärksten, wo die Nachfrage besonders ausgeprägt sei, und zwar im Umfeld der dichtbesiedelten Zentren. Dort ist der Anteil der Golfinteressierten dreimal größer als in den entfernten Regionen.

Die Widerstände ändern jedoch nichts am ständig wachsenden Golfinteresse, vielleicht nicht gerade ausgelöst, wie Kröger vermutet, aber doch sicherlich gefördert durch die Idolwirkung von Bernhard Langer. Ob Großverdiener Langer dagegen auch mitgeholfen hat, das exklusive Image der Sportart auf Normalmaß zu bringen, ist fraglich. Im Rahmen einer Emnid-Umfrage bestätigten lediglich 110 von 2722 Antworten solche Stichworte wie *»nur für Reiche«* und *»versnobte Sportart«*.

Für Kröger ist dies nicht verwunderlich, sei es doch ein Kennzeichen der Konsumgesellschaft, *daß sie sich jede Freizeitkultur schnell aneigne, damit werde das Exklusive inklusiv, sobald es als das Besondere ins Blickfeld gerate.*

Eine weitere These: Das Fernsehen habe dem Zuschauer die »faszinierende Spielidee, den Ball über große Entfernungen mit möglichst wenigen Schlägen in ein kleines Loch zu transportieren«, mit seinen televisionären Mitteln auf ideale Weise vermittelt. Wichtiger noch:

Laut Emnid kommt der Freizeitsport Golf »einem veränderten Bewußtsein« entgegen, der »Suche nach sinnlichen Eindrücken, nach Begegnung mit der Natur«. Außerdem, so fand Emnid heraus, entsprechen die zentralen Merkmale des Sports wie Selbstdisziplin, Affektkontrolle und Körperdistanz »längerfristigen Entwicklungslinien im Zivilisationsprozeß«.

Dabei sollte nicht der Aspekt Geselligkeit vergessen werden. Beim Golf – auch das ist ein Emnid-Ergebnis – ergibt sich auf zwanglose Art Umgang mit Angehörigen anderer Berufe, aber gleichen Interessen. Dies ist das zentrale Motiv für den Clubbeitritt.

Trotz gewisser Brüche im Bild, das Image der Sportart ist faszinierend. das Medium Golf ist geradezu ein Idealpartner der Werbung.

Die Hersteller nobler Uhren, wie etwa Ebel, setzen ebenso auf das Golfimage wie der Herrenkonfektionär Boss. Automobilhersteller Audi stellte als Sponsor eine »Golf-Group« auf. Die Deutsche Bank, American Express, Boss, Audi, BMW und Daimler-Benz treten schon längst als Veranstalter von Golfturnieren auf. Und auch zu Jaguar paßt Golf bestens; die britischen Automobilbauer kreierten Aktionen, um Auto und Golf miteinander zu verbinden.

Mercedes, die Deutsche Bank und Boss stiegen in die ProAm-Spiele ein. Was ist ProAm? Früher traten bei diesen Spielen namhafte Profis und ambitionierte Amateure miteinander als Team an. Das »Team« hieß und heißt immer noch »Flight« und besteht aus einem Profi und drei Amateuren. Früher waren dies vornehmlich Vorzeige-Amateure, solche, die sich ihren klingenden Namen in ganz anderen Bereichen erworben hatten. Etwa der ehemalige Bundespräsident Walter Scheel wie auch Franz Beckenbauer, die Rosi Mittermaier oder Schlagersänger Howard Carpendale. Dieses ProAm von einst war also vornehmlich ein Spiel mit Namen. Mercedes, die Deutsche Bank und Boss erkannten hier eine Chance, Geschäftsfreunde einzubinden, ihnen die Möglichkeit zu verschaffen, mit den besten Golfern der Welt eine Runde zu spielen.

Auch Bernhard Langer machte schon mit, fand die Sache zumindest vergnüglich, nutzte die Gelegenheit, seinen Schwung zu bearbeiten, Techniken zu probieren. Generell holen sich die Amateure im Flight Tips und haben, wie es in einem Bericht der WELT AM SONNTAG über ProAm heißt, ihren Spaß. Anfänger und Spitzenkönner in einem Wettbewerb, das ist eigentlich nur beim Golf möglich.

Fazit des Medienforschers Ernst Tachler:

Ein Sport für Aufsteiger, in Deutschland selbst ein aufsteigender Sport. Ein Imagedefekt, den die Golfer möglicherweise selbst gar nicht einmal als Manko betrachten, ist der Snobappeal, der dem Sport nach wie vor anhängt. In der allgemeinen Vorstellung ist dieses Spiel immer noch ein Vergnügen für die »happy few«. Dieses Eliteimage ist andererseits aber auch eine attraktive Imagedimension. Weitere Vorzüge liegen in dem Naturerlebnis und möglicherweise auch in der Körperdistanz, ein Trend, der sich im Sport mehr und mehr durchzusetzen scheint.

3.2 Fußball:
Die Zukunft des Spiels zwischen ursprünglichem Reiz und sinkenden Torquoten

Die dpa-Meldung hätte so, wie sie am Samstag, 4. August 1990, im Sportteil der SÜDDEUTSCHEN ZEITUNG zu lesen war, durchaus auch im Wirtschaftsteil dieser Zeitung stehen können. Hieß es doch: »Elf Prozent Etatsteigerung«, ferner war etwas von »Expansion ohne Ende« zu lesen. Knapp vier Wochen nach dem Gewinn der Fußball-Weltmeisterschaft stoße »das expandierende Wirtschaftsunternehmen Fußball-Bundesliga . . . in immer neue Dimensionen vor.« Es ist sicher kein Zufall, daß vor dem Beginn der Fußball-Weltmeisterschaft 1990 die SÜDDEUTSCHE ZEITUNG die Wirtschaftsredakteure Kommentare zu dem Ereignis schreiben ließ, dies übrigens nicht zum ersten Mal.

Nur wenige Wochen zuvor wurde die wirtschaftliche Situation noch ganz anders kommentiert, da fragte sich Helmut A. Metzen in SPORT-BILD: »Warum fallen in der Bundesliga immer weniger Tore?« Weniger Tore als Indiz für eine Baisse der Branche? Experten wie der DFB-Trainer Gero Bisanz sahen das Problem in den defensiven Neigungen der Trainer-Strategen, die es vorzogen, mit zwei oder gar nur noch mit einem einzigen Stürmer anzutreten. »Auswärts spielen alle nur noch auf ein Unentschieden. Schön spielen und verlieren bringt doch nichts!« So klagte ausgerechnet Horst Köppel, Trainer von Borussia Dortmund, der vor Jahren mit offensiver Spielweise seinen Rauswurf bei dem Bundesligisten Bayer Uerdingen provoziert hatte.

In einer »Erfolgsgesellschaft«, der Leistung allein nicht mehr reicht, wollen auch die Konsumenten des Fußballs nur noch Siege akzeptieren.

Und auch der englische Psychologe, Bestsellerautor (»Das Spiel«, Droemer Knaur) und Fußballfreund Desmond Morris sieht dies nicht anders. Nach seiner Ansicht leide »das Spiel« unter dem zunehmend defensiven Stil, da er die Zahl der aufs Tor abgegebenen Schüsse, sowohl jener, die zu einem Torerfolg führen und jener, die abgewehrt werden, immer weiter reduziere. Immer wieder seien deshalb auch Versuche unternommen worden, um im Fußball zu mehr Toren zu kommen. Diese Vorschläge seien deshalb auf Ablehnung gestoßen, weil der »Fußballstamm« das »geheiligte Stammesritual in seiner reinen, ursprünglichen Form« bewahren wolle. Einzig in den USA – trotz einer Millionenzahl registrierter aktiver »Soccer«, die Schätzungen schwanken zwischen 4 und 15 Millionen –, alles andere als ein Land des Fußballs, gab es zeitweilig Modifizierungen der Abseitsregel.

Morris nennt als Grund für das dramatische Absinken der Torquoten die stetige Verlagerung der Spieltaktik von Angriff auf Verteidigung.

In den heroischen Tagen des Fußballs, im vergangenen Jahrhundert, seien die Mannschaften noch nicht so sehr von der Angst vor einer Niederlage beherrscht gewesen, sie wollten siegen, und dafür gingen sie auch Risiken ein. Die Trainer seien schuld, glaubt Morris; »mit dem Aufkommen und der zunehmenden Verfestigung des Trainerkultes« sei das »Säbelrasseln«, also die frisch-fröhliche Angriffslust, »von einer Belagerungsmentalität«, also der Defensivstrategie, verdrängt worden. Die Taktik des späten 20. Jahrhunderts sei es, »fast alle Spieler auf die Barrikaden« zu schicken, vor dem eigenen Tor durch sie also einen Schutzwall aufzubauen und nur noch ein paar vereinzelte Scharfschützen zum Angriff nach vorn stürmen zu lassen.

Das Vorbild: Fußball-Wunderland Italien

Fußball in Italien – die »partita« – wird oft schwärmerisch als ein Kult oder gar als ein Ritus beschrieben. Fußball in Italien bedeute für die »tifosi« für zwei Stunden an einer »überschaubaren Welt voller Emotionen, Heldentaten und Schicksalsschläge teilzuhaben – dem Alltag entrückt und dem Himmel nahe.« So beschreibt Teja Fiedler im STERN die Fußballbegeisterung in Italien. Andererseits gibt es aber auch Kritiker wie den Schriftsteller Umberto Eco, der den »tifosi« vorwirft, sie flüchteten sich in »die einfache Kunstwelt des Fußballs, um sich nicht mit den tausend realen, aber komplizierten Problemen unseres Landes auseinandersetzen zu müssen.«

Doch all jene, die das besondere Glück haben, in Italien Fußball spielen zu können, wie die deutschen Weltmeister Matthäus, Klinsmann, Brehme, Völler, Berthold und Riedle, sind sich einig, Fußball in Italien ist ein Fest. Der Fußball beherrscht den Alltag, vor allem aber beherrscht er die Gefühle. Vom Hosianna bis zum »kreuziget ihn« ist es auf dem Stiefel immer nur ein kleiner Schritt. Das Fernsehen kommt, wie bereits erwähnt, dieser Begeisterung durch ein wahrhaft wochendeckendes Programm nach. Der Fußball beherrscht die Woche. Der jugoslawische Trainer Vujadin Boskow weiß, bis Mittwoch redet man von der »partita«, die war, und ab Donnerstag beschäftigt man sich mit der »partita«, die kommt.

Ein Journalist verglich die Leidenschaft der »tifosi« mit einer verzehrenden Liebe, bei der Vorspiel, Höhepunkt und Nachspiel ununterbrochen aufeinander folgen. Und die Medien sorgen dafür, daß die Liebe nicht erkaltet. Drei täglich erscheinende Sportzeitungen – in Deutschland undenkbar – schreiben über so gut wie nichts anderes als über den »calcio«. Die größte von ihnen, die GAZETTA DELLO SPORT ,bringt täglich eine Millionenauflage auf den Markt; mit solchen Zahlen kann keine italienische Tageszeitung konkurrieren.

Italiens Fußball erhielt durch die WM einen zusätzlichen Schub. Und den italienischen Kickern geht es nun wirklich nicht schlecht. Zwar stehen die Vereine des Landes, nimmt man denn ihre Bilanzen für bare Münze, ständig vor dem Ruin, doch mit Ausnahme von Palermo ist es in Italien noch nirgendwo zum Konkurs gekommen.

Die Gründe für die, wie es scheint, paradiesische Situation des Spitzenfußballs in Italien, liegen darin, daß sich überall betuchte Unternehmen darum reißen, den Namen ihres Unternehmens mehr oder minder dauerhaft mit dem Namen eines Traditionsvereins zu verbinden. Hauptaktionäre von Juventus Turin sind die IFI-Holding und die »Seasport«. Erstere gehört der Agnelli-Familie und »Seasport« dem Fiat-Konzern; beide halten jeweils 49 Prozent des Aktienkapitals. »Juve« setzte vor der Saison 1990/91 bereits 23 500 Jahreskarten ab und nahm dafür satte 16,8 Millionen Mark ein. Rechnet man allerdings jene 37 Millionen Mark dagegen, die Juventus Turin vor Saisonbeginn für Verstärkungen des Spielerkaders ausgab, dann zeigt sich zuerst einmal ein Defizit von rund 20 Millionen Mark. Was in Turin allerdings niemanden beunruhigt, spielt Geld doch offensichtlich keine Rolle.

Italiens Fernseh-König Silvio Berlusconi besitzt 99,98 Prozent der Aktien des Europapokal-Siegers AC Mailand, der vor Beginn der Saison bereits 67000 (!) Jahreskarten verkaufte. Zahlen, von denen die Bundesligisten hierzulande nicht einmal zu träumen wagen. Jene 67000 Jahreskarten des AC Mailand brachten 45 Millionen Mark in die Vereinskasse – und dies, bevor ein Spiel ausgetragen wurde. Hinzu kamen noch die Sponsorengelder und die Fernsehrechte.

Italiens Fußballindustrie hat es besser. Wer zum Beispiel erwartet hatte, daß nach der Weltmeisterschaft das Interesse abebben würde – schließlich erreichten die Italiener ja nicht das Endspiel – sah sich getäuscht. Nicht nur in Mailand und Turin, von überall her meldeten die Vereine einen unerwartet guten Absatz von Jahreskarten. Die WM hatte den Italienern wieder Appetit auf Fußball gemacht. Und dies trotz einer Preissteigerung von 17 Prozent. Ausnahmen bildeten der aktuelle Meister Neapel mit nur 40000 statt der üblichen 65000 Jahreskarten.

Im Stile von Wirtschaftsunternehmen setzt die Fußballindustrie Italiens dort die Instrumente des Marketings ein, wo die Nachfrage abflaut. In Neapel warb der Meister in ganzseitigen Zeitungsanzeigen, schaltete Werbespots, um an das neapoletanische Wir-Gefühl zu appellieren. Slogan: »Siegt mit uns, wir lieben keine leeren Stadien.«

Auch das Fernsehen ist, man möchte fast sagen »selbstverständlich«, an dem Fußballboom beteiligt. Die halbstaatliche RAI hatte sich zwar die Exklusivrechte für die nächsten drei Jahre für 420 Millionen Mark gesichert, sie dann allerdings teilweise an die Privatsender weiterverkauft, die nun nach dem neuen Mediengesetz live senden dürfen. So dürfen nun in Italien sechs Programme über den Fußball berichten und über die gesamte Woche Vorberichte und Spielanalysen liefern. Fußball, in Italien ein totales Medienerlebnis; doch der Tifosi kann offensichtlich nicht genug bekommen davon.

Ähnlich wie der Automobilrennsport bewegt der Fußball auch indirekt große Umsätze, und zwar in vielen Branchen. Nach Schätzungen werden für Reisekosten, Verkehrsmittel, Werbung, Sportzeitungen und anderes jährlich zwischen drei und vier Milliarden Mark ausgegeben. Und die dreißigtägige Fußball-Weltmeisterschaft brachte für die Italiener einen Gesamtumsatz von rund elf bis zwölf Milliarden Mark.

Doch selbst wenn auch in Italien gelegentlich Anzeichen auf ein Abflauen der Begeisterung hinzudeuten scheinen, so macht sich die Branche dort weniger Sorgen als die Kollegen hierzulande, befeuert doch nach wie vor das große Geld den Fußball. In Deutschland ist eigentlich nur der Chemie-Gigant Bayer nach italienischen Maßstäben an der Fußball-Bundesliga beteiligt. Zu einem »VfB Daimler Stuttgart« oder zu »FC BMW München« ist es noch nicht gekommen. Ob dies allerdings auch ein Erfolgsrezept wäre, müßte sich erst noch erweisen, scheiterten doch in Frankreich ähnliche und dazu höchst kostspielige Versuche des Rüstungskonzerns Matra, Racing Paris in einen Spitzenverein zu verwandeln.

Dabei sind die Wirkungen des Imagetransfers vom Fußball auf den Sponsoren aus Wirtschaft und Industrie gewaltig.

Ein »Imagetest« ergab zum Beispiel, daß Bayer, ganz gleichgültig, ob Leverkusen oder Uerdingen, inzwischen eindeutig als Verein für Leibesübungen bekannt ist. Nach »Pharmazeutika«, »Chemie« und »Kunststoff« assoziieren die Bundesbürger bei dem Stichwort »Bayer« an vierter Stelle gleich den Sport. Damit steht dieser Name auch ohne den ganz großen Erfolg im Fußball besser da als die Konkurrenz von Hoechst und BASF.

Kaiser »Franz« – letztlich doch ein Glücksfall für den Fußball

Nachdem der »Fußball-Kaiser« als »Teamchef« im Sommer 1990 die Nationalmannschaft zur Weltmeisterschaft führte, ist der Libero der 74er WM-Mannschaft in einer einzigartigen Position. Er ist unangreifbar, ein »Überheld«, der den in der Derwall-Ära ramponierten Ruf der Nationalelf wieder aufpolierte, sein Team zu den höchsten Höhen führte. »Obwohl er selbst, sprunghaft und launisch wie kein Bundestrainer vorher«, so Roland Zorn (FAZ, 29. Dezember 1989), »eine schwer berechenbare Größe blieb. Seine intuitiven Stärken, sein Charme, sein optimistisches Naturell, seine unangreifbare fachliche Kompetenz, seine weltläufig daherkommende Flexibilität halfen ihm auch aus peinlichen Situationen.«

Nach der keineswegs wunschgemäß verlaufenen Europameisterschaft 1988 gewann Beckenbauer, so Zorn, an Souveränität und

Kampf der Giganten: Fußball vs. Tennis

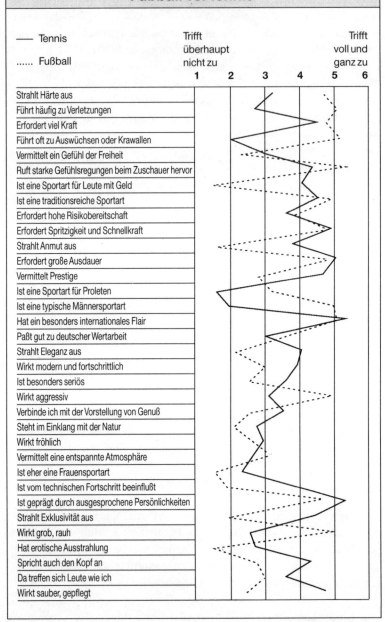

—— Tennis
······ Fußball

Trifft überhaupt nicht zu 1 2 3 4 Trifft voll und ganz zu 5 6

- Strahlt Härte aus
- Führt häufig zu Verletzungen
- Erfordert viel Kraft
- Führt oft zu Auswüchsen oder Krawallen
- Vermittelt ein Gefühl der Freiheit
- Ruft starke Gefühlsregungen beim Zuschauer hervor
- Ist eine Sportart für Leute mit Geld
- Ist eine traditionsreiche Sportart
- Erfordert hohe Risikobereitschaft
- Erfordert Spritzigkeit und Schnellkraft
- Strahlt Anmut aus
- Erfordert große Ausdauer
- Vermittelt Prestige
- Ist eine Sportart für Proleten
- Ist eine typische Männersportart
- Hat ein besonders internationales Flair
- Paßt gut zu deutscher Wertarbeit
- Strahlt Eleganz aus
- Wirkt modern und fortschrittlich
- Ist besonders seriös
- Wirkt aggressiv
- Verbinde ich mit der Vorstellung von Genuß
- Steht im Einklang mit der Natur
- Wirkt fröhlich
- Vermittelt eine entspannte Atmosphäre
- Ist eher eine Frauensportart
- Ist vom technischen Fortschritt beeinflußt
- Ist geprägt durch ausgesprochene Persönlichkeiten
- Strahlt Exklusivität aus
- Wirkt grob, rauh
- Hat erotische Ausstrahlung
- Spricht auch den Kopf an
- Da treffen sich Leute wie ich
- Wirkt sauber, gepflegt

Tabelle VII   Quelle: Dr. Salcher Team

Gelassenheit hinzu. Sein wichtigstes Verdienst: Beckenbauer trug entscheidend dazu bei, daß der Fußball trotz Boris seine führende Position auf der Skala der Beliebtheit halten konnte (vgl. Tabelle VII). »Kraft seiner spontanen Eingebung«, glaubt Zorn, habe Beckenbauer dem deutschen Fußball wieder vorangeholfen.

Wohin auch immer sein Weg führen mag, keiner vor Beckenbauer konnte und kaum einer nach Beckenbauer kann im deutschen Fußball eine ähnliche Position erreichen. Und Franz Beckenbauer, so Martin Hägele im STERN, habe auch die Allianz des Sponsorings zwischen Daimler-Benz, der Bundesregierung und dem Deutschen Fußballbund zustandegebracht.

Wer hätte es vor ein paar Jahren noch für möglich gehalten, daß Mercedes einmal mit Millionensummen beim Fußball einsteigen würde?

Doch Beckenbauer überzeugte den Vorstandsvorsitzenden Werner Niefer und auch die beiden Generalbevollmächtigten Eberhard Herzog und Matthias Kleinert. Zurück geht dies auf eine persönliche Bekanntschaft zwischen Niefer und Beckenbauer an deren gemeinsamen Wohnort Kitzbühel. Niefer hatte bald nicht nur das Mega-Idol »Kaiser Franz« als Werbeträger an Mercedes gebunden, das Unternehmen schien plötzlich auch den Werbewert des Volkssportes Fußball erkannt zu haben.

Hier brachte Beckenbauer etwas zustande, »was noch keine der Sportvermarktungs- und Werbeagenturen schaffte«, bemerkt Hägele. Ein Ergebnis der Kooperation Beckenbauer-Mercedes ist die Antidrogen-Kampagne der Nationalmannschaft. Mercedes möchte nämlich nicht nur, daß der Weltmeister für den »guten Stern« auf den Rasen läuft, sondern möchte auch durch eine solch ehrenwerte Aktion wie die Antidrogen-Kampagne an Image gewinnen. Seitdem engagieren sich Matthäus & Co. gegen Rauschgift und tragen neben dem Bundesadler auch noch den Mercedesstern auf Freizeit- und Trainingskleidung. Das bringt dem Deutschen Fußballbund rund 10 Millionen Mark in vier Jahren. Es wurde darüber gemutmaßt, daß der »Makler Beckenbauer« zwischen 10 und 25 Prozent der Summe als Provision kassierte.

Die Nation nahm am Prozeß der Charakterbildung des Franz Beckenbauer teil, erlebte staunend, wie lernfähig der »Kaiser« ist, daß er aus einigen ungeschickten Auftritten bei der Fußballweltmeisterschaft 1986 in Mexico die richtigen Lehren zog. Vier Jahre später gelang es ihm, Verantwortung und Streß auch auf seine Spieler zu delegieren, so beobachtete STERN-Autor Martin Hägele. Mit den Mechanismen von Zuneigung und Verachtung durch das Publikum, so schloß Hägele seine Analyse, habe keiner mehr Erfahrung als er.

Mit 45 Jahren überholte Beckenbauer in Sachen Werbewirksamkeit selbst Boris Becker. SPORT-BILD befragte dazu den Marketingexperten Fedor H. Radmann und wollte die Gründe für diesen Image-Entwicklungsschub wissen. Radmann vertrat die Ansicht:

»Die Glaubwürdigkeit macht den Unterschied zwischen dem Kaiser und Boris.« Franz komme schon deshalb gut an, weil er nach dem Gewinn der Weltmeisterschaft 1990 noch mehr Führungsqualität und Stil ausstrahle als zuvor.

Bei so viel Image-Aufwärtstrend im fünften Lebensjahrzehnt – Radmann sieht in Beckenbauer eine Symbolfigur des Fußballs mit weltweitem Rang – stellt sich die Frage, warum denn Topstars vergangener Zeiten häufig besser im Geschäft sind als viele der aktuellen Champs. Auch für Radmann ist die Dauerhaftigkeit in einer Karriere ein wichtiger Imagefaktor.

Langjährige Erfolge schmieden ein beständiges Image und halten den Marktwert genau so beständig auf hohem Niveau. Wichtig: Erfolge müssen über einen längeren Zeitraum bestätigt werden.

Ein abschließendes Urteil in den Worten des Sportjournalisten Horst Vetten: »Wenn er von außerhalb der deutschen Grenzen als ›typischer Deutscher‹ betrachtet wird, darf dies als Glücksfall angesehen werden.« Beckenbauer war, im Nachhinein betrachtet, für den Deutschen Fußballbund also doch ein »Glücksfall«.

Fußball – Marktwert, mit dem es sich werben läßt

Fußball ist ein umworbener Markt, und Fußball besitzt auch jenen Marktwert, mit dem es sich werben läßt. Das Sponsoring hat die Branche erobert, und selbst die C-Klasse ist schon attraktiv genug für ein wenig Trikotwerbung. Es ist viel Geld im Geschäft Fußball, und nicht nur in den oberen Klassen.

Und immer dann, wenn die Zuschauerzahlen mal wieder im Keller sind, wird die Frage gestellt: Hat der Fußball etwa an Reiz verloren? Scheint es doch immer wieder Zeichen für so einen Rückzug aus den Stadien zu geben, gibt es Hinweise darauf, als würde sich Fußball zu einem reinen Fernsehsport entwickeln oder als würden seine Anhänger in andere Sportarenen abwandern, wie zum Tennis oder zum Eishockey. Marktforscher diagnostizieren tatsächlich immer mal wieder dieses Abwandern in andere Sportarenen; zum Tennis etwa oder zum Eishockey oder auch zum selbsterlebten Sport im Studio, auf der Skipiste, auf dem Surfbrett, dem Tennisplatz oder sonstwo.

Wolfgang Barthelmess ging den Gründen in der FAZ (9. Juni 1989) nach. Er fand: »Die Härte des Spiels, das Vorherrschen von Taktik und Kampf sowie stattliche Eintrittspreise und auch die Ängste vor Zuschaueraggressionen«, all dies seien Punkte, die sich nicht ohne weiteres in unsere Erwartungen an ein Sportvergnügen fügen würden.

Barthelmess stieg dann auch in der Geschichte des Spiels zurück, versuchte, Entwicklungen historisch zu erklären. So sei der Fußball ein »Gewächs des industriellen Zeitalters«, eines, das sich, aus England kommend, hierzulande nach 1840 in den Vororten der Arbeiterstädte entwickelte. Seit damals war Fußball für die männliche Jugend der Sport schlechthin, quasi konkurrenzlos. Ein Sport, der »die Seelen erfüllte, das Grau der Maschinenarbeit vergessen ließ«. Und weil der Ball, um den sich nun mal das Spiel dreht, mit dem Fuß gespielt wird, ließ es die für den täglichen Erwerb so wertvollen Arbeiterhände aus dem Spiel.

Die zweite große Epoche des Fußballs in Deutschland sieht Barthelmess in den Zeiten von Herberger und Schön nach dem Zweiten Weltkrieg, er nannte Spielernamen wie Fritz Walter und Uwe Seeler, Günter Netzer und Franz Beckenbauer. Spieler einer Ära, in der sich hohe Spielkultur mit großem Erfolg verband. In der Nachkriegszeit half das Spiel nationale Identität und Würde wieder aufzubauen. Damals, so Barthelmess, gab das Spiel den Seelen Nahrung.

Doch die Namen Netzer und Beckenbauer sind laut Barthelmess auch mit einer »Zeit des Wandels« verbunden, nämlich des Wandels zum Vollprofitum. Mit der Bundesliga veränderte sich die Szene innerhalb weniger Jahre tiefgreifend. Es verschwand die lokale Bindung zum Verein, zur Region, Spieler wurden gekauft und verkauft, wurden zu mobilen Arbeitnehmern ihres Sports. Gehälter, Prämien und Transfersummen kamen ins Spiel, der Kommerz nahm Besitz vom Fußball. Künftig ging es auch um Werbeeinnahmen und Sendezeiten,

es wurde um Stars gepokert, deren Marktwert sich mehr und mehr nach dem Image richtete.

Die Tendenz zu immer größerer Härte versucht die FIFA derzeit durch schärfere Gangart der Schiedsrichter, durch mehr rote Karten also, einzudämmen.

Was dem Fußballvergnügen ebenfalls abträglich sein könnte, sind die hohen Eintrittspreise und die Angst vor den Hooligans. Es darf gemutmaßt werden, daß das Spiel an sich nichts von seinem Reiz verloren hat. Doch das Spiel ist nicht mehr konkurrenzlos. Auch die Zielgruppe hat sich gewandelt, kommen doch immer weniger Anhänger aus dem Arbeitermilieu, das es im Grunde ja auch schon gar nicht mehr gibt.

Die neue Zielgruppe, nämlich die Mittelschicht, ist dem Spiel weniger treu verbunden, ist wählerischer, sprunghafter.

Das Fernsehen hat zwar für weltweite Publizität gesorgt, aber es hat dem Spiel andererseits womöglich auch geschadet.

Millionen ziehen den zeitsparenden TV-Kurzbericht dem Besuch im Stadion vor.

Es bleibt zu hoffen, daß sich die andeutende Tendenz einer Rückkehr der Zuschauer in die Stadien und damit die Rückkehr zum Sport live in Zukunft noch weiter fortsetzt. Die Stadien, so glaubt Autor Wolfgang Barthelmess, seien zudem überdimensioniert, sorgten damit für zuviel Distanz zu den Akteuren.

Die hohen Gehälter schaffen eine weitere Barriere zwischen den Spielern und ihrem Publikum.

Dies trägt auch dazu bei, daß sich die gefühlsmäßigen Bindungen an das Spiel lockern. Der hohe Erwartungsdruck ist ebenfalls noch zu berücksichtigen: Die Zuschauer gehen ins Stadion, um eine permanente Verzauberung zu erleben, eine endlose Folge von Höhepunkten; eine Erwartung, die im übrigen durch die hohen Eintrittspreise noch weiter angefacht wird. Die Fußballwirklichkeit, das ist eben keine ständige Folge von Sensationen.

Läßt sich der Reiz des Spiels weiter steigern?

Das Spiel hat auch einiges von seiner Spontanität verloren, weil für den Trainer das Vermeiden einer Niederlage wichtiger ist als attraktiver Angriffsfußball. Die immer mehr um sich greifende Defensivtaktik führte zu immer niedrigeren Torraten. Auch der Weltfußballverband weiß, daß die Zuschauer vor allem Tore sehen wollen, was nach der relativ torarmen Weltmeisterschaft 1990 in Reihen der FIFA zu einer Art »Torschußpanik« führte. Nicht anders ist wohl die Idee zu verstehen, im Hinblick auf die Fußballweltmeisterschaft 1994 in den USA die Tore zu vergrößern. Nicht die erste Idee dieser Art aus dem Dunstkreis von FIFA-Präsident Jao Havelange, der Monate zuvor bereits Anhänger dafür zu begeistern suchte, das Spiel in vier Teile zu stückeln – um die Werbung besser plazieren zu können. In beiden Fällen folgten Aufschreie der Entrüstung. »So wird eine der erfolgreichsten Ideen der Menschheit – Ausgang des 19. Jahrhunders vom englischen Verband in Regeln gefaßt – schleichend auf US-Maß umgepolt«, hieß es in einem »Brennpunkt«-Kommentar in der SÜDDEUTSCHEN ZEITUNG (2./3. Oktober 1990).

Der FAZ-Autor sieht die Probleme, die der Fußball mit sich und seinen Zuschauern hat, in einem

neuen Zuschauertyp: intelligent, ästhetisch interessiert, ein Zuschauer, dem das Spielerische im Spiel das Wichtigste ist.

Doch dem steht die Grundausbildung der heutigen Spielergeneration entgegen. Diese Spieler, das sind zuerst einmal Athleten; ein weltweiter Trend, der selbst den brasilianischen Fußball beherrscht. Vor der Fußball-Weltmeisterschaft 1990 machte Rainer Bonhof, Assistent von Bundestrainer Berti Vogts, bei so gut wie allen Spielern der 24 WM-Mannschaften in Italien eine nahezu identische körperliche Grundlage aus. Herausragende Eigenschaft der Spieler ist ihre Fitneß »bis unter die Haarspitzen«, ihre aerobe und anaerobe Ausdauer erlaubt es ihnen, 90 Minuten ständig auf dem Spielfeld unterwegs zu sein. Und weil alle ständig überall hinrennen, bleibt immer weniger Platz zum Spielen. Deshalb, so mutmaßen Skeptiker, seien auch die Zeiten der großen Spieler wie Fritz Walter, Pele, Rivera, Netzer oder Overath vorbei. Unübersehbar bewegt sich allerdings die *Entwicklung vom Individualisten zum Kollektiv*. Disziplin ist neben der Fitneß eine der wichtigsten Voraussetzungen im athletischen Fußball der neunziger Jahre.

Die ursprüngliche Faszination des Spiels

Ein kämpferisches Spiel von zwei Mannschaften, in dem Spieler ihre Kräfte im Zweikampf messen, Stürmer und Verteidiger sich zu überlisten suchen und in dem überlegene Persönlichkeiten, Stars, den Ausschlag geben.

Seit die Menschheit zu spielen begann, stand stets Wichtiges dabei auf dem Spiel: nämlich *die Ehre* – die der Familie, die eines Stammes, einer Stadt, eines Landes. Dem Fußball und seinen Anhängern geht es um *Identifikation* und *das Prestige des Vereins, die Farben der Nation*. Es erhöht noch den Reiz, daß der Kleine den Größeren durchaus besiegen kann, wie die Faröer Inseln im Spätsommer 1990 mit ihrem Sieg über Österreich bewiesen.

Eine weitere Interpretation geht auf den fußballverzückten Literaten Ror Wolf zurück, der einmal sagte, *die Welt sei zwar kein Fußball, aber im Fußball finde sich eine ganze Menge Welt.* Eine bizarre Welt, in der unablässig Gefühlsschübe aufeinanderprallen; *»Emotionen, die jederzeit in ihr Gegenteil umschlagen können: Entzücken in Entsetzen, Begeisterung in Wut, Verzweiflung wieder in Entzücken.« Fußball ist Spektakel und Ritual zugleich.*

3.3 Tennis – das Millionenspiel

Das ist absolut wörtlich zu nehmen: Vielleicht ist Tennis kein »königliches Spiel« mehr wie einst, doch ganz sicher sind heute Millionen im Spiel. Die Gagen bewegen sich in astronomischen Höhen. Nach einer inoffiziellen Statistik registriert das Spiel mit dem Racket zum Beginn der neunziger Jahre etwa 60 Dollarmillionäre. Eine Zugewinngemeinschaft also. Ein Grund ist die sich immer schneller drehende Spirale bei den Preisgeldern. Nach einer weiteren Tennisstatistik verdienten Lendl, Becker, Edberg & Co. 1989 rund 80 Prozent mehr als im Jahr zuvor.

Der Tennis-Circus, die Großen des Spiels, eilen von Kontinent zu Kontinent. Deutschland ist mit zwei absoluten Topstars an diesem Millionenspiel beteiligt: Boris und Steffi. Die beiden badischen Wunderkinder des Courts haben dafür gesorgt, daß der »weiße Sport« in Deutschland zum Selbstgänger geworden ist. Noch nie zuvor scheffelten Sponsoren so viel Bares in eine einzelne Disziplin. Ein Tennisgroßereignis jagt das andere, und die Fernsehsender – ganz egal ob privat oder öffentlich-rechtlich – bemühen sich, beinahe jeden Aufschlag live zu servieren.

Immer perfekter wird das Spiel mit der gelben Flauschkugel auch vermarktet. Immer höher fallen auch die Werbeverträge aus. Der vorläufige Gipfelpunkt wurde bei der Inflation der Siegprämien im Tennis-Circus im Dezember 1990 in München erreicht. Beim »Grand-Slam-Cup«, gesponsert von dem amerikanischen Computerhersteller Compaq, gab es insgesamt 6 Millionen Dollar Preisgeld zu gewinnen. Allein 2 Millionen Dollar erhielt der Sieger Pete Sampras.

Dieses Turnier, ohne jede Bedeutung für die Weltrangliste, übertraf die Veranstaltungen in Melbourne, Paris und Wimbledon um ein Vielfaches. Die 16 besten Tennisspieler der Welt waren eingeladen worden, um den Millionen-Cup zu kämpfen, doch nicht alle machten bei diesem »Kommerzspektakel« mit: McEnroe, Agassi, Wilander und auch Boris Becker sagten ab. Ihre Begründung: Die Preisgelder dieser Tennisshow seien unmoralisch hoch. Und auch viele Zuschauer ließ das Spektakel kalt. An den ersten Tagen spielten die Profis oft vor halbleeren Rängen.

Der überfütterte Tennisfan

Wo soll das hinführen? Wimbledon-Finalist Wilhelm Bungert in RTL plus von Gerd Müller-Gerbes befragt, meinte, dies sei erst der Anfang: »Ich bin sicher, daß wir in den nächsten Jahren etliche Veranstaltungen haben werden, die in diese Richtung gehen.« Bungert vertrat in diesem Interview zum deutschen Tennisboom allerdings auch die Ansicht, daß zu viel übertragen werde, damit werde das Tennis letztlich kaputt gemacht. »Es ist einfach zu viel, jeder Schaukampf wird übertragen; ich glaube, daß der Zuschauer langsam die Nase voll hat.«

Es scheint so, als zeigten die Konsumenten des üppigen Gastmahls Tennis bereits Zeichen der Übersättigung. Die gefährlich überhitzte Konjunktur läßt Vermarkter befürchten, jetzt könne der Trend bereits kippen. Die permanenten Ballwechsel auf dem Fernsehschirm versetzen den übersättigten Zuschauer immer seltener in Aufregung. Turniere, bei denen es um nichts geht, werden laut SPIEGEL (Nr. 44/ 1988) »zu Billigpreisen verscheuert«. Der Grund: Die Fernsehvermarkter brauchen Kulisse. Ohne Zuschauer läßt sich ein Tennisturnier auch im Fernsehen nicht anbieten.

Trotz all der Anzeichen für nachlassendes Interesse des Publikums planen manche der vom Tennis-Goldrush berauschten Offiziellen die totale Vermarktung. Claus Stauder, Präsident des Deutschen Tennisbundes, so war zu hören, verlangt nach einer Arena mit einem Fassungsvermögen von rund 20 000 Zuschauern. Auch hier kündigt sich, so der SPIEGEL, »eine unheilvolle Parallele« zum Fußball an. In dessen Hoch-Zeit riefen die Funktionäre auch nach immer größeren Stadien – heute verliert sich in den riesigen Betonschüsseln das meist auf einen harten Kern zusammengeschrumpfte Publikum.

Auch Ion Tiriac denkt ständig über immer gigantischere Superturniere in Deutschland nach. In einem SPIEGEL-Interview (Nr. 51 1989) sagte er zu Mattias Geyer und Heiner Schimmöller: »Ich muß an die Zukunft denken«, heute lebe der Markt in Deutschland, doch was in drei oder vier Jahren sei, wisse niemand. Im Klartext bedeutet dies wohl: Der Boom um Boris und Steffi muß genutzt werden.

Dem Vorwurf, er wolle den Deutschen Tennisbund zum »reinen Unterhaltungskonzern« umfunktionieren, entgegnet Tiriac, Tennis sei in Deutschland kein Sport mehr, sondern eine soziale Entwicklung. »Jemand muß doch für die vier Millionen Spieler wieder verantwortlich sein.«

Tiriac glaubt an ein Tenniswachstum ohne Grenzen und argumentierte gegenüber dem SPIEGEL, daß in Amerika der Markt »explodieren« würde, sobald die Amerikaner nur einen neuen Superstar hätten. Dann gebe es mit dem Pay-TV bald Dimensionen, die sich heute noch keiner vorstellen könne. Da seien dann an einem Tag »locker zwanzig Millionen zu verdienen«.

Den Davis-Cup zur Eliteveranstaltung umfunktioniert

Bei anderer Gelegenheit hatte Tiriac bereits schlagend bewiesen, wie er Tennis zu vermarkten versteht. Den Davis-Cup funktionierte er zu einer Eliteveranstaltung um, auf der gewaltige Mengen edler Getränke und Speisen konsumiert wurden.

Ähnlich umfassend vermarktet Mark McCormack und sein weltweites Management-Imperium, die IMG (International Management Group), Wimbledon, das wichtigste Tennisturnier der Welt. Und dies schon seit 1968. Dies bedeutet: Jedesmal, wenn ein Tennisfan in der Welt seinen Fernseher anschaltet oder wenn in Brooklyn ein Teenager ein Paar »Wimbledon«-Schuhe von Nike kauft, verdient Mark McCormacks IMG mit.

Die Rolex-Uhr auf dem Centercourt, die Handtücher mit dem Wimbledon-Logo, mit dem sich die Stars den Schweiß aus dem Gesicht wischen, die Coca-Cola-Becher, aus dem die Spieler beim Seitenwechsel trinken – all das hat McCormack erfunden. Die IMG-Agenten haben aus dem Verkauf der TV-Rechte und aus vielen anderen Nebenerwerbszweigen von Wimbledon eine sprudelnde Geldquelle gemacht.

Tennis – Spielplatz der Sensationen

Wimbledon entstand 1877. Die Meldegebühr betrug ein Pfund und einen Schilling, und es gab zwei Pokale, einen goldenen für den Sieger und einen silbernen für den Zweiten. Damen durften erst seit 1884 teilnehmen. Nur in England gibt es ein Klima, das solche Traditionen bewahren hilft. Typisch ist auch das Kartenverkaufssystem, eines, das nur in Old-England funktionieren kann: hart, aber gerecht. Abgesehen von den Tennisfreunden mit dicker Geldbörse, die sich die Komplettangebote der Reiseveranstalter für einige tausend Mark leisten können, steht der typische Wimbledon-Fan Tag für Tag aufs neue für seine Tickets an, er übernachtet sogar vor dem Finale auf hartem Asphalt. Wimbledon ist einzig, Wimbledon ist Anachronismus, und deshalb ist Wimbledon wohl ewig, zumindest wird es Wimbledon geben, solange der weltweite Boom des Ballwechsels über das Netz anhält.

Wimbledon ist zwar ein Anachronismus, trotzdem oder vielleicht auch gerade deshalb läßt sich dieses Turnier mit seiner traditionellen Aura, den strengen Ritualen in Zeiten völlig enthemmter Akteure – man muß immer wieder John McEnroe und Co. nennen – so gut vermarkten. Wimbledon, das läßt an die Anfänge denken, als Tennis noch ein blütenweiß reines Spiel war, gespielt von Ladies und von Gentlemen, die in langen Hosen antraten wie der deutsche Baron Gottfried von Cramm einst in den dreißiger Jahren.

Tennis heute: der Star im Mittelpunkt

Zu den heutigen Erscheinungsformen des Spiels gehört dagegen der übertriebene Fankult, wie er sich in extremer Form hierzulande abspielt. Die Reporter, als Mittler über die Medien zwischen dem Star und dem Publikum, rücken den Helden immer dichter zu Leibe. Sie wollen alles von diesem Helden, selbstverständlich das Privateste, wollen von Boris wissen, warum die Beziehung zu Karin Schultz in die Brüche gegangen ist, wollen von Steffi Graf Stellungnahmen zu jener delikaten Story, die sich unheilvoll um ihren Vater und Manager Peter und das ehemalige Playboy-Modell Nicole Meissner rankte.

Fankult extrem – ein deutsches Phänomen

Dieser penetrante Anspruch der Fans und der Medien, bis in die Intimsphäre der Idole vorzudringen, löst bei den Bedrängten immer häufiger Fluchtreaktionen aus. Die Furcht vor dem Klammergriff der Nation, so schrieb der SPIEGEL (Nr. 22/1990), ist allen populären Idolen der Deutschen gemein, speziell den Tennisidolen. Der SPIEGEL hält dies im übrigen für ein deutsches Phänomen, fühlten doch »nirgendwo in Europa die Stars derart unsanft die Folgen der kollektiven Umarmung.« Der »wohlige Rausch des Ruhms« endet jedoch nur allzuoft abrupt in einer von Schadenfreude geprägten Lust an der Demontage.

Der Fankult indes hat seine Wurzeln in einer nationalen Identifizierung mit dem Star. Der SPIEGEL (22/1990) sprach von einer »schwarz-rot-goldenen Sucht« nach Vereinnahmung und Verfolgung der verschwitzten Helden des Sports, deren Auftritte »nationale Hysterie oder Depression auslösen«.

Diese Form des deutschen Starkults hat nach Ansicht von Professor Walter Jens seine Ursache in typisch deutschen Empfindungsmustern. Darin offenbaren sich, so zitiert der SPIEGEL den Tübinger Professor, »die geheimen Sehnsüchte und Identifikationslüste seiner Landsleute, die nicht von ungefähr ständig von unserem Boris und unserer Steffi schwelgen.« Jens sieht hier eine konkrete Beziehung zum »Wir-sind-wieder-wer«-Ritus der Nachkriegszeit; in einer Stimmungslage, die empfänglich mache für »junge, berühmte, erfolgreiche Helden«.

Die Tenniskarte als Prestigesymbol

Hier scheint sich der Kreis wieder zu schließen, führt doch diese Entwicklung zu der Verbindung des Sports mit Wirtschaft und Politik – zum Sponsoring mit allen seinen Facetten. »Postmoderne Industrielenker«, so der SPIEGEL, »buchen im Tennis für ihre Handelspartner mittlerweile Davis-Cup-Karten zum Stückpreis für tausend Mark gleich im Paket.« Und in der STUTTGARTER ZEITUNG war zu lesen, eine Tenniskarte gehöre heute genauso selbstverständlich zum Lebensstandard wie der 500 SEL.

Fazit des Medienforschers Ernst Tachler:

Die Vorzüge des Spiels: die Dramatik, Superstars in einer Duellsituation. Und dies über Stunden. Auch die große Tradition des Spiels, die eine besondere Atmosphäre schafft.

Die Gefahren: ein überbordender Starkult, die Überforderung der Akteure in zu vielen Tennisduellen, in zu vielen Medienauftritten, die diesen Anforderungen oft nicht gewachsen sind. Selbst der robuste Boris Becker zeigt immer häufiger Zeichen der Erschöpfung wie bei den Australian Open, Ende Januar 1991 in Melbourne, als er Sekunden nach dem Sieg gegen Lendl vom Centre Court in einen Park »fliehen« wollte.

Die Schraube der Preisgelder dreht sich immer höher. Außerdem flimmert viel zu viel Tennis über die Bildschirme. Ein Großereignis jagt das andere, und weil offensichtlich Grand Slam allein schon nicht mehr reicht, wurde noch eins draufgesetzt: Grand Slam Cup, ausgetragen im Dezember 1990, ein künstlicher Wettbewerb ohne Auswirkungen auf die Weltrangliste, bei dem es um nichts anderes ging, als um gigantische Preisgelder – insgesamt 6 Millionen Dollar, davon 2 Millionen für den Sieger.

Das üppige Gastmahl Tennis droht zur Übersättigung zu führen. Die Vermarkter laufen Gefahr, das Potential völlig auszuschöpfen. Vorangetrieben von Mega-Managern wie Ion Tiriac, der im Tennis an ein Wachstum ohne Grenzen glaubt.

3.4 Fechten in Deutschland: Unvergleichliche Erfolge vor nur wenigen Zuschauern

Fechten in Deutschland, ein kleiner Verband mit einer gigantischen Erfolgsbilanz. Andererseits ist die Aktion auf der Planche nicht zuschauerfreundlich, weil viel zu schnell. Zudem stehen sich zwei gesichtslose weiße Wesen hinter Drahtmasken gegenüber.

Fechten in Deutschland ist außerdem höchst personenbezogen, nämlich aufs engste mit der des Emil Beck verknüpft. Er ist der Macher, der Motor, Manager des Bundesleistungszentrums Tauberbischofsheim. Und weil Emil Beck auch der Wirtschaftsexperte ist, zuständig für alle Fragen der Finanzierung und Vermarktung, einer, der sich in dieser sensiblen und komplizierten Materie nicht nur nach seiner Einschätzung »besser als jeder andere« auskennt, ist Emil Beck auch die absolute Macht des Fechtens.

Unvergleichlich ist die sportliche Erfolgsbilanz des Verbandes, doch weil die Fechter eine höchst rege Zugewinngemeinschaft für Medaillen sind, sollte man auf die Erfolgsstatistiken verzichten. Es sind mittlerweile etliche Dutzend von Medaillen aus dem feinsten der Edelmetalle, errungen bei Olympischen Spielen, Weltmeisterschaften, bei Europacupbewerben.

Das Fechten und seine Förderer

Zeitweilig hatte es Emil Beck mit an die vierzig Einzelsponsoren zu tun, die mit unterschiedlichen Beträgen und Leistungen das Fechten unterstützten. Warum so viele? Becks Antwort: »Erstens wäre es mir natürlich viel lieber, wenn ich nur einen Hauptsponsor hätte, von dem ich einen angemessenen Betrag erhalte. Doch so lange ich den nicht habe, und hier kommt Aspekt zwei, werde ich mich hüten, irgendeinen zu streichen. Aspekt drei meiner Antwort hat etwas mit Treue zu tun. Es gibt viele Sponsoren, die dem Sport seit vielen Jahren helfen, die kann ich nicht einfach laufen lassen, und ich muß auch sagen, wenn die nicht gewesen wären, dann säße ich heute nicht hier in diesem Leistungszentrum. Grundsätzlich allerdings ist es sicher richtig, mit einem Hauptsponsor zu arbeiten, und die Entwicklung wird auch bei uns Fechtern letztendlich dazu führen.«

Was die Fechter Sponsoren zu bieten haben, ist ein prall gefüllter Terminkalender mit international hochkarätigen Veranstaltungen: Weltcupbewerbe, Masters-Turniere, ein Netz von großen Veranstaltungen quer durch Europa; viele Ereignisse, bei denen die Weltelite ständig die Klingen kreuzt.

Grundsätzlich beurteilt Emil Beck die Markttendenz für seinen Sport als günstig, seien doch manche Unternehmen, die sich in dem einen oder anderen Sport bereits engagiert hätten, an einem Punkt angelangt, an dem sie sich geradezu gedrängt sähen, ihre Konzepte neu zu überdenken. Häufig stimme das Preis-Leistungs-Verhältnis nicht mehr, außerdem scheine bei den großen Publikumssportarten ein Sättigungsgrad erreicht. Da könne das Fechten, ein Sport, der in den zurückliegenden drei, vier Jahrzehnten mehr in der Schattenzone des sportlichen Interesses zu finden gewesen sei, jetzt endlich ins Licht geraten. Selbstverständlich der überragenden Erfolge der Fechter wegen, bieten doch Erfolge erst die Chance, wie Emil Beck weiß, zu einer breiten Identifikation. Und es wird auch an einer telegeneren Präsentation des Fechtens gearbeitet. Alles dies sind Pluspunkte für das Fechten. Außerdem ist das Kosten-Nutzen-Verhältnis beim Fechten preiswert: Das Patronat einer Fecht-Großveranstaltung kostet einen Titelsponsor nur einen Bruchteil dessen, was er für ein vergleichsweise bescheidenes Tennis-Theater zu zahlen hätte.

Geld und Leistung – eine delikate Balance

Der Umgang mit bis an die vierzig Sponsoren verlangt von dem Gesponserten diplomatische Fähigkeiten. Es läßt sich vorstellen, wie schwierig es ist, eine einigermaßen gerechte Balance herzustellen. Mit Eifer und Einfallsreichtum bemühte sich die Sportart schon in der Vergangenheit, den Sponsoren einen möglichst hohen Gegenwert für ihre finanziellen Leistungen zu bieten.

Da kann es dann manchmal auch zu ungewollt komischen Situationen kommen. Von Emil Beck selbst geschildert, jener Trainingsjacken-Strip von Anja Fichtel, ausgeführt bei den Weltmeisterschaften 1986 in Sofia. Nachdem die 17jährige den Welttitel im Florett gewonnen hatte, präparierte sie Emil Beck auch für die Siegerehrung. Fast synchron zur Nationalhymne begann Anja Fichtel langsam den Reißverschluß der Trainingsjacke aufzuziehen. Der Strip der Siegerin gab den Blick frei – selbstverständlich auch den diverser Kameras – auf T-Shirt mit Werbeaufdruck. Kommentar von Emil Beck: »So etwas muß durchgeplant sein, ich habe ihr gesagt, ›du machst den Reißverschluß ganz langsam auf, genau so, daß man gerade sieht, daß es die Württembergische (Versicherung) ist‹.«

Im Angedenken an Avery Brundage, den Gralshüter des Amateurgedankens, eine schier unvorstellbare Aktion. Sicherlich lag dieser Strip für einen Sponsor ziemlich hart am Rande des guten Geschmacks wie der Legalität. Aber aus der schwierigen Situation des Fechtens heraus wird eine solche Aktion verständlicher. Ganz sicher war es jedoch eine ziemlich brachiale Lösung des Problems, das sich der Sportart und dem Sponsor ständig stellt: Wie stelle ich es an, beachtet zu werden?

Erfolg in der Maske der Musketiere

»Lohnend« empfanden die Fechter eine gemeinsame Aktion mit der Wuppertaler Wicküler Brauerei. Die Bergischen Brauer legten sich vor Jahren schon die »Musketiere« als Symbolfiguren für männlich-fröhlichen Biergenuß zu. Und die Fechter traten in mehr als sechzig Veranstaltungen in einer Mantel- und Degen-Show als Musketiere auf. Wenn dabei die Grenze vom Sport zur Show überschritten wurde, so störte dies Emil Beck nicht sonderlich, verstand er doch diese Musketierauftritte auch als PR-Aktion ein eigener Sache. Dieses Kostümspektakel – im ZDF-Sportstudio war das begeisternde Debut zu sehen – vermittelte einiges vom ursprünglichen romantischen Reiz des Fechtens, der dem ritualisierten Wettkampfsport weitgehend abhanden gekommen ist. Die Musketierauftritte waren so spektakulär, so erfolgreich, daß vom Beck-Team zeitweise drei Musketierequipen aufgebaut wurden.

Das Problem des Fechtens ist die telegene Präsentation

Sportliches Fechten hat nur wenig mit solch romantischer Bühnenaktion zu tun. Und das, was Fechten so faszinierend macht, ist gleichzeitig auch das Handicap der Sportart, nämlich die Schnelligkeit der Aktion. Selbst geschulte Augen haben Schwierigkeiten, die Feinheiten zu erkennen. Und um die Treffer korrekt anmelden zu können, bedient sich das Fechten schon seit Jahrzehnten der Elektronik.

Beck weiß: »Unsere Sportart muß im Fernsehen richtig dargestellt werden. Wenn dies nicht geschieht, werden wir in Zukunft weniger Chancen haben.« Er weiß auch, daß man sich die Marktanteile jetzt sichern muß, weil jetzt die »claims« abgesteckt werden. Und die Fechter wissen auch, daß Sponsoren Sportarten meiden, für die sich das Publikum nicht interessiert.

Deshalb sind die Fechter bemüht, ihren Sport besser ins Licht der TV-Kameraobjektive zu rücken. Vor Jahren wurde eine Dreißig-Minuten-Sendung im ZDF von Emil Beck als »Durchbruch« bejubelt; generell stiegen die Chancen durch Sender wie »Eurosport«, den »Sportkanal« und auch die gelegentlichen sportlichen Ambitionen von »Sat 1« und »RTL plus«.

Beck glaubt, daß gerade in der TV-Technik für das Fechten besondere Chancen liegen. Er setzt auf den Einsatz von Superzeitlupen, die dramatische Momente auf dem Bildschirm zeitlich in extreme Breite zerren können. Nur eine solche Superzeitlupe könne so richtig vor Augen führen, was live und ohne die Möglichkeiten der Elektronik eben nicht zu erkennen sei.

Die Fechter experimentieren auch mit phosphoreszierenden Klingen, farbigen Fechtanzügen, durchsichtigen Acrylmasken. Letzteres, um den gesichtslosen Heldinnen und Helden der Planche die Anonymität der Drahtsiebe vor dem Gesicht zu nehmen. »Der Fechter ist dann kein maskiertes Wesen ohne Gesicht mehr«, so Beck, »sondern eine Persönlichkeit.« Wenn im Kampf für den Zuschauer auch Mimik erkennbar werde, würden die Stars an Ausstrahlung, an Image und schließlich auch an Charisma gewinnen.

Doch nach wie vor präsentiert sich der noble Waffengang, ähnlich wie einst das Tennis, noch ganz in Weiß. Die strahlendweiße Unschuld des Fechtanzuges ist Emil Beck aber keineswegs heilig. Hinter vorgehaltener Hand hat er mit diesem oder jenem Sponsor auch schon einmal über Werbung auf dem Fechtanzug gesprochen; ja, selbst im Weltverband. Ganz klar, die älteste der olympischen Sportarten drängt es ans Licht.

Die Fechter wünschen sich »ungarische Verhältnisse«

International sind die deutschen Fechter zwar Spitze, doch die TV-Präsentation entsprach niemals dieser führenden Stellung in der Welt. In Ungarn, in einem klassischen Land des Fechtens, überträgt das Fernsehen große Turniere gewöhnlich in voller Länge, also über mehrere Stunden. Und selbstverständlich live. »Fechten, das ist für die Ungarn ein Sport wie Fußball«, weiß Beck.

Fazit des Fechtens:

Eine unvergleichliche sportliche Erfolgsbilanz, doch kein Volkssport. Der instinktsichere Emil Beck sieht die Chancen in einer telegenen Präsentation. Deshalb suchen die Fechter immer neue, ungewöhnliche Formen, ihren Sport darzustellen. Wie die Musketieraktion der Fechter zusammen mit der Wuppertaler Brauerei Wicküler. Ein Manko des Fechtens ist, wie erwähnt, die Anonymität der Akteure hinter der Drahtmaske. Mit Acrylmasken, glaubt Beck, ließen sich die Fechter womöglich aus der Anonymität herausführen.

Emil Beck – Macher, Motor und die Macht des Fechtens

Bescheidene Unauffälligkeit ist nicht sein Stil. Emil Beck, der Herr der Fechter, dominiert ein Imperium, das in der westdeutschen Sportszene einmalig ist. Und als überall »wie ein nicht zu fassender Geist« (SPIEGEL, Nr. 42/89) noch der Begriff Amateur umhergeisterte, hielt Beck für seine Zöglinge bei der werbenden Wirtschaft die Hand auf. »Emil überall« (STUTTGARTER ZEITUNG) werde er genannt, der Herr über mehr als 70 Angestellte, über ein Fechtzentrum mit Videostudio, vollelektronischen Fechtbahnen, Kraftraum, Sauna und ähnlich sportlich-luxuriösem Interieur.

Kugelbauch und Kugelkopf, rotierender Rundling: Emil! Emil ist einzig, steht ständig unter Strom, scheint ständig Funken zu versprühen. In seinem kugelrunden kahlen Kopf befinde sich »ein Computergedächtnis«, zitierte ihn der SPIEGEL. Und in dem ebenso kugelrunden Bauch das untrügliche Gespür, möglichst viele, möglichst einflußreiche und möglichst spendable Menschen »auf meine Sache« einzuschwören. Beck sei geradezu »besoffen von der Idee, die Deutschen auch im Sport an die Weltspitze« zu bringen. Um noch einmal den SPIEGEL zu zitieren, sinngemäß heißt es dort: Geschickt und effektiv bediene er sich dazu eines verzweigten Geflechtes zwischen Politik, Wirtschaft und lokalen Interessengruppen, in denen Gelder, Posten und Gefälligkeiten fest miteinander verkoppelt seien.

Für den Gast im Bundesleistungszentrum führt der Weg zum Fechtmeister der Nation über die Pflichtlektüre von Erfolgsstatistiken. Schenken wir uns die Zahl: Olympiasieger, Weltmeister, Europacupsieger . . . Die Erfolge von Emil Beck und den Seinen sind unvergleichlich. Das weiß er selbstverständlich: »Der erfolgreichste Bundestrainer«, so die verbale Selbstdarstellung – und die ist nicht übertrieben –, präsentiert ganz gern den Besuchern eine eigenwillige Mengenlehre des sportlichen Erfolges. Darin vergleicht er das »Nest von 12 000 Einwohnern«, nämlich Tauberbischofsheim, »das gegen 400 000 Fechter aus der Sowjetunion gewinnt.« Eine Rechnung, die Emil Beck bereits im April 1983 aufstellte, als der FC (selbstverständlich »Fecht-Club«) Tauberbischofsheim zur erfolgreichsten Vereinsmannschaft in der »ewigen« Bestenliste wurde.

»Wie der Emil das macht«

Der FC Tauberbischofsheim heute: Mehr als 800 Mitglieder und das modernste Fechtzentrum der Welt. Ausgestattet mit allem High-Tech-Interieur moderner Trainingslehre. Ein 15 Millionen-Projekt mit insgesamt 60 festangestellten Mitarbeitern. Das alles ist sein Werk, das Bundesleistungszentrum, der Fecht-Club. Er hat die Olympiasieger geformt und die Weltmeister.

Da kommt also ganz unvermeidlich Respekt auf, wenn der Besucher sich durch die Erfolgsstatistiken und die Selbstdarstellung hindurchgelesen hat – Pflichtlektüre im Wartezimmer zu Emil Beck. Dramaturgisch geschickt plaziert, taucht auf den hinteren Seiten eine doppelte Spendenbescheinigung auf: Frontalangriff! Und noch ein paar Seiten später eine Beitrittserklärung zum FC Tauberbischofsheim: Attacke! Prominenz aus Politik und Wirtschaft, zu Gast in Tauberbischofsheim, mag sich diesem Angebot selten entziehen.

Emil Beck, auch ein Revolutionär der Fechtlehre

»Die Revolution des Fechtstils« lautet der Titel eines Buches von Emil Beck. Enthalten sind die revolutionären Ideen des »Stricknadelboxers« Emil Beck, der – um es vereinfacht auszudrücken – die klassische Fechtkunst von acht auf vier Griffe reduzierte, die sogenannten »Faustlagen«. Das Ergebnis ist ein Baukastensystem: 16 Lektionen Florett, zwölf Lektionen Degen, eben die Basis der »Tauberbischofsheimer Schule«. Ein System, das mittlerweile in aller Welt kopiert wird.

Wie der Medienexperte Ernst Tachler Emil Beck sieht:

Die Medienwirkung: Alls beherrschender Patriarch, ein Architekt, ein Inspirator, ein Kaiser und gleichzeitig ein Solist – die beherrschende Figur dieses Sports. Emil Beck überstrahlt als »Macher und Motor« sogar die Olympiasieger und Weltmeister. Was auffällt, ist der Respekt, mit dem Beck von sich selbst spricht (»der Emil...«). Die Anmutung von Gemütlichkeit, die von ihm ausgeht (»Rundling«) täuscht, Emil Beck ist eine alles beherrschende Vaterfigur, die keinen Widerspruch duldet.

Die Botschaft: Die Botschaft des Emil Beck bezieht sich auch wieder ganz auf seine eigene Person und lautet: Der einzelne kann Berge versetzen. Die Botschaften eines Individualisten und Alleingängers.

3.5 Die Leichtathletik und die Philosophie der Leistungsgesellschaft: Leistung ist hier lesbar

Die Startposition

Einzigartig, denn hier ist Leistung lesbar. Die Leichtathletik mißt in Metern und Sekunden. Leitmotto: schneller, höher, weiter. Das ist die Philosophie der Leistungsgesellschaft. Und die Akteure der Leichtathletik könnten weit eher als Sportler anderer Disziplinen Lichtfiguren, Symbole dieser Leistungsgesellschaft sein. Ein Aspekt, den die Leichtathletik eigentlich für die Wirtschaft besonders interessant machen müßte.

Da könnte man meinen, die Chancen für diese Sportart – oft »Königin der Olympischen Spiele« genannt – seien in einer Zeit, in der Leistung so gut wie alles ist, auch unvergleichlich gut. Doch zum Beginn der neunziger Jahre, macht es nicht selten Mühe, diese Ware zu verkaufen. Die Veranstalter suchen, was naheliegt, das Risiko zu mindern, setzen deshalb auf die großen Namen. So ist es zum alljährlichen Circus der großen Leichtathletikmeetings zur Hochsommerzeit gekommen. Doch weil stets dieselben Akteure am Start sind, wiederholt die Wanderbühne Leichtathletik ihre »Aufführungen« im Abstand von wenigen Tagen mit nahezu identischer Besetzung; einige regionale Athleten, fast immer chancenlos gegen die großen Stars, verleihen dem Drama nur dürftiges Lokalkolorit.

In den achtziger Jahren vollzog sich die Kommerzialisierung und Professionalisierung bei der großen »events« dieser Sportart in Europa in atemberaubendem Tempo. Damit drehte sich auch die Preisspirale, allein von 1989 auf 1990 mußten die Etats bis zu 50 Prozent erhöht werden.

Der Marktwert

Drei Kriterien sind es vor allem, die den Marktwert eines Athleten bestimmen. Faktor eins: Der Olympiasieg, als Faktor für den Marktwert ist er durch so gut wie nichts zu ersetzen. Olympiasieger gibt es nur alle vier Jahre. Faktor zwei: der Rekord. Faktor drei: ein Meistertitel. Am besten ein Weltmeistertitel. In der Leichtathletik gibt es erst seit 1983 Weltmeisterschaften. Mit einem Olympiasieg indes ist ein WM-Titel nicht vergleichbar; olympischer Glanz überstahlt nach wie vor alles.

Die hohen Einkommen in der schnellen Branche sind ausschließlich auf die Topathleten beschränkt; ein elitärer Zirkel von fünfzig Athleten schöpft international den Rahm ab. Die sogenannte »internationale Klasse«, die unterhalb der absoluten Weltspitze angesiedelt ist, lag zum Beginn der neunziger Jahre bei einem Marktwert von 1000 bis 4000 Dollar pro Start. Dann gibt es noch »Mit-Läufer«, Statisten im Millionenspiel Leichtathletik, Athleten, die mit weniger als 1000 Dollar je Einsatz zufrieden sein müssen. Die Rahmenbedingungen für sie sind wenig glanzvoll.

Wer seinen Marktwert halten will, muß siegen. Deshalb werden auch immer wieder Spezialklauseln und Geheimverträge abgeschlossen. Manager Joe Douglas, der sowohl Carl Lewis wie auch Leroy Burrell vertrat, sorgte dafür, daß sich beide nicht gegeneinander aufreiben mußten, und verlangte zum Beispiel bei einem Sportfest in Lausanne zwei 100-Meter-Läufe anzusetzen. So gab es zwei Sieger im Kurzsprint: Lewis und Burrell. Vor allem aber gab es keinen Verlierer unter den beiden schnellen Stars von Joe Douglas.

Wie schnell einer seinen Marktwert verlieren kann, zeigte sich auch an dem ehemaligen Zehnkampfweltrekordler Jürgen Hingsen. Als der bei den Olympischen Spielen in Seoul gleich im ersten Wettbewerb, dem 100-Meter-Lauf, drei Fehlstarts produzierte, sprach der damalige adidas-Vertreter, der frühere Zehnkämpfer Werner von Moltke: »Er hat jetzt absolut keinen Marktwert mehr.«

Die Geldrangliste

Das Rennen und Springen und Werfen um das große Geld verführt dazu, sogenannte »Geld-Ranglisten« aufzustellen. Sie sagen einiges über den aktuellen Marktwert der Athleten aus. Eine solche »Geld-Rangliste« veröffentlichte der KICKER im August 1990, zur hohen

Zeit des alljährlichen Leichtathletik-Tingeltangel. Sie sah eine Honorierung in sechs Preisklassen vor. »Erstklassig« honoriert wurden danach Carl Lewis, zu diesem Zeitpunkt zwar längst nicht mehr unschlagbar, doch sein olympisches Gold von Los Angeles und Seoul verbreitete wohl noch genügend Glanz, um seinen Wert pro Veranstaltung auf 40 000 bis 50 000 Dollar ansetzen zu können. Ähnlich üppig wurde nur noch der marokkanische Langstreckler Said Aouita entlohnt. In der Klasse zwei, nämlich mit einem Marktwert von 30 000 Dollar, wurde der russische Stabhochspringer Sergej Bubka geführt. Zur Klasse drei zählte die Rangliste des KICKER den italienischen Langstreckler Salvatore Antibo, der den Veranstaltern im Sommer 1990 stets 20 000 Dollar wert war. Klasse vier: mit 12 000 bis 15 000 Dollar eingestuft: der Sprint-Aufsteiger der Saison, Leroy Burrell; 400-Meter-Mann Butch Reynolds; der englische Mittelstreckler Peter Elliot. In Klasse fünf und von den Veranstaltern mit 8000 bis 12 000 Dollar entlohnt, die beiden marokkanischen Langstreckler Khalid Skah und Brahzim Boutayeb; der Mittelstreckler Paul Ereng aus Kenia; Englands Mittelstreckler Steve Cram, ein Absteiger mit fallendem Marktwert, und der englische Speerwerfer Steve Backley. Klasse sechs war eine 3000 Dollar-Gruppe. Ihr gehörten die Sprinterin Merlene Ottey aus Jamaika und die beiden Kugelstoßer Randy Barnes (USA), der aktuelle Weltrekordhalter, und Ulf Timmermann, Goldmedaillen-Gewinner für die DDR in Seoul an.

Sponsoring und Leichtathletik

Für Stars und Fußvolk sprudeln mehrere Quellen, und die auch mehr oder minder ergiebig. Die großen Sportschuhhersteller – schließlich ist die Leichtathletik vornehmlich ein Fuß-Werk – schlossen mit den Stars Verträge ab, zahlen ihnen Jahresgagen von 100 000 Dollar an aufwärts. Die schnellen Füße von Carl Lewis & Co. stecken in den auffällig gestylten Markenschuhen, die sich auf den ersten Blick schon einer Marke zuordnen lassen.

Eine Reihe von nationalen Fördermodellen ist an Sponsoren gekoppelt. Als vorbildlich und leistungsstark gilt das britische Modell. Der »International Athletes Club«, eine Gründung britischer Athleten, verkauft Veranstaltungen für stattliche Millionenbeträge an Sponsoren. Die flotten britischen Sprinter sind auf besonders beziehungsvolle Weise mit der britischen Eisenbahn verbunden – die Assoziationskette ist leicht zu knüpfen. Der britische Verband kritisierte anfangs die Professionalisierung zwar heftig, treibt sie mittlerweile jedoch auch selbst sehr professionell voran. Für einen Fünfjahresvertrag zahlte der TV-Konzern ›ITV‹ 30 Millionen Mark. Weitere Sponsoren brachten noch einmal 18 Millionen Mark in die Verbandskasse. Dieses Geld geht an die führenden Athleten – die Leistungsträger. Das Einkommen orientiert sich an der Einstufung in der Weltrangliste; manche erhalten mehr als ein britischer Minister.

In den beiden höchsten der geschaffenen sieben Verdienstklassen erhalten aktuelle Weltrekordler und Olympiasieger für jeden der obligatorischen sieben Starts im Nationaltrikot zwischen 29000 und 35000 Mark. Bezahlt wird bis zum Weltranglistenplatz 50, und dieser Fünfzigste erhält immerhin noch 600 Mark Startgeld.

Auch Italien, seit Mitte der achtziger Jahre wieder erfolgreich in der Leichtathletik, orientierte sich am britischen System. Die besten italienischen Athleten sind Armeeangehörige – pro forma, versteht sich. Der Verband kann dabei auf zahlungskräftige und vor allem auch zahlungswillige Sponsoren bauen. Alberto Cova wurde sein Olympiasieg 1984 in Los Angeles in Lira angemessen vergütet, allein 1986 kassierte er 420000 Mark. Mittlerweile haben die Preise noch weiter angezogen.

Ein Produkt der neuen, professionellen Zeiten in der Leichtathletik sind die Grand-Prix-Meetings, in Zürich, dem Sportfest mit dem klangvollsten Namen, in Berlin, Brüssel, Oslo, London und Nizza. Diese Grand-Prix's haben auch ihre Grand-Prix-Sieger, die bei einer Punktwertung dominieren. Doch wenn die am Ende der Serie immer noch kaum einer kannte, dann lag dies an der komplizierten Wertung. Letztlich werden die besten jeder Disziplin zum Finale geladen, wo auf den Gesamtsieger dann noch ein Bonus von 25000 Dollar wartet. Fragwürdig wird es dann, wenn, wie beim Grand-Prix 1989 erlebt, der Sponsor gesteigerten Wert darauf legt, daß auch alle britischen Athleten im Finale stehen.

Und es gingen auch jene Veranstalter auf die Barrikaden, die ihr Sportfest nicht »Grand-Prix« nennen durften. Das neue System trifft also auch auf Widerstand; viele fühlten sich gar an Tennis erinnert, wo sich vier »Grand-Slam-Turniere« herausgebildet haben. In der Leichtathletik, so sieht es jedenfalls aus, wird die Entwicklung ähnlich verlaufen.

Die US-Leichtathletik in der Krise

Die neuen Zeiten in dieser Sportart sorgten mittlerweile schon für erdrutschartige Veränderungen. So geriet die amerikanische Leichtathletik, trotz ihrer nach wie vor vorhandenen Stars, ins Abseits. Den nationalen Veranstaltern bleiben jetzt die Zuschauer weg, die Leistungsträger treten vor allem bei den einträglichen Veranstaltungen in Europa auf. Vor leeren Rängen ähnelt die Stimmung eher einem ländlichen Treffen. Sponsoren großer Meetings, wie einst Pepsi-Cola, scherten schon vor Jahren aus. Vor einem Jahrzehnt war das alles noch anders, da zogen die großen Meetings regelmäßig 10 000 und mehr Zuschauer in die Stadien.

Welches sind die Gründe? Manche Experten machen die Dopingskandale der jüngsten Vergangenheit, wie auch die ungeklärten Verdachtsfälle dafür verantwortlich. So waren auch nur knapp 4000 Zuschauer zugegen, als der 132-Kilo-Koloß Randy Barnes (mittlerweile auf zwei Jahre wegen Dopings gesperrt) im Frühjahr 1990 mit 23,12 Metern einen neuen Weltrekord im Kugelstoßen aufstellte. Auch in den Medien kam kein Jubel auf. Die Kraftdisziplinen sind ins Gerede gekommen; wer denkt da nicht gleich an anabole Steroide?

Und Klassiker unter den Veranstaltungen, wie das Jesse-Owens-Classic der Universitätsstadt Columbus (Ohio), machten statt Schlagzeilen nur noch Defizit – und zwar rund 200 000 Dollar. Im 90 000 Zuschauer-Stadion verloren sich 1500 Leichtathletikfans – und dies, obwohl die Tickets schließlich verschenkt wurden.

Bei den Hallenveranstaltungen gab es im Winter 1989/90 eine Pleite nach der anderen. Die schmerzlichste war die bei den klassischen Millrose-Games im Madison-Square-Garden von New York, gewöhnlich Höhepunkt der Indoor-Tournee. Diesmal erschienen nur noch 11 849 Zuschauer. Daraufhin zogen sich die Sponsoren zurück; ein schmerzlicher Verlust, schließlich steuerten sie gewöhnlich rund eine halbe Million Dollar zum Budget bei. Noch Mitte der achtziger Jahre konnten die Millrose-Veranstalter mühelos 30 000 Karten absetzen.

In den USA ist das Leistungsniveau des Nachwuchses in der Leichtathletik gesunken, die Begabten wandern in andere Sportarten ab. Und nicht nur zu solchen mit goldenem Boden, wie Football oder Basketball, sondern auch zu Sportarten wie Volleyball und dem Fußball europäischen Zuschnitts, der in den USA Soccer heißt.

So gab es in den letzten Jahren nicht viele neue Gesichter in der amerikanischen Leichtathletik. Eine Tatsache, die mittlereweile schon die europäischen Veranstalter beunruhigt, galten die US-Stars doch bislang als die besten Zugpferde. Es sind also immer noch die bekannten Namen, einen davon kennt die Leichtathletikszene schon seit Mitte der siebziger Jahre: Edwin Moses, der 400-Meter-Hürden-Mann. »Dreißiger« zum Beginn der neunziger Jahre auch die Sprinterin Evelyn Ashford und Kollege Carl Lewis.

Den schnellen Abschied der flinken Florence Griffith-Joyner (»Flo-Jo«) begleiteten eine Reihe von Mutmaßungen unter dem Aspekt leistungssteigernder Pharmaceutika. Die Rekorde der lange Jahre eher mittelmäßigen Sprinterin, die meist den DDR-Damen hinterherlief und eigentlich nur durch ihre extrem langen Fingernägel Schlagzeilen produzierte, schienen die Grenzen des menschenmöglichen gesprengt zu haben. Doch in der Bewunderung des Publikums schwang stets eine Spur Mißtrauen mit. Auch wenn ihr langjähriger Trainer Bob Kersee noch so oft versicherte »wir haben einfach nur seriös gearbeitet«, Flo-Jo's 10,49 Sekunden über die 100 Meter, die waren und sind eben schlichtweg »unglaublich«. Kersee, der selbstverständlich abstreitet, jemals mit Anabolika gearbeitet zu haben, führt seine Erfolge auf Elektrostimulation der Muskulatur im Krafttraining zurück.

Der Reiz der Leichtathletik – die großen Duelle

Die großen Attraktionen der Leichtathletik, das waren stets die großen Duelle. Die Sprinterduelle zwischen Carl Lewis und Ben Johnson in der zweiten Hälfte der achtziger Jahre, wie die Duelle der Zehnkämpfer Hingsen und Thompson in den achtziger Jahren, und die faszinierenden Mittelstreckenrennen der beiden Engländer Coe und Ovett in der ersten Hälfte der Achtziger.

Der Sommer 1990 dagegen hatte keine solche Duelle zu bieten. Was sollte das heißen? Endzeitstimmung in der Leichtathletik? Die meisten Athleten schienen ihre Möglichkeiten ausgereizt zu haben, waren in den Jahren zuvor wortwörtlich bis »an die Grenze« gegangen und manche auch darüberhinaus. Die Luft ist offensichtlich arg dünn geworden in den Rekordhöhen, es wird immer schwieriger, neue Marken zu setzen. Stellt sich die Frage: Liegt die Zukunft der Leichtathletik wirklich in »Rekordmeetings« à la Zürich, Brüssel?

Wenn die Leichtathletik auch in Zukunft Zuschauer-Magnet sein will, muß sie zum Prinzip des Duells zurückfinden. Das bedeutet: Nationale Idole müssen »aufgebaut« werden.

Zum Anfang der neunziger Jahre fehlten der Leichtathletik jene großen Duelle wie die zwischen Ben Johnson und Carl Lewis, Coe und Ovett. Carl Lewis gegen Ben Johnson – King Carl contra Big Ben. Da sprinteten zwei Image-Bilder gegeneinander. Lewis, gebildet, auch Showman, einer, der es gelernt hatte, automatisch zu jubeln, der sich im Siegesjubel aber auch puppenhaft künstlich gebärdet, der sein Lächeln auf Kommando einschaltet, der aber deshalb auch nur wenig echte Emotion auf die Zuschauer überspringen läßt.

Nach Johnsons »Sündenfall« in Seoul 1988 war es dann erst einmal vorbei mit den großen Duellen auf der Sprintstrecke. Doch die Leichtathletik kann auf diese Begegnungen nicht verzichten, sie braucht solche Duelle – auf kurzer und auf langer Strecke. So konnte es nicht wundern, daß schon lange bevor die Sperre von Ben Johnson abgelaufen war, neue Begegnungen höchstmöglicher menschlicher Geschwindigkeit zwischen Lewis und Johnson festgelegt worden waren. Ausgerechnet auf dem geheiligten olympischen Boden, nämlich dem des Stadions von Barcelona, hatten die Vermarkter der Leichtathletik die erste Begegnung nach Ablauf der zweijährigen Dopingsperre angesetzt. Wie viel sich die Vermarkter davon versprachen, zeigt sich an der Tatsache, daß ein japanischer Konzern über 3,2 Millionen Dollar dafür zahlen wollte.

Ben Johnson war zur Symbolfigur der Olympischen Spiele 1988 geworden; er verkörperte den voll und ganz auf Erfolg getrimmten Athleten, an dem sich zeigt, daß der olympische Anspruch ständiger Leistungssteigerung nur noch mit unerlaubten Mitteln zu erreichen ist.

Der Fall des Ben Johnson war im übrigen der tiefste, den je ein Dopingsünder in der Leichtathletik erlebte. Mehr noch: Die Sponsoren sprangen gleich rudelweise ab – für »Big Ben« ein Defizit von 15 Millionen Dollar. Keine Johnson-Milch in Finnland, keine Sportkleidung in Italien, in Japan verschwand sein Bild von 6500 Tankstellen einer Kette. Nicht zu vergessen die zweijährige Sperre durch den Internationalen Leichtathletikverband.

Das große Geld, die Werbung und das Fernsehen, so der kanadische Coach Doug Clement, seien schuld an Johnsons Sündenfall. Dies alles sei das *Ergebnis einer Eskalation des Spitzensports.* Nach dem Sturz von Ben Johnson drohte auch Kollege Carl Lewis mit nach unten gerissen zu werden; fehlte ihm doch plötzlich der Erzfeind für das Duell auf der kurzen Sprintstrecke.

Mutmaßungen: Ben Johnson als »Bauernopfer« und »Retter« der Leichtathletik

Weitere Skandale hätten für das angekratzte Image der Leichtathletik katastrophale Folgen gehabt, hätten sie sogar bis an den Rand des finanziellen Zusammenbruchs führen können. Wäre vom IOC eine neue Testmethode schon 1988 offiziell eingeführt worden, so munkelten Insider, hätten schon in Seoul rund fünfzig männliche Dopingsünder eliminiert werden müssen. Was zweifellos zu einem gigantischen Kurseinbruch des Marktwertes der Sportart geführt hätte.

Das Beispiel des geopferten Ben Johnson zeigt: Für Idole gibt es keinen Ersatz. Der schnellste Mann der Welt, wie sein Name auch immer lauten mag, wird immer eine Attraktion sein; ganz egal, ob er sich nun durch Anabolika beschleunigen läßt.

Ben Johnson ist also die Symbolfigur für die Grenzen menschlicher Leistungsfähigkeit – in doppelter Hinsicht. Ben, das war der total vermarktete Athlet, an dem sich zeigt, mit welchen Mitteln die Ziele des olympischen Traumes nur noch erreicht werden können. Doping, so Kritiker, sei die logische Konsequenz des vom Geld- und Geltungsrausch angetriebenen Mammutbetriebes Olympia.

Die deutsche Leichtathletik – mit der neuen Kraft, die aus dem Osten kommt.

Die Deutschen, so schrieben Teja Fiedler und Martin Hägele im STERN, seien nur noch Meister im Aufzählen von Ausreden: Das bundesdeutsche Fördersystem produziere »nichts als Memmen« und dies in einem Umfeld, das nicht wenige als ein wahres Schlaraffenland der Leichtathletik bezeichnen, gibt es doch hierzulande die schönsten Stadien, die meisten Hallen, die besten Trainingszentren und ein potentiell begeisterungsfähiges Publikum. Die Hoffnungsträger kommen vornehmlich aus dem Osten, aus dem Gebiet des ehemaligen DVfL. Der DLV erhofft sich von den neuen Leistungsträgern aus dem Osten neben einem Zuwachs an Reputation auch eine Signalwirkung im Westen.

Dabei mangelte es einst gewiß nicht an Idolen. Erinnern wir uns an die fünfziger Jahre, an Heinz Fütterer, Herbert Schade, Manfred Germar, Martin Lauer, Armin Hary, Carl Kaufmann, Marianne Werner oder Jutta Heine. Die Bundesrepublik erlebte das Wirtschaftswunder und die Leichtathletik produzierte im gleichen Rhythmus wunderbare Athleten und Leistungen.

Maßstab für das Ansehen einer Sportart, für ihr Image und ihren Marktwert, ist das Auftreten auf der internationalen Bühne. Hier jedoch ist die westdeutsche Leichtathletik immer weiter zurückgefallen; andere Sportarten wie Fußball, Tennis machen ihr den Stellenwert streitig. Die Popularität ist eindeutig rückläufig; angefangen beim Schulsport zieht es heute die jungen Bewegungstalente auch durch den Einfluß des Fernsehens zu anderen Sportarten. Daß dies kein unumkehrbarer Trend sein muß, beweisen die immer erfolgreicheren westlichen Nachbarländer.

Doch auch in Sachen Doping ist die Bundesrepublik keine Insel der Seligen. Auch hierzulande existiert jener in der Pharmazie begründete Widerspruch; da werden einerseits Leistungen erwartet, die ohne Doping nach derzeitigem Stand nahezu unmöglich sind, und da wird andererseits vom Publikum, das Leistungen fordert, das Doping abgelehnt. Nicht nur aus diesem Grunde werden Dopingfälle verschwiegen, dahinter mag auch die Angst stecken, Sponsoren und Mäzene zu verlieren.

Der Spitzensport – auch die sicherlich nicht optimal vermarktete Leichtathletik – hat sich nun einmal zu einem prosperierenden Geschäft entwickelt und die Industrie investierte hierzulande zum Anfang dieses Jahrzehnts per anno rund eine Milliarde Mark in die Werbung mit dem Sport. Den Fernsehanstalten sind die Senderechte auch schon hundert und mehr Millionen Mark wert.

Eine Steigerung des Marktwertes der nun (gesamt)deutschen Leichtathletik könnten die Athleten aus der ehemaligen DDR bringen. Sie scheffelten bekanntlich dank massiver Förderung durch das SED-Regime in den vergangenen Jahrzehnten reichlich Medaillen. Dies kann und dies wird unter dem gesamtdeutschen Aspekt selbstverständlich nicht so weitergehen. Doch Leistungszuwachs und damit ein Plus an Image ist hier zu erwarten. Was der Westen zu bieten hat, ist die Erfahrung im Umgang mit der Wirtschaft, das Know-How in Sachen Sponsorship, eben die Finanzierung der Leichtathletik auf dem Markt. Die Leichtathletik aus dem Osten bringt überlegene Trainingsmethoden mit ein, den Vorsprung bei der Talentsuche und der Talentförderung.

Die Leichtathletik zwischen Faszination und Niedergang

Die Voraussetzungen sind bestens, drückt doch die Leichtathletik – schneller, höher, weiter – die Philosophie der Leistungsgesellschaft aus. Eine hervorragende Ausgangsposition für die Werbung. Das Manko: Die Leichtathleten haben in den zurückliegenden Jahrzehnten die Rekordschraube höher und höher gedreht, haben ihre Stars in sogenannten Hasenrennen, in denen es immer wieder um Rekorde ging, inflationär ausgebeutet. Dazu schwebt der Dopingvorwurf ständig über den Leistungen der Leichtathletik, stellt sie in Frage. Rekorde haben ihre Glaubwürdigkeit verloren. Doch nach wie vor geht von der Leichtathletik eine immense Faszination aus.

Zwickmühle Doping: Sinn des Dopings ist eine weitere Steigerung der Leistung – es soll also dem Zuschauer weitere Sensationen bescheren. Doch andererseits schlagen die aufgedeckten Doping-Skandale zurück: Die Zuschauer bleiben aus, abgeschreckt von den Meldungen über die chemische Manipulation der Athleten. In den USA zum Beispiel lagen bei den Olympischen Spielen 1988 in Seoul die Einschaltquoten um 20 Prozent unter der angestrebten Marke.

Der innere Widerspruch: Einerseits braucht sie die Super-Athleten um das große Geld zu locken. Doch der »Konsument glaubt zu wissen: Superstar wird heute kaum noch einer ohne Doping.« In diesem Widerspruch leben die Athleten, lebt auch die Sportart, letztlich stößt dieser Widerspruch die Zuschauer ab.

3.6 Reiten: Die »Affäre Schockemöhle« – Beispiel für eine Imagekrise

Es geschah im Sommer 1990, als das kompromittierende Videoband auftauchte. Zu sehen war darauf der mehrfache Weltmeister und Olympiasieger Paul Schockemöhle beim Barren, jener handgreiflichen »Erziehungsmethode«, die viele als Tierquälerei bezeichnen. Eine verbotene Methode, die Springpferde zu höheren Sprüngen treiben soll. Das Video war vom Bodensee bis Stralsund auf allen Fernsehschirmen zu sehen, Zeitungen und Zeitschriften griffen das Thema auf; Schockemöhle und der TV-Moderator Günter Jauch führten letztlich im ZDF-Sportstudio ein peinliches Gespräch miteinander.

»Barren«, das sollte hier kurz erläutert werden, zielt darauf, dem Pferd eine optimale Sprungkurve anzugewöhnen. Beim »aktiven Barren« wird dem Pferd beim Sprung über das Hindernis mit einer Stange vor die Beine geschlagen – auch dann, wenn es völlig sauber springt. Und genau bei diesem »aktiven Barren« war der große Reiter auf diesem Video zu sehen. Es handelte sich damit also um die Dokumentation einer brutalen Erziehungsmethode, die unter Springreitern, wie immer wieder zu hören ist, gang und gäbe sein soll.

Das Bild in der Öffentlichkeit zeigt die Springreiterei als eine Sportart mit **doppelter Moral.** Einerseits wird den Zuschauern perfekte Harmonie zwischen Reiter und Pferd vorgegaukelt, ein innerer Widerspruch, der selbstverständlich den Sponsoren nicht verborgen blieb und mit dem sie sich und ihre Produkte keinesfalls identifizieren wollen.

Die Affäre Schockemöhle und der damit verbundene **Kurssturz für die Reiterei an der Börse der Images** verunsicherte die Förderer dieses Sports. Die »Gesellschaft für Zahlungssysteme« (GZS), Herausgeber der »Eurocard« zum Beispiel, kündigte im September 1990 ihren Rückzug vom »German Classics Turnier« in Bremen an. So lange der Vorwurf der Tierquälerei noch ungeklärt im Raum stehe, so hieß es, »sieht das Unternehmen allerdings keine Möglichkeit, sich als Titelsponsor zu betätigen und das Bremer Turnier mitzutragen.« Kurz nach dieser Erklärung sagte Schockemöhle das Turnier ab.

Otmar F. Winzig, Pressesprecher von »Eurocard« erklärte, das Unternehmen sei keineswegs gewillt, dem Reitsport den Rücken zu kehren, wolle sich auch weiterhin engagieren und an der Förderung junger Talente in den Veranstaltungen des Eurocard-Youngster- und -Junior-Cup festhalten. Für faire und tiergerechte Trainingsmethoden, so der um sein Image besorgte Sponsor, müsse jedoch gesorgt werden.

Wie empfindlich Sponsoren auf die Imagekrisen einer Sportart reagieren, zeigte auch die Reaktion von Daimler-Benz. Mercedes-Sprecher Matthias Kleinert verlangte von der Reiterlichen Vereinigung, meist kurz FU genannt, ein »klares, klärendes Wort«. Vorher sei Daimler-Benz nicht gewillt, die Unterschrift unter jenen Vertrag zu setzen, mit dem das Unternehmen die Reiterliche Vereinigung jährlich mit einer halben Million Mark zu unterstützen gedachte. »Wenn die Sauberheit im Sport nicht gewährleistet ist«, so Kleinert, »zieht sich Daimler-Benz zurück.«

Auch die Fürstenberg-Brauerei erklärte spontan, sie wolle ihren Sponsorvertrag aufkündigen, wenn sich die Situation im Springreiten nicht zum Besseren wende. Solches Verhalten, so die offizielle Erklärung der Brauer, schade dem Reitsport und den Reitern insgesamt. Man verstehe zwar sehr gut, daß es um den Erfolg gehe, doch für »Erfolge um jeden Preis« habe man kein Verständnis und könne Tierquälerei nicht tolerieren. Die Brauerei kündigte ihren Rückzug aus dem Reitsport an, wenn künftig nicht sichergestellt sei, »daß die teilnehmenden Reiter Tierschutzbestimmungen uneingeschränkt einhalten«, daß sie also künftig das **Barren**, das »**Trapezieren**«, den **Nervenschnitt** und das **Doping** nicht mehr praktizieren. Fürstenberg forderte von den Reitern eine Art eidesstattliche Erklärung, die sie verpflichtet, die Regeln des Tierschutzgesetzes einzuhalten. »Womit nicht nur die Interessen unseres Unternehmens, sondern die Interessen aller fairen Reiter und des gesamten Reitsports gewahrt wären.«

Zurückhaltender reagierte nur der Mercedes-Konkurrent Volvo Deutschland. Pressesprecher Willy Cohnen meinte, es müsse »zwischen dem Sponsoring von Veranstaltungen und Personen« unterschieden werden. Wenn Volvo »der Sponsor von Herrn Schockemöhle wäre, würde ich in Tränen ausbrechen.« Schockemöhles Rücktritt, er drängte sich zu diesem Zeitpunkt im Sommer 1990 geradezu auf, hätte diese Haltung keineswegs beeinflußt.

Dieser Rückzug der Sponsoren brachte die Reiterliche Vereinigung in enorme Schwierigkeiten, dachte doch der von vielen Seiten bedrängte Paul Schockemöhle laut darüber nach, alle seine internationalen Spitzenpferde – etwa dreißig an der Zahl – zu verkaufen. Dies hätte die deutsche Springreiterei international in die Zweitklassigkeit abstürzen lassen.

All diese Reaktionen könnten zu dem voreiligen Schluß führen, daß Sponsoring eine heilsame Wirkung auf die Moral haben kann. Ein Irrtum, die **Imagekrise ließ die Reiterei keineswegs ins Bodenlose stürzen.** Ein paar Monate nachdem die Diskussion um Tierquälerei die Nation bewegte, standen die Reiter finanziell besser da denn je. Die großen Turniere wie das CHIO in Aachen, die Hallen-Turniere von Dortmund und Stuttgart oder das Deutsche Derby in Hamburg, waren durch Sponsorengelder finanziell bestens abgesichert. Auch die kleineren Turnierveranstalter durften zufrieden sein. »Den deutschen Reitern werden in den kommenden Jahren die Taschen kräftig gefüllt«, schrieb dpa. »Dafür bürgen das öffentlich-rechtliche Fernsehen – ARD und ZDF – und die internationale Automobilindustrie, die wie nie zuvor die Turnier- und Dressurreiterei in ganz Europa und besonders in Deutschland mit stattlichen Summen fördert.«

Am Anfang stand der 1990 abgeschlossene Vertrag zwischen der FN und Daimler-Benz, der jährlich eine halbe Million Mark in die Kasse der Reiterlichen Vereinigung fließen ließ. Seit dem 1. Januar 1991 garantiert der Fernsehvertrag mit den Öffentlich-Rechtlichen bis Ende 1993 insgesamt 8,7 Millionen Mark. Hinzu kommen noch Gelder durch die Rundfunkanstalten in Höhe von gut drei Millionen Mark.

Bei der Verteilung der TV-Gelder schnitten die Veranstalter der großen Turniere am besten ab. Aachen und Dortmund kassieren beispielsweise sechsstellige Summen. Die Sponsoren kommen dabei auch auf ihre Kosten, ihre Namen werden sekundenlang eingeblendet. So hieß das Deutsche-Spring-Derby in Hamburg-Klein-Flottbek nun »Fürstenberg-Derby«.

Jedes der größeren Turniere wurde auch durch die führenden Automobilfirmen gefördert. Die Weltcup-Turniere in Berlin, Dortmund und auch die Weltcup-Dressur in Neumünster durch Volvo. BMW trat in München und Wiesbaden auf. Audi in Kiel und Münster. Mitsubishi in Frankfurt und Daimler in den Hallen von Stuttgart, Aachen, Mannheim, Hamburg und Donaueschingen. Die großen Automobilhersteller investierten für die großen Turniere zwischen 300 000 und 400 000 Mark. Konkurrenten standen bereit und sorgten für eine Konkurrenz der Sponsoren. Fazit: Der Schockemöhle-Skandal und die Diskussion um Tierquälerei scheinen der Reiterei nicht geschadet zu haben.

Teil 4

Der Marktwert

4.1 Sportsponsoring – die Situation heute

Wie die Öffentlichkeit Sportsponsoring beurteilt

Werbung mit dem Image des Sports und der Sportler – was hat sich im Sportsponsoring seit Mitte der achtziger Jahre getan? Eine wichtige Feststellung vorab: Der »Sponsor« gewinnt deutlich an Bekanntheit. Acht von zehn Westdeutschen kennen das Wort, so hat das Sample Institut in Mölln ermittelt.

Der Bekanntheitsgrad des Sponsorings steigt weiter

Seit 1988 geht es jährlich um fünf Prozent aufwärts. Bei der Definition des Wortes, so Sample, wird zuerst einmal »Geldgeber/Finanzier« genannt, 57 Prozent deuten jedenfalls das Wort so. Dabei bringen sie den Sponsor vor allem mit dem Sport in Verbindung. Und dies, obgleich in den letzten Jahren auch in den Bereichen »Kultur«, »Umwelt« und »Soziales« mehr und mehr gesponsert wurde; doch solche Verbindungen waren 1990 nur einem Viertel der Befragten (Sample legte seine Fragen 2000 Konsumenten vor) bekannt. Dagegen kannten 86 Prozent das »Sportsponsoring«. Was Rückschlüsse auf die unterschiedliche Medienwirksamkeit der Spielarten des Sponsorings zuläßt (Tabelle VIII).

Ganz vorn: Fußball und Tennis

Deutliche Auswirkungen massiver Berichterstattung in den Medien registrierte Sample beim Fußball, hier leitete die Weltmeisterschaft 1990 offensichtlich einen neuen Höhenflug ein. Ganz vorn auch Tennis. Bei diesen Sportarten konnten sich 1990 deutlich mehr Befragte – Fußball mit einem Zuwachs von 15 Prozent und Tennis mit 10 Prozent – als 1989 an konkrete Sponsoren erinnern und nannten durchschnittlich gleich zwei (Tabelle IX).

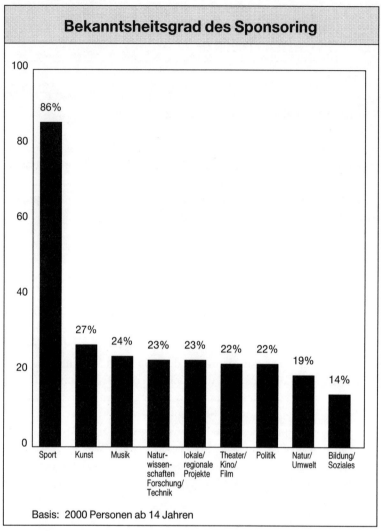

Tabelle VIII

Quelle: SAMPLE-Eigenuntersuchung »Sponsoring III« 1990

Bekanntsheitsgrad des Sponsoring

Kategorie	Wert
Fußball	74%
Tennis	71%
Formel 1-/Autorennen	65%
Motorrad-/Motocrossrennen	49%
Leichtathletik	38%
Nachwuchsförderung Sport	29%
Rock-/Popkonzert	28%
Marathonlauf	23%
Natur-/Umweltschutz	21%
Golf	19%
Reitsport	18%
Ausstellung Museum	14%
Tanzen	10%
Theater	10%
Nachwuchsförderung Kultur	9%
Klassik Konzert	8%

→ 80%

Basis: 2000 Personen ab 14 Jahren

Tabelle IX

Quelle: SAMPLE-Eigenuntersuchung »Sponsoring III« 1990

Wer zu wem paßt

Mit Hilfe von multidimensionalen Skalierungen ermittelt Sample, zu welchen Sportlern und Sportarten welche Branchen passen. Dabei zeigte es sich, daß sich viele Branchen für eine respektable Bandbreite von Sportarten und Sportlern eignen.

Sponsoren nur in sieben Sportarten aktiv

Eine genaue Untersuchung der Sportarten, die mit Sportsponsoring assoziiert wurden, ergab, daß trotz der großen Vielfalt, die der Sport bietet, nur sieben Sportarten als Feld für Sponsoringaktivitäten der Unternehmen und Marken angesehen werden. Einzelne Hersteller heben sich dabei nur durch die unterschiedliche Gewichtung derselben zwei bis vier Sportarten voneinander ab. Sample kommentiert: *»Von uniquem Sponsoring kann keine Rede sein. Der Hauptabsicht, eine breite Medienwirkung zu erzielen, wird jedoch vor allem mit Tennis und Fußball Genüge getan.«*

Wichtig: Der Sponsor muß die Zielgruppe genau kennen!

Medienpräsenz allein – so lautet eine weitere Erkenntnis aus der Erhebung von Sample – könne allerdings kein Garant für ein erfolgreiches Sponsoring sein. Wie wichtig eine genaue Kenntnis der Zielgruppe vor der Entscheidung für eine bestimmte Sponsoringmaßnahme sei, zeigten die relativ großen demographischen Unterschiede, wenn es um das Interesse an verschiedenen möglichen Bereichen des Sponsorings gehe, eine Tendenz, die sich bis in »kleinste Teilbereiche« fortsetze.

Kritische Einstellung gegenüber den Sponsoren

Eine kritische Grundhaltung gegenüber dem Sponsoring und den Sponsoren machten die Befrager von Sample vornehmlich unter »höhergebildeten Bevölkerungsgruppen« aus; die sehen vor allem »die Gefahr einer generellen Abhängigkeit von mächtigen Geldgebern« (86 Prozent) – gleichzeitig sehen die Befragten aber auch ein, daß manches Ereignis ohne Sponsoren nicht stattfinden könnte (83 Prozent).

Imagegewinn für die Sponsoren

Frage: *Wie stehen Sie persönlich zum Thema „Sport und Geld"? Sagen Sie mir bitte wieder anhand des Thermometers, wie sehr Sie jeder der folgenden Meinungen zustimmen oder nicht. (Thermometerskala)*

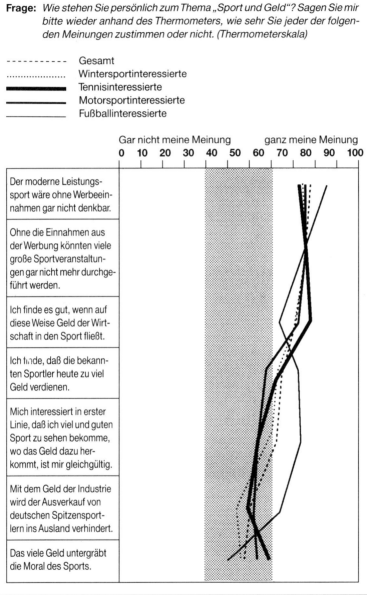

Tabelle X

Quelle: Dr. Salcher Team

Die Akzeptanz des Sportsponsorings steigt weiter

Zu dieser Erkenntnis kamen auch die Marktforscher des Dr. Salcher Teams in Ottobrunn bei München. In der zweiten Hälfte der achtziger Jahre mußte noch ein Sponsor wie Steiner Optik in Bayreuth, Förderer des mehrfachen Basketballmeisters, wütend aber zähneknirschend, weil machtlos, erleben, daß die Medien sich dagegen sperrten, den Vereinsnamen – eben Steiner Optik Bayreuth – in Tabellen und Berichten zu nennen; stattdessen war »BG Bayreuth« zu lesen – »Betriebssport-Gemeinschaft«. Das hat sich geändert, solche Berührungsängste sind mittlerweile abgebaut.

Die »BMW German Open« werden nun auch genau so genannt, ebenso die »Mercedes Open« und auch das Tennisturnier der (Preisgeld-)Superlative, der »Compaq Grand Slam Cup«, die »Nokia Masters«, der »Citizen Cup«, der »Panasonic Cup«.

Die Werbung im Sport wird von der Mehrheit heute keineswegs mehr als störend empfunden, das ergab eine Untersuchung des Dr. Salcher Teams: 78 Prozent akzeptieren sie. Alles in allem erscheint die Einstellung zum Sportsponsoring überraschend positiv. Vor allem wohl deshalb, weil akzeptiert wird, daß der Sport dank seiner Attraktivität und Breitenwirkung wie geschaffen ist für alle möglichen Werbemaßnahmen. Zudem setzt sich die Erkenntnis durch, daß der Sport durch die Werbung nur gewinnen kann. Nämlich an Finanzkraft – durch die Honorare, die aus und über die Werbung kommen. Dies wird begrüßt.

Die Befragten erlebten Werbung im Sport keineswegs als aufdringlich oder gar störend. Hier wird wohl auch die Tatsache gewertet, daß die zunehmenden Werbemaßnahmen vermehrt Geldmittel in den Sport fließen lassen. Dem Sport, so eine Mehrheit von 62 Prozent der Sportkonsumenten, sind diese Geldmittel durchaus förderlich (vgl. Grafik X).

Der Geld-Appeal

Allerdings sorgt der Faktor »Geld« auch für ein gespaltenes Verhältnis zum Spitzensportler. Einerseits führen die hohen Einkommen der Spitzensportler zu Neidreaktionen, andererseits empfinden viele die Aura von Reichtum, von der gerade die großen Stars des Tennis umgeben sind, auch als faszinierend. So steigert laut Dr. Salcher Team für eine satte Mehrheit von 76 Prozent die Tatsache, daß im und mit dem Sport sehr viel Geld verdient werden kann, die Attraktivität des Sports.

Beispielhafte Sponsoring-Engagements

Opel – als Sportsponsor die Nr. 1 – beispielhaft in der Integration des Sportengagements in die Marktkommunikation.

Für Peter Roth sind zwei Opel-Engagements vorbildhaft. Zum ersten das Engagement mit Steffi Graf und wie Opel dies in seine Werbung integriert; zum zweiten die Allianz mit Bayern München. Der Vertrag mit Steffi Graf wurde 1987 mit der damals 18jährigen geschlossen. Steffi signalisiert seitdem ihre enge Beziehung mit Opel augenfällig durch Sticker am Tennishemd. Spektakulär auch die Anzeigenkampagnen, die Opel mit Steffi gestalten'ließ. In Headline und Copy wurden Assoziationsketten zwischen ihrer Technik am Ball und der Automobiltechnologie geknüpft. So lautete die Headline einer »Omega«-Anzeige: »Fragen Sie Steffi, wie wichtig eine ausgefeilte Technik ist.« Und zur Präsentation eines neuen Modells, des Kadett Cabrio, ließen sich die Texter den beziehungsvollen Satz einfallen: »Opel's Grand Open«. Nach Steffis Wimbledon-Sieg 1989 präsentierte Opel seinen Star als »Wimbledonna«.

Opel integriert die Sportkommunikation in die PR, die Verkaufsförderung, die Werbung, dazu noch die Händleraktionen.

Mit dem erklärten Ziel »Verbesserung der Zielgruppenansprache«, so Dr. H. Dieter Dahlhoff, Marketingdirektor der Adam Opel AG (»Sportsponsoring«, Seite 315) engagierte sich Opel vornehmlich in den sogenannten »dynamischen« Ballsportarten: Handball, Tischtennis, Basketball, Badminton, Volleyball, Hockey und Fußball vor. Im Fußball ist der Partner die Nr. 1 auf dem Rasen in Deutschland der FC Bayern.

Opel am Ball – das Ziel ist die Aktualisierung des Markennamens.

Das Unternehmen will seine positiven Aspekte mit Ballarbeit weiter verstärken, das Markenprofil stärker herausarbeiten. Hauptanliegen laut Dr. Dahlhoff (»Sportsponsoring«,): *Neupositionierung der Opel-Produkte als »gesellschaftlich« akzeptierte Autos für gehobene Ansprüche.* Bemerkenswert: die intensive Verflechtung des Sportengagements in Werbe- und Verkaufsförderungsaktionen.

Auswirkungen dieser Engagements zeigten sich nach drei Jahren. *Der Sport hatte die Marke Opel nachweisbar verjüngt und für ein dynamischeres Image gesorgt.* Mehr als 50 Prozent der klassischen Werbung werden bei Opel vom Sport und den Sponsoringmaßnahmen direkt beeinflußt. »Thematisierung« der klassischen Werbung und des Sportengagements nennt das Peter Roth.

Auch Daimler-Benz entdeckte die Liebe zum Fußball.

Die schwäbischen Automobilbauer machen jetzt nicht nur beim Golf und beim Tennis mit, der »gute Stern« leuchtet jetzt auch über den Fußballstadien. Daimler ist Partner des Weltmeisters geworden, sponsert die deutsche Fußball-Nationalmannschaft. Was darauf hindeutet, daß sich bei den Schwaben die Erkenntnis durchgesetzt hat, daß der etwas konservativ angehauchten Marke sportliche Jugendlichkeit und Dynamik nur gut tun kann.

So weit wie Opel geht Daimler allerdings nun doch nicht. Was bedeutet, das Sponsoring ist bei Daimler weit weniger als bei Opel in das Paket Gesamtkommunikation mit eingebunden.

BMW kreierte einen weltumspannenden Golfwettbewerb.

BMW engagiert sich auch im Golf. Die Münchner Automobilbauer kreierten den »BMW Golf-Amateurpreis« – einen weltumspannenden Wettbewerb, eine Veranstaltung, von der die bayrischen Automobilbauer sogar unwidersprochen sagen können, es sei das größte Golfturnier der Welt. Höhepunkt des weltweiten Ballspiels: das Turnier zwischen den Siegern der Länderwettbewerbe, die einen Weltsieger ausspielen. Auf diese Weise erreicht BMW eine Riesenzahl an Golfern, trifft damit auch höchst präzise seine Zielgruppe. *Der »BMW Golf-Amateurpreis« ist ein Breitensportengagement, aber eines von der eher etwas elitären Art.* Ein Wettbewerb, der die gesamte die gesamte Breite dieser Sportart erreicht; ein nach dem Urteil von Peter Roth »sehr sinnvolles« Vorhaben, an das sich allerdings in der Bundesrepublik schon einmal Jaguar herangewagt hatte.

Compaq und der Grand-Slam-Cup.

Ein Turnier der Superlative. Premiere im Dezember 1990 in München. Für Peter Roth besonders bemerkenswert: Compaq gelang es, diese Veranstaltung hervorragend in die Werbung mit einzubinden. Dem Sieger – »dear Pete Sampras« – spendete Compaq am Tag nach dem Endspiel per Anzeige »congratulations« zum Gewinn des Pokals und der Siegesprämie in Höhe von zwei Millionen Dollar, koppelte dies geschickt an den Namen des Sponsors.

Allerdings, diese Veranstaltung war nicht unumstritten. Zum ersten hatte der Grand-Slam-Cup nicht den Segen der Verbände, war damit kein offizielles Turnier, und es gab auch keine Weltranglisten-Punkte. Und dann ereignete sich auch noch Erstaunliches. Einige der Dollar-Millionäre des Welttennis sagten ab, begründeten dies gar damit, sie empfänden die Rekordsummen als »unmoralisch«. Unter den »Moralisten« auch Boris Becker, John McEnroe und Andre Agassi (s. Kapitel: Tennis – das Millionenspiel).

Doch auch ohne Boris und ohne Verbandssegen blieb Compaq beim Grand-Slam-Cup, so Roth, eine bemerkenswerte Publicity. »Und wenn die Veranstalter beharrlich bleiben, könnte der Grand-Slam-Cup in den kommenden Jahren durchaus noch an Bedeutung gewinnen.« Compaq, Titelsponsor dieses Turniers der Dollarsuperlative, legte, was sich allein an den Gewinnsummen leicht nachrechnen läßt, reichlich Bares auf den Tisch, war dafür aber auch in dieser Dezemberwoche 1990 in München in aller Munde.

Peter Roth: Sponsoring als Förderer des Nachwuchses – die Dresdner Bank fand leider nur wenige Nachahmer.

Eine negative Überraschung: Nur wenige folgten dem guten Beispiel der Dresdner Bank und engagierten sich in der Nachwuchsförderung. Dabei können laut Roth Breitensportengagements so interessant sein wie Engagements im Spitzensport und Berufssport. Schon allein durch das Phänomen der großen Zahl. »Mit ihren Fördermaßnahmen erreicht die Dresdner Bank eine große Zahl von Clubs, viele Funktionäre, Trainer, Spieler und deren Familien,« argumentiert Roth, »eine höchst eindrucksvolle Zahl. Deshalb ist es auch nicht einleuchtend, warum nur so wenige dem guten Beispiel der Dresdner Bank gefolgt sind.«

Eine Erklärung für diese Zurückhaltung sieht Roth darin, daß viele Sponsoren Nachwuchsengagements scheuen, »weil sie im Handling sehr viel aufwendiger sind und viel Fachwissen vonnöten ist.«

Sponsoring mit mehr System?

Noch keineswegs verbindlich beantworten läßt sich die Frage, ob die Sponsoren wirklich hinzugelernt haben, ob sie ihre Engagements nun weniger aus dem Bauch heraus, dafür aber mit mehr System angehen. Einige Beispiele, so Peter Roth, wie etwa das von Opel, könnten durchaus auf einen Durchbruch zu mehr Systematik beim Engagement hinzudeuten. Doch es gibt auch durchaus noch Gegenbeispiele.

Peter Roth: Zwei Schwachpunkte. 1. Vielfach fehlt die strategische Vorarbeit, Ziele und Zielgruppen werden nicht exakt definiert. 2. Die systematische Erfolgskontrolle.

Der Beweis kommt aus München. Prof. Dr. Arnold Herwanns von der Universität der Bundeswehr entwickelte das sogenannte »Sponsoring-Barometer«. Eine kontinuierliche, sich fortsetzende Untersuchung, bei der in regelmäßigen Abständen Daten erhoben werden. Die Antwort auf die Frage nach der Kontrolle: Rund 30 Prozent aller Sponsoren verzichten nach wie vor auf eine Erfolgskontrolle.

Die systematische Erfolgskontrolle scheint immer noch eine der zentralen Schwachstellen der Sponsoringpraxis zu sein: 33,9 Prozent aller Sponsoren vertrauen auf das Urteil von Experten – was das auch immer sein mag. Häufigste Form der Erfolgskontrolle ist die Medienauswertung, das sogenannte Clipping, das Sammeln von Zeitungsausschnitten: 43,1 Prozent zählen also vor allem Abdrucke. Empirische Kontrolluntersuchungen, wie zum Beispiel Image- oder Bekanntheitsmessungen, führen nur 31 Prozent aller Sponsoren durch.

Sportsponsoring ist noch immer eine üppig prosperierende Zugewinngemeinschaft.

Allein von 1989 auf 1990 legten die Budgets noch einmal um 14,5 Prozent zu. Und auch der Vergleich des Sponsoringanteils zu den Aufwendungen für die gesamten Kommunikationsmaßnahmen in den zurückliegenden drei Jahren unterstreicht die zunehmende Bedeutung des Sponsorings für die Marketingkommunikation. Betrug der durchschnittliche Budgetanteil 1988 noch 9 Prozent, so erreichte er im Jahr darauf bereits 10 Prozent und 1990 dann 12 Prozent.

Innerhalb der verschiedenen Möglichkeiten des Sponsorings liegt der Sport mit einem Anteil von 55 Prozent vorn. 19 Prozent entfallen auf das Kunstsponsoring und 13 Prozent auf den Sozialbereich. Ein Aufsteiger: Ökologiesponsoring.

Der Anteil des Sponsorings an den Maßnahmen der Gesamtkommunikation lag 1990 bei 12 Prozent. Dies bedeutet: Die Traummarke von 15 Prozent ist nahe. So hoch lag 1990 der prozentuale Budgetanteil des Sponsorings in den USA. Peter Roth: »Es deutet vieles darauf hin, daß sich auch hierzulande der Anteil bei 15 Prozent einpendeln wird. Höher allerdings wird er kaum klettern. Was nicht bedeutet, daß in verschiedenen Branchen und auch situationsbedingt in ganz bestimmten Situationen der Sponsoringanteil 20 bis 25 Prozent an den Kommunikationsmaßnahmen erreichen kann.«

Sponsoring – ein Feld für Berater?

In der Bundesrepublik hat sich seit Mitte der achtziger Jahre eine Reihe guter Berater und Agenturen für das Sportsponsoring etabliert. Und gute Berater sind auch gut beschäftigt. Das bedeutet: Es gibt Leute, die wissen, wie es gemacht wird. Peter Roth schränkt allerdings ein: »Dieses Know-how beschränkt sich bei der Mehrzahl der Berater vornehmlich auf das Handling, also auf die Durchführung von Aktionen und die Vermittlung von Sportlern. Nur wenige besitzen die Voraussetzungen für eine strategische Beratung eines Unternehmens und – was immer wichtiger wird – sind in der Lage, zur Kommunikationsstrategie des Unternehmens einen Bezug herzustellen.«

4.2 Kommunikation durch Sportsponsoring – Was ist möglich, und wo liegen die Grenzen?

Sportsponsoring – zur Mitte der achtziger Jahre war das Wort noch unbekannt; wer sich mit der Werbung durch und mit dem Sport beschäftigte, sprach von »Sportwerbung«. Heute klingt »Sportwerbung« antiquiert bereits«. Nicht nur das Wort für die Sache hat sich gewandelt, Werber und Sponsoren sind zu tieferen Erkenntnissen gekommen, was sich mit und durch den Sport, eben das »Sponsoring«, erreichen läßt. Immer mehr Unternehmen wurden in der zweiten Hälfte der achtziger Jahre zu »Sponsoren«. Gleichzeitig sind Vereine, Verbände, Veranstalter, Einzelsportler auf der Suche nach Sponsoren.

Warum braucht der Sport die Sponsoren?

◻ **Peter Roth:** Weil sich die Kosten vieler Veranstaltungen schon lange nicht mehr über Zuschauereinnahmen decken lassen. Hier kann nur der Sponsor, der sich mit der Veranstaltung identifiziert, dem Veranstalter helfen. Mit dem Geld, das er gibt, »ermöglicht« er, was ohne ihn eben nicht möglich wäre. Beispiele für Engagements, die etwas »ermöglichen«, finden sich im Tennis, man denke nur an den »Grand-Slam-Cup«, erstmals im Dezember 1990 in München ausgespielt; Beispiele finden sich auch im Golf, in der Leichtathletik, im Skisport.

Solche Ereignisse können gelegentlich nur mehrere Sponsoren tragen. Und gelegentlich tun sie dies – je nach Kapitalkraft und Interesse – mit unterschiedlichem »Engagement«, sprich Kapitaleinsatz. Und weil hoher Einsatz selbstverständlich auch entsprechend »gewürdigt« werden muß, darf sich derjenige, der am meisten zahlt, deshalb auch »Titelsponsor« nennen. Sein Name ist Teil des Veranstaltungstitels. So firmierten die Deutschen Golfmeisterschaften jahrelang als »Lufthansa German Open«. Der Titelsponsor erhält die besten Werbeflächen, sein Name steht auf den Tickets, dem Veranstaltungsprogramm. Kurzum, jeder kann, jeder soll auch sehen: Dieser Sponsor hat sich am stärksten engagiert, er ist hier die Nummer eins.

Wo einer Erster ist, müssen sich die anderen mit dem kleineren Teil des Kuchens zufriedengeben. Die weniger Engagierten sind Nebensponsoren, erhalten die nächstbesten Werbeflächen, sind auch im Schwenkbereich der Fernsehkameras die zweite, dritte, vierte Wahl.

Was ist möglich mit Sportsponsoring? Und wo liegen die Grenzen dieses Kommunikationsinstruments?

☐ **Peter Roth:** Zwei grundsätzliche Bemerkungen zuvor: Sport fasziniert, und das Engagement für den Sport kann Sympathien aufbauen. Für ein Unternehmen. Für eine Marke. Für die Präsentation von Unternehmens-, Produkt- und Dienstleistungsmarken bietet Sportsponsoring eine Reihe von Vorzügen. Das Umfeld des Sports verfügt über eine Reihe von hervorragenden Merkmalen, um Aufmerksamkeit auf eine Marke zu lenken und sie gegenüber Wettbewerbsangeboten abzugrenzen, zu differenzieren.

Das alles ist nicht neu: Im Bereich der klassischen Werbung, also in Anzeigen, Fernsehspots ist und war der Sport nicht selten Hintergrund, eine sportive »Tapete«, und deshalb wirkte das Thema oftmals »aufgesetzt«. Doch nach aller Erfahrung bringt es einem Unternehmen mehr, wenn es sich aktiv im Sport engagiert, eine Veranstaltung finanziert, einen Sportler unterstützt.

Was fasziniert am Sport?

☐ **Peter Roth:** Sport, das ist vor allem »Spaß« und »Unterhaltung«. Dieser Faszination kann sich keiner entziehen, weder Nichtsportler noch Gelegenheitssportler, weder die Aktiven noch die Leistungssportler. Ein weiteres Motiv ist das »Interesse« an einem Verein. Dies gilt speziell für die Gruppe der Leistungssportler; für die es ein besonderer Anreiz ist, selbst eine Veranstaltung zu besuchen. Weitere Motive: »Geselligkeit erleben«, »unter Menschen sein« und schließlich der Aspekt »Spannung und Nervenkitzel«. Das faszinierende an sportlicher Leistung ist in erster Linie das Gefühl, menschliche Höchstleistungen zu erleben, an Grenzbereichen teilzuhaben. Je intensiver die eigene sportliche Aktivität des Befragten, um so wichtiger ist ihm dieses Motiv. Natürlich fasziniert auch der Star, was sich in dem Motiv »Sportstars erleben« ausdrückt.

Welche Botschaften kann Sponsoring übermitteln?

☐ **Peter Roth:** Durch Sportsponsoring lassen sich nur reduzierte Botschaften vermitteln; in der Regel nur der Name des Sponsors oder der Marke. Für die meisten kommunikativen Ziele reicht dies jedoch nicht aus; weshalb im Rahmen eines integrierten Einsatzes den Kommunikationsinstrumenten unterschiedliche Aufgaben zugewiesen werden müssen.

Die Möglichkeiten des Mediums sind also nicht grenzenlos; Sponsoring bedarf der anderen Instrumente wie Werbung und Verkaufsförderung, um die Botschaft an die Zielgruppe heranzutragen. Das bedeutet: *Sportsponsoring ist nicht in der Lage, die klassischen Instrumente Werbung, Verkaufsförderung und Public Relations zu ersetzen.* Um dies alles in einen formelhaften Satz zu packen: *Sportsponsoring ist ein überwiegend komplementär wirkendes Instrument der Kommunikationspolitik.*

Sponsoring als »durchgehendes« Kommunikationsthema – was ist möglich?

☐ **Peter Roth:** Das Engagement verschafft einem Unternehmen die Möglichkeit, ein Thema – etwa das Sponsoring eines Athleten oder einer Veranstaltung – als durchgehendes Element in die gesamte Kommunikation einzugliedern; also in die Werbung, in die Verkaufsförderung und Public-Relations-Aktivitäten. Sponsoring ist hervorragend geeignet, andere, neue Themen, die nicht aus der Tätigkeit des Unternehmens oder dem Produktumfeld resultieren, für die Kommunikation zu erschließen.

Welche Ziele lassen sich erreichen?

☐ **Peter Roth:** Kommunikation vermittelt Informationen – das Ziel ist also zuerst einmal die Verbesserung des Informationsstandes. Für den Sponsor bedeutet dies konkret die Bildung von Markenpräferenzen; die Veränderung von Einstellungen und Verhalten in der Zielgruppe und letztlich das Wecken von Kaufinteresse. Generell unterscheiden wir drei Wirkungsstufen: *Wirkungsstufe 1. Kommunikation sorgt für Bekanntheit.* Durch Kommunikation erst wird eine Marke, ein Produkt, ein Angebot, wird eine Dienstleistung bei einer bestimmten Zielgruppe bekannt. *Wirkungsstufe 2. Kommunikation hilft ein Image auszuprägen.* Für ein Produkt oder ein Angebot baut Kommunikation einen Informationsstand auf, formt ein Profil aus. *Wirkungsstufe 3: Kommunikation hilft Nachfrage zu wecken.* Bekanntheit und Informationsstand tragen ganz konkret dazu bei, Nachfrage nach einem Angebot auszulösen.

Doch die Sponsoren sollten nicht ihre Erwartungen hoch stecken: Sportsponsoring kann diese kommunikativen Ziele nur teilweise unterstützen.

Sponsoring baut Bekanntheit auf, stabilisiert und aktualisiert einen Bekanntheitsgrad, verändert Images, hilft schließlich auch, wichtige Kontakte zu pflegen.

Ein Engagement kann zum ersten einen bereits vorhandenen Bekanntheitsgrad aufbauen, kann ihn auch stabilisieren oder aktualisieren. Zum zweiten ist es möglich, ein Image zu verändern. Sportsponsoring kann zum Beispiel bestimmte Imagefacetten entwickeln. Voraussetzung ist allerdings, daß zwischen dem gesponserten Bereich und dem angestrebten Produkt- und Unternehmensimage gewisse Übereinstimmungen bestehen. Drittens schließlich bietet Sponsoring auch noch Möglichkeiten zur Kontaktpflege mit geladenen Gästen – mit dem Ziel, diese Gäste für sich zu gewinnen, sie auf persönliche Art positiv zu beeinflussen. Dies sind die besonderen Eigenschaften. Doch Sportsponsoring muß stets, wie erwähnt, ergänzend und flankierend zu den klassischen Instrumenten gesehen werden.

Welche Themen lassen sich transportieren, welche Engagements sind denkbar?

❏ **Peter Roth:** Durch Sponsoring schafft ein Unternehmen Voraussetzungen, um neue aktuelle Themen in die Kommunikation einzubringen. Dies ist auf gesättigten und vollbesetzten Märkten wichtig. Es ist auch noch aus einem weiteren Grund interessant: Immer dort, wo Produkt oder Angebot keine objektiven Differenzierungsmerkmale aufweisen oder diese Unterschiede begrenzt sind, ist Sponsoring eine Möglichkeit, Differenzierungen aufzubauen.

Kombinationen zwischen Sponsoring und anderen Kommunikationsinstrumenten

– Das Einbeziehen von Prädikaten wie »Offizieller Förderer« in Anzeigen, in Plakate, in Fernsehspots; Prädikate, wie sie etwa die Deutsche Sport Marketing GmbH an Unternehmen verleiht, die sich für olympische Erfolge engagieren wollen. In Bild und Text der Anzeigen wird nicht näher auf diese »Prädikate« eingegangen.

– Das Nutzen des Sportengagements als konzeptionelle Basis in der Form des Testimonials von Spitzensportlern oder Sportteams.

– Das Nutzen des Sportengagements für eine Zielgruppenkampagne, also zur Ansprache bestimmter Zielgruppen parallel zur Breitenwerbung.

– Auch die Verkaufsförderung läßt sich durch das Medium aktivieren. Durch den Einsatz der gesponserten Sportler bei verbraucherorientierten Preisausschreiben zum Beispiel. Möglich sind auch Preisausschreiben oder Verbraucherwettbewerbe, bei denen die Gewinner Einladungen zu gesponserten Großveranstaltungen erhalten. Was sich im übrigen auch auf den Außendienst übertragen läßt. Denkbar: Wettbewerbe, bei denen die Gewinner zu Veranstaltungen eingeladen werden. Zudem lassen sich auch Sportaktivitäten verlosen, etwa Trainingsstunden mit Spitzensportlern.

Ähnliches vermag auch der Handel. Er kann zu gesponserten Großveranstaltungen einladen, kann Autogrammstunden mit Spitzensportlern arrangieren. Und schließlich hat der Handel die Möglichkeit, am »Point of Sale« Wettbewerbe zu inszenieren, bei denen er dann Spitzensportler einsetzt.

Der Kommunikations-Mix bietet jedoch noch weitere Chancen. Etwa den Einsatz von Sportsponsoring im Bereich Public Relations und Öffentlichkeitsarbeit. Auch hier sind unterschiedliche Formen denkbar:

– Darstellung des Sponsorship in Pressekonferenzen, Pressemitteilungen und der Hauszeitschrift.

– Einladungen von Meinungsbildern, Honoratioren in Kommune und Region zu gesponserten Großveranstaltungen, bei denen sie umsorgt und bewirtet werden.

– Presseservice im Rahmen von Großveranstaltungen; Betreuung, Bewirtung, Bereitstellung von Basisinformationen und das Beschaffen von Interviewpartnern für die Presse.

Wie steigert Sportsponsoring die Effizienz der Marktkommunikation?

◻ **Peter Roth:** In den achtziger Jahren nahm der Stellenwert der Kommunikationspolitik im Vergleich zu den anderen Marketinginstrumenten ständig zu. Ein wichtiger Grund dafür liegt in dem hohen Sättigungsgrad vieler Märkte. Hinzu kommt, daß der erreichte Entwicklungsstand bei den meisten Produkten eine Differenzierung durch objektiv nachvollziehbare Kriterien für Verbraucher und Verwender immer schwieriger macht. Hier hilft die Kommunikation Unterschiede herauszuarbeiten. Sie kann – richtig eingesetzt – eine unverwechselbare Position für Marke, Produkt oder Angebot in der Vorstellungswelt der Verbraucher und Verwender aufbauen.

Doch Kommunikationsfachleute wissen, daß sich generell die Voraussetzungen für eine erfolgreiche Kommunikation verschlechtern, weil über dem Verbraucher eine Informationswelle zusammenschlägt. Er muß sich in einem Ozean aus immer mehr Informationen zurechtfinden. Dieses Überangebot führt dazu, daß der Verbraucher immer wählerischer, immer selektiver mit den angebotenen Informationen umgeht.

Sportsponsoring kann im Kommunikations-Mix zu einer erheblichen Effizienzsteigerung der Gesamtkommunikation des Unternehmens beitragen. Vorausgesetzt, der Sponsor hat die Kommuni-

kationsziele eindeutig formuliert. Und vorausgesetzt auch, daß er seine Kommunikationsinstrumente integrierend einsetzt.

Was leistet Sportsponsoring zur »Emotionalisierung«?

☐ **Peter Roth:** Sport ist vor allem ein Kommunikationserlebnis, um Wolfgang K. A. Disch zu zitieren; Sport schafft »Erlebnisfelder«. Solche »Erlebnisfelder« besitzen für die jeweilige Zielgruppe eine hohe emotionale Bedeutung. Und Sport gewinnt als Erlebnisfeld immer noch dazu.

Doch Sportsponsoring sollte nicht verwechselt werden mit der Verwendung von Sportsujets in der klassischen Werbung, bei der kein Sponsorenengagement zugrunde liegt. Seit jeher bediente sich die Werbung attraktiver, emotionaler Themen, um Aufmerksamkeit zu erregen und Sympathiewerte zu steigern. Doch sollte dabei nicht vergessen werden, daß einer Werbung, die nur mit Sportmotiven arbeitet, oftmals die Authentizität und die Glaubwürdigkeit fehlt, daß Botschaft und Produkt oft nicht zusammengehen.

Ein Gleichklang ist erst dann erreicht, diese sportliche Authentizität ist erst dann spürbar, wenn sich eine Marke oder ein Unternehmen tatsächlich im Sport engagiert; wenn ein Unternehmen, eine Marke damit demonstriert, daß man bereit ist, Verantwortung zu übernehmen und den Sport nicht nur als »Tapete« benutzen möchte.

Wie aktualisiert Sportsponsoring Marken?

☐ **Peter Roth:** In den dichtbesetzten Märkten mit ihrem intensiven Wettbewerb und dem abnehmenden »Involvement« der Verbraucher wird es immer wichtiger, die Aufmerksamkeit der Zielgruppe zu gewinnen, nicht nur Bekanntheit, sondern auch Markenaktualität zu erreichen. Die Marktforschung unterscheidet zwischen »passiver Bekanntheit« von Marken, die einmal über einen langen Zeitraum mit hohem Aufwand beworben wurden, und »aktiver Bekanntheit«. Letztere bedeutet, daß die Marke einem großen Kreis potentieller Käufer präsent ist, daß sie im Bedarfsfall eine echte Kaufalternative darstellt. Natürlich ist die klassische Werbung ein Weg, um Markenaktualität zu erreichen, doch oft hat sie auch die Aufgabe, Informationen zu übermitteln, die einer

Imageabgrenzung dienen oder Verkaufsargumente darstellen. In diesen Fällen kann Sponsoring, zusätzlich eingesetzt, die Zielsetzung »Markenaktualität« verfolgen.

Sportsponsoring und Corporate Identity – wo sind Berührungspunkte?

◻ **Peter Roth:** Im Sinne einer umfassenden, integrierten Kommunikationsstrategie, die auch das Sponsoring sinnvoll einbezieht, von ihr möglicherweise entscheidende Impulse bezieht, ist es auch wichtig, daß ein Engagement den Gesetzen der Corporate Identity folgt – hier zu verstehen als strategisch geplante und operativ eingesetzte Selbstdarstellung und Verhaltensweise des Unternehmens nach innen und außen.

Die Sportart muß zum Unternehmensprofil passen. Und auch der verpflichtete Sportler zum Unternehmen, zur Marke. Er darf in der öffentlichen Meinung nicht umstritten sein, und es ist dem Image eines Unternehmens sicherlich auch nicht zuträglich, wenn dieser Sportler nach Meinung der Öffentlichkeit unangemessen dotiert ist.

Schließlich sollte Sportsponsoring auch die ungeschriebenen Regeln des Corporate Design beachten. Das optische Erscheinungsbild des Unternehmens hat sich konsequent in Zeichen auszudrücken. Konkret heißt dies: einheitlicher und mit den anderen Kommunikationsmaßnahmen identischer Markenauftritt. Dies unterstützt das Ziel »Bekanntheitsgrad« genau so, wie es den Eindruck von Kompetenz fördert.

Welche Sportart paßt?

◻ **Peter Roth:** Lange Zeit war die Werbung beim Einschätzen von Images von Sportarten auf Vermutungen angewiesen. Leitlinien lieferte 1986 erstmals das Dr. Salcher Team in Ottobrunn bei München durch eine Studie über die »Imagedimension« von Sportarten (Tabelle XI). Der Sponsor muß nun für sich klären: Welche Sportart besitzt jene Imagefacetten, die meine Marke verstärken können? Weitere Überlegungen führen ihn zu den »qualitativen« und »quantitativen« Merkmalen der Personengruppe, die den Sport betreibt. Ein ähnlicher Bewertungsmaßstab wird dann auch an jene gelegt, die sich für den Sport interessieren, die Sportveran-

Die Imagedimensionen des Sports

Sportart \ Imagedimensionen	Ästhetik	Ausdauer	Dynamik	Modernität	Prestige	Technik	Tradition	volkstümlich
Aerobic	*	*		*				
Boxen (Amateur-, Profi-Boxen)			*			*	*	*
Badminton	*	*	*	*		*		*
Ballonfliegen	*			*	*	*		
Bahnengolf						*		*
Basketball	*	*	*	*		*		*
Bergsteigen (Klettern)		*				*	*	*
Biathlon	*	*			*	*		
Billard	*			*	*	*	*	
Bogenschießen	*		*		*	*	*	
Bob-Schlittensport			*	*		*		*
Eishockey		*	*			*	*	*
Eisschnellauf	*	*	*	*		*		*
Eiskunstlauf	*		*	*	*	*		*
Eistanzen	*			*	*			
Drachenfliegen	*		*	*	*	*		
Fechten	*		*	*	*	*		
Fischen/Angeln		*				*	*	*
Fußball		*	*			*	*	*
Gewichtheben		*	*					*
Golf	*			*	*	*		
Handball		*	*			*	*	*
Hockey (Feld-/Hallenhockey)	*	*	*	*	*	*	*	
Jagen	*			*	*	*		
Jogging (Volks-/Stadtläufe)		*						*
Judo			*	*		*	*	
Kanu		*	*			*	*	*
Kegeln/Bowling							*	*
Kunstkraftsport	*	*					*	*

Tabelle XI   Quelle: Dr. Salcher Team

Die Imagedimensionen des Sports

Sportart	Ästhetik	Ausdauer	Dynamik	Modernität	Prestige	Technik	Tradition	volkstümlich
Leichtathletik		*	*			*	*	*
– Laufen (Sprint, Hürden, Mittelstrecken)		*	*					*
– Langlauf/Marathon		*						*
– Hindernislauf		*				*		*
– Sprungwettbewerb (Hoch-/Weitsprung)	*		*	*		*		
– Stabhochsprung	*		*	*		*		
– Werfen (Speer/Hammer/Diskus)	*		*	*		*	*	
Moderner Fünfkampf	*	*	*	*	*	*		
Motorflug	*			*	*	*		
Motorsport		*	*	*		*		*
– Autorennen			*	*	*	*		*
– Motorradrennen		*	*	*		*		
– Ralleys (Auto/Motorrad)		*	*			*		*
– Moto-Cross		*				*		*
Motorbootrennen	*		*	*	*	*		
Polo	*			*	*		*	
Radsport	*	*	*			*		*
– Radrennen (Straße/Bahn)		*	*	*		*		*
– Kunstradfahren	*			*		*		
– Radfußball	*			*		*		
Rasenkraftsport		*					*	
Reitsport	*			*	*	*	*	*
– Dressurreiten	*			*	*	*	*	
– Military-Reiten		*	*	*	*	*		
– Trabrennen	*	*				*	*	
– Springreiten	*		*	*	*	*	*	*
– Galoppreiten/Derby		*	*				*	*
Ringen		*				*	*	
Rollsport (Rollschuhlauf)	*			*	*	*		

Tabelle XI Fortsetzung

Die Imagedimensionen des Sports

Sportart	Ästhetik	Ausdauer	Dynamik	Modernität	Prestige	Technik	Tradition	volkstümlich
Rudern		*	*	*		*		*
Rugby			*	*				*
Schach							*	*
Schießsport	*			*	*	*	*	
Schwimmen	*	*	*				*	*
Segeln	*		*	*	*	*	*	
Segelfliegen	*			*	*	*		
Ski alpin	*		*	*		*		*
Skilanglauf	*	*		*		*		*
Skibob			*			*		
Sportfischen		*					*	*
Sporttauchen	*			*		*		*
Squash	*	*	*	*		*		*
Surfen	*		*	*		*		
Tanzsport	*				*			
Tennis	*		*	*	*	*	*	
Tischtennis		*						*
Turnen/Gymnastik	*		*			*	*	
Volleyball	*		*	*		*		*
Wandern (Volkswandern)		*						*
Wasserball		*	*					*
Wasserski	*		*		*	*		
Windsurfen	*		*	*		*		*

Tabelle XI Fortsetzung

staltungen als Zuschauer besuchen. Und schließlich muß der Sponsor auch noch die Zuschauer am Fernsehschirm mit ins Kalkül ziehen, auch die Leser von Sportnachrichten in der Zeitung. Stellt sich für den Sponsor die Frage: Welche Sportart wird von den Verbraucher- und Verwendergruppen verfolgt?

Welche Leistungsebene?

Peter Roth: Die Frage, die sich dem Sponsor stellt: Soll er sich im Hochleistungs- und Profisport engagieren, im Breiten- und Freizeitsport oder in der Nachwuchsförderung? Letzteres ist gar nicht so abwegig, erzielen gerade diese Engagements große Wirkung. Es muß also durchaus nicht immer das große Ereignis sein. Die Sympathie- und Goodwill-Werte im Bereich einer Zielgruppe von Aktiven und Interessierten können bei einem Engagement im Breitensport tatsächlich deutlich höher liegen als beim Sponsoring einer Großveranstaltung derselben Sportart. Ein »stilles« Engagement steigert Glaubwürdigkeit und Vertrauen in ein Unternehmen, weil durch das Engagement im Breitensport »Nähe« und »Interesse« am Sport demonstriert wird.

Die »stillen« Engagements im Breitensport erreichen allerdings in der Regel nur die Aktiven und Interessierten, weit seltener das breite Publikum. Im Hochleistungssport ist das natürlich anders, da vervielfachte sich die Übertragungsdauer von Ereignissen bei einigen Sportarten in den letzten Jahren – wie etwa beim Tennis. Auch die Einstellung zum Sponsoring änderte sich. Mittlerweile nennen die Kommentatoren durchaus die Sponsoren. Verbale Eiertänze wie sie einstmals inszeniert wurden, um den Vereinsnamen des mehrmaligen Basketballmeisters aus Bayreuth, den von »Steiner Optik«, zu vermeiden, gehören mittlerweile der Vergangenheit an.

Zum Sponsoring von Veranstaltungen – welche Möglichkeiten bieten sich?

Peter Roth: Hier kann der Sponsor in einer Vielzahl von Möglichkeiten wählen, die sich sowohl für die klassische Werbung als auch für die Verkaufsförderung und für PR-Aktivitäten bieten. Veranstaltungssponsoring wird in erster Linie bei sogenannten Individualsportarten eingesetzt. Der Grund liegt in der speziellen Wettkampfstruktur von Mannschaftssportarten. Die Terminkalender der Meisterschaftsrunden, die auf mehreren Ebenen oder mehreren Klassen in einer Saison ausgetragen werden, sind einfach zu dicht.

Stellt sich die Frage: Was bringt dies eigentlich ganz konkret einem Sponsor?

◻ **Peter Roth:** Dies hängt zu einem nicht unerheblichen Teil von seiner Phantasie ab. Doch zuerst einmal eröffnet ihm das Engagement die Möglichkeit, das Ereignis für ein breites Spektrum von Werbemöglichkeiten zu nutzen. Da besteht, wie erwähnt, die Möglichkeit, den Namen zu einem Teil des Veranstaltungstitels zu machen. Dies erhöht die Zahl der Kontakte wesentlich. So kann er seinen Namen, seine Marke auf allen Drucksachen, allen Informations- und Werbeflächen präsentieren. Mehr noch: Der Sponsor kann Informationszelte und Werbeflächen aufbauen. Er kann auch Aktionen für Mitarbeiter und Kunden durchführen. Schließlich kann er sich zu dem Ereignis wichtige Gäste einladen, die sogenannten »VIPs«, kann die Veranstaltung nutzen, um sich als ein nobler Gastgeber zu zeigen.

Das Sponsoring einer Veranstaltung ist ein Feld für vielfältige Formen der Kommunikation – die sich auch ziemlich präzise auf die Ziele des Werbungtreibenden einstellen lassen, sich auch ganz gezielt dafür konzipieren lassen, wie Schaukämpfe zwischen zwei Matadoren, wie etwa zwischen Becker und Edberg; wie Turniere für ausgewählte Mannschaften; wie die Parallelslaloms im Skisport; wie Golf-Pro-Amateur-Turniere.

Stadionwerbung – was ist hier möglich?

◻ **Peter Roth:** Das Interesse an einer Reihe von Sportarten ist in den achtziger Jahren stark gewachsen: Leichtathletik, Ski alpin, Handball, Reitsport, Turnen, Schwimmen, Eishockey und – dank Steffi und Boris – auch Tennis. Alle diese Sportarten holten gegenüber den Publikumsmagneten Fußball und Motorsport stark auf.

Allerdings gibt es zwischen männlichen und weiblichen TV-Konsumenten deutliche Unterschiede. Fußball ist bei Männern und Frauen annähernd gleich beliebt und steht auch an der Spitze. Wenn allerdings Skispringen, Ski alpin oder Leichtathletik über den Bildschirm flimmert, sind sich Männer und Frauen in ihrer Begeisterung schon längst nicht mehr so einig. Eiskunstlauf, das kann nicht wundern, interessiert vor allem die weiblichen Zuseher, und in noch höherem Maße gilt dies für den Turniertanz. Handball, Motorsport und Eishockey dagegen sind Männerdomänen. Ski alpin, Handball und Tennis faszinieren vor allem jüngere Zielgruppen; Eiskunstlauf, Springreiten und Boxen dagegen eher die Älteren.

Von welchen Faktoren hängt es ab, wie interessant und attraktiv eine Sportart für den Werbungtreibenden ist?

☐ **Peter Roth:** Es sind vier Faktoren: Zum ersten von dem generellen Interesse an dieser Sportart; zum zweiten von der soziodemographischen Struktur der Zuschauer; drittens von den Darstellungsmöglichkeiten für die Werbung im Stadion und viertens schließlich von der Berichterstattung in Fernsehen und Presse.

Sponsoring von Mannschaften – was ist wichtig?

☐ **Peter Roth:** Mannschaftssponsoring ist in besonderem Maße eine Allianz auf Zeit. Als Gegenleistung für das finanzielle Engagement des Sponsors spielt die Mannschaft für das Unternehmen auf, stellt sich auch für kommunikative Maßnahmen zur Verfügung. Die Werbung findet vorwiegend auf dem Trikot statt und ist – aus der Sicht des Sponsors – der weithin sichtbare Ausdruck seines Engagements.

Wie läßt sich der Werbeerfolg messen?

☐ **Peter Roth:** Beim Sponsoring von Mannschaften entscheidet vor allem die Zahl der »Kontakte«, die diese Art der Werbung beim Zuschauer im Stadion, vor dem Fernsehschirm und über andere Kanäle erzielen kann. Doch ganz gleich wie gut oder wie schlecht eine Mannschaft spielt, Werbeimpulse finden immer statt. Der Tabellenstand spielt also eine weit geringere Rolle, als oft angenommen wird.

Sponsoring von Einzelsportlern – was muß der Sponsor beachten?

Peter Roth: Hier liefert der Sportler gegen Honorar eine »Kommunikationsleistung« ab. Sichtbar – nämlich auf dem Trikot, wo sich das Signet, der Namenszug des Sponsors wiederfindet. Diese »Kommunikationsleistung« besteht in seinem sportlichen Auftritt, seinen Erfolgen. Damit auch jeder sieht und keiner vergißt, wer mit diesem Erfolgstyp im Bunde ist, hat der Sponsor seinen Namen aufs Trikot gesetzt. So strahlen die Erfolge auf ihn ab. Wie das Image und die Erfolge von Steffi Graf auf Opel; wie Bernhard Langer auf den Markennamen von Boss.

Doch dies ist noch nicht alles. Der Sportler kann noch enger »eingebunden« werden; er läßt sich auch als Präsenter einsetzen, äußert sich dann in Anzeigen oder auf Plakaten mit ganz konkreten *Aussagen zur Marke oder zum Namen des Sponsors*. Er wird damit als »Leitbild« eingesetzt. Das Leitbild, das »Idol« ist damit »Vor-Bild«, »Leit-Figur« einer Zielgruppe, die sich mit dem Idol identifiziert.

Eine weitere Möglichkeit: *Aktionen, Autogrammstunden, Verkaufsförderungsaktionen mit der »Leit-Figur«*. Der Sportler kann Verlosungen präsentieren. Auf höherer Ebene präsentiert sich das »Leitbild« zum Beispiel im Rahmen von Trainingswochenenden einer kleineren, handverlesenen Gruppe von Kunden, demonstriert nicht nur seine Meisterschaft, gibt Trainingstips, bestreitet mit den Gästen Spiele. Im Tennis und beim Golf wird dies am häufigsten praktiziert. Bei solchen Aktionen verwischen sich gewöhnlich die Grenzen zwischen Werbung, Verkaufsförderung und Public Relations.

Sponsoring von Verbänden – was bringt es dem Sponsor?

Peter Roth: Die großen Sportorganisationen haben längst das Sponsorship für sich entdeckt. Mehr noch, sie entwickelten in den vergangenen Jahren Programme, um ganz aktiv Sponsoren und Förderer aus der Wirtschaft zu akquirieren. Die Gegenleistung besteht in ideellen Werten, sogenannten Prädikaten.

Ein Beispiel: Die Deutsche Sport-Marketing GmbH bietet drei abgestufte Marketingprogramme potentiellen Kunden als eine Kommunikationsplattform an. Das Engagement für Olympia bedeute, wie in der Broschüre der DSM zu lesen ist, nicht nur »Imagetransfer, erfolgreiche Marketingstrategie«, dieses Engagement dokumentiere auch beispielgebend die nationale Verantwortung eines Unternehmens für den Sport. Und um dies erfolgsphilosophisch zu unterbauen, fügt die DSM an, Olympia sei »ein Symbol für die Erfolgsphilosophie unserer Wirtschaft«.

Die Deutsche Sport-Marketing, um bei dem Beispiel zu bleiben, bietet Imagination, also ein Image und sie belegt dies mit statistisch präzise ausgearbeiteten Vorstellungsbildern. So steht Olympia, jener Gedanke, den die DSM anzubieten hat, in der Imagination der Deutschen ganz oben, steht noch über dem Nobelpreis, auch über Mozart und Mercedes. Und die DSM bedient sich auch einer Assoziationskette, bei der es um »faszinierende« Begriffe aus der Welt der Waren und des Konsums wie auch des gesellschaftlichen und kulturellen Umfeldes geht, um deutlich zu machen, welchen Wert sie anzubieten hat. Olympia ist bei einer Bewertung dieser Begriffe nahezu unvergleichlich in seiner Faszination. Nur noch Greenpeace und das Edelmetall Gold fanden die Befragten faszinierender.

Verbände können solche Vorstellungsbilder bieten, handeln also mit Images, fassen sie in Prädikate, die der Sponsor in seiner Öffentlichkeitsarbeit einsetzen kann. Der werbliche Wert eines solchen Prädikats ist vergleichsweise bescheiden, dafür demonstriert dieses Prädikat eine gesellschaftsorientierte Haltung. Und gerade die wird für Großunternehmen immer wichtiger.

Zu welchen Sportarten tendieren die Entscheider?

Peter Roth: Viele Entscheider sind Fans, sind Anhänger einer Sportart. Dieser Sportart fühlen sie sich emotional besonders eng verbunden. Solche Vorlieben machen leider oft blind. Erwiesenermaßen betreiben diese Führungskräfte selbst prestigeorientierte Sportarten. So kommen die Entscheider eben immer wieder auf Tennis, Golf, Reiten, sogar auf Polo. Der Entscheider, der selbst Fan ist, neigt eben dazu, seine Sportart überzubewerten.

Die richtige Sportart, wie findet sie der Sponsor?

◻ **Peter Roth:** Das Wichtigste sind objektive Entscheidungskriterien. Deshalb ist es ratsam, jede Sportart anhand von Checklisten zu überprüfen, jede Sportart genau abzuklopfen, inwieweit sie zur Imagebildung geeignet ist. Vergleicht man so konträre Sportarten wie Boxen und Eistanz miteinander, wird auch dem Laien klar, welch unterschiedliche Assoziationsfelder diese Sportarten in der Werbung belegen können.

Doch selbst innerhalb einer Sportart gibt es enorme Bandbreiten. Nehmen wir die Lechtathletik, da sind auf der einen Seite Wurfwettbewerbe wie Kugelstoßen oder Hammerwerfen und auf der anderen Seite Ausdauerdisziplinen wie Marathon; da sind Disziplinen, die gleichzeitig Dynamik, Präszision und im Wettkampf eine raffinierte Dramaturgie bieten, wie etwa der Hochsprung; da kann sich im Sprint in wenigen Sekunden Dramatik explosiv entladen. Die Leichtathletik bietet eben viele Disziplinen, die ganz unterschiedliche Assoziationsfelder belegen. Der Test der Imagedimensionen zeigt dem Sponsor die unterschiedliche Wirkung der verschiedenen Sportartarten auf das Publikum. In einer nächsten Phase muß er die Imagedimensionen der Sportarten aus der Sicht der werblichen Zielsetzung überprüfen. Er definiert dabei für das betreffende Produkt und für sein Unternehmen das Soll-Image, die angestrebte Imagedimension. Letzlich muß er dann prüfen, ob und in welchem Maße eine Sportart dazu beiträgt, diese Imagedimensionen aufzubauen und zu unterstützen.

Die großen Sportlerpersönlichkeit im Test. Welche Eigenschaften helfen dem Sponsor?

◻ **Peter Roth:** Die Position und die Situation der Idole des Sports sind einzigartig. Schon ihre großen Erfolge und auch ihr Charisma, das sie mit den Jahren aufgebaut haben, machen diese Sportler für eine Zusammenarbeit im Rahmen des Sportsponsorings in jedem Fall interessant. Sicherlich existieren zwischen den einzelnen Sportarten – was ihre Eignung angeht – gewisse Unterschiede.

Fehleinschätzungen – lassen sie sich vermeiden?

◻ **Peter Roth:** Wahrscheinlich nicht, doch das Risiko läßt sich minimieren. Beispiele zeigen, daß bei einer Zusammenarbeit mit

Sportlern sehr kritisch und sehr tiefgehend die Persönlichkeit analysiert werden muß. Vor der Unterschrift gilt es, eine Reihe von Kriterien sorgfältig zu überprüfen. Nur dann kann der Sponsor einigermaßen sicher sein, daß der ins Auge gefaßte Sportler für das vorgesehene Projekt auch der richtige Partner ist.

Die entscheidenden Kriterien:
1. der aktuelle Erfolg und 2. die Zukunft,
3. der Bekanntheitsgrad, 4. die Chancen der Sportart.

Wichtigstes Kriterium ist die gegenwärtige sportliche Qualifikation des Sportlers. Punkt zwei ist seine Zukunft: Welche Entwicklung wird er aller Voraussicht nach nehmen? Kurzfristig, mittelfristig, langfristig? Um auf diese Frage eine Antwort zu erhalten, muß sich der Sponsor nicht nur mit der Person des Sportlers auseinandersetzen, sondern auch die Konkurrenz unter die Lupe nehmen. Punkt drei: Wie ist der daraus resultierende Bekanntheitsgrad jetzt und in mittlerer Zukunft einzuschätzen? Die Bekanntheit ist schließlich eine Voraussetzung für Medienwirkung des Sportlers. Der nächste Schritt: Der potentielle Sponsor muß sich auch mit der Sportart auseinandersetzen. Er muß prüfen, wie beliebt sie zur Zeit wirklich ist. Er muß die Frage stellen: Wie sehen ihre Zukunftschancen aus? Zeichnen sich Trends für eine weitere positive Entwicklung ab?

»Beliebtheit« – was sagt sie dem Sponsor?

Peter Roth: Die Beliebtheit, also der »allgemeine Sympathiewert«, führt zum »Interessenwert«. Ein Faktor, der maßgeblich bestimmt, wie stark sich die Zielgruppe für den Sportler und damit für seine Äußerungen – selbstverständlich auch die werblichen – interessiert.

Wichtige »Randfrage«: Wie sieht das Umfeld aus? Welches Ansehen genießen Trainer und Funktionäre?

Peter Roth: Es gilt auch die »charakterliche«, die »menschliche Seite« des Sportlers einzuschätzen. Da sollten die Fragen des

Sponsors darauf zielen, herauszufinden, wie der Kandidat als Vorbild auf Jugendliche wirkt, welche Ausstrahlung von ihm auf andere Sportler ausgeht.

Können die Medien einen Maßstab liefern?

◻ **Peter Roth:** Der künftige Sponsor muß die gesamte »Persönlichkeit« durchleuchten. Sportler, von denen Leitbildfunktion erwartet wird, lassen sich eben nicht nur nach Metern und Sekunden messen, ihren Marktwert bestimmen auch nicht die erzielten Tore allein. Wenn es um die Persönlichkeit geht, können dem potentiellen Sponsor nur die Medien ein Bewertungsmaß liefern. Die Medien reflektieren die Ausstrahlung des Sportlers. Medien liefern Momentaufnahmen – sicherlich. Doch diese »Medienbilder« liefern meist sehr »augenfällige« Aspekte. Die elektronischen und die gedruckten Medien zeigen Aussehen und Auftreten. Auch diese Facetten im Image eines Sportlers sind immens wichtig, und sie werden um so wichtiger, je mehr die Werbung für das Produkt und das Unternehmen sich auf emotionale Aussagen und Werte richtet.

»Medienwirkung« – was ist das eigentlich?

◻ **Peter Roth:** »Medienwirkung« setzt sich aus einer Reihe von Einzelaspekten zusammen. Wie macht sich der Sportler auf dem Fernsehschirm? Wie wirkt er über das Radio in Interviews? Da gilt es auch die »Ausstrahlung« zu erfassen, ein schwer zu definierender Aspekt. Das Idol – und dies ist wohl die wichtigste Feststellung – muß ein Medienmensch sein. Und auch das ist ganz wichtig: Wie ist die »Medienwirkung« des Sportlers über den engeren Bereich seiner speziellen Disziplin hinaus einzuschätzen? Hat er auch einen hohen Wert für die Medien außerhalb seines Sportes?

Dann ist noch die »Dimension« des Sportlers mit einzubeziehen. »Dimension«, das heißt: Ist er in seiner Medienwirkung Weltklasse und damit für internationale Werbung geeignet? Gehört er zur nationalen Klasse? Oder ist dies ein Sportler mit regionaler oder vielleicht nur lokaler Wirkung?

Ein weiterer Punkt: Ist er »kompatibel«? Es gilt abzuschätzen, ob der Sportler auch zu anderen Sportlern paßt, die bei dem Unternehmen unter Vertrag stehen. Reiht er sich – was die Gesamtpersönlichkeit angeht – positiv in ein Team ein, ergänzt er die Charaktere, die Typen in der erhofften Weise? Sponsoring mit verschiedenen Einzelsportlern muß von einem Unternehmen also auch unter dem Aspekt Teamarbeit gesehen werden.

Die Grundfrage: Paßt er zu Produkt und Marke?

Peter Roth: Es geht bei dieser Grundfrage um die Eignung der Persönlichkeit. Paßt er zur Produktgattung, zur Marke, zum Unternehmen? Wie glaubhaft kann er für das Produkt, für die Dienstleistung, für das Unternehmen sprechen? Es geht also um die Grundfrage: Wie glaubhaft ist der Sportler im jeweiligen Sponsoringprojekt? Dazu ein Beispiel: Die zweifache Hochsprung-Olympiasiegerin Ulrike Meyfarth erwies sich zwar als »kompetent« für das Produkt Dextro-Energen, doch bei Strumpfhosen wurde die Dame mit den langen Beinen vom Zielpublikum weniger akzeptiert. Hat sich der Sponsor alle diese Fragen gestellt und glaubt er Antworten darauf gefunden zu haben, muß er sich letztendlich noch die Frage stellen: Stimmt das Preis-Leistungs-Verhältnis?

Wie sind Veranstaltungen zu bewerten?

Peter Roth: Die Veranstaltung ist die Bühne der Sportart, viele der Überlegungen zur Auswahl einer Sportart und eines Sportlers gelten auch für sie. Das heißt: Zunächst sollte ein Sponsor davon ausgehen, daß bestehende Sportveranstaltungen – auf welcher Ebene auch immer, ob regional, national oder international – an der Börse des Sponsorings einen bestimmten Marktwert besitzen. Ein Marktwert, der sich wieder an einer Reihe von Aspekten orientiert.

Wie läßt sich der Marktwert einer Veranstaltung messen?

Peter Roth: Ganz wichtig ist die Tradition einer Veranstaltung. Eine große Vergangenheit wertet eine Veranstaltung auf, denken wir nur an »Klassiker« wie Wimbledon. Dann kommt noch die Publikums- und Medienresonanz ins Spiel. Historie, das sind auch die sportlichen Großtaten auf dieser »Bühne«; Rekorde zum Beispiel, unvergeßliche Duelle. Als ein Beispiel nur das mittlerweile »legendäre« Zürich-Meeting der Leichtathleten jedes Jahr im August. Schon die Wortwahl zeigt, wie Legenden, Vorstellungsbilder, wie Images von Veranstaltungen entstehen. Die Legende »Zürich« begann zum Ende der fünfziger Jahre mit den Weltrekorden von Armin Hary und Martin Lauer. Mittlerweile weiß keiner mehr so recht, wie viele Rekorde im Züricher Letziggrund aufgestellt wurden. In den achtziger Jahren – der großen Zeit dieses Sportfestes – waren die Starterfelder in Zürich oft besser besetzt als die Finals bei Olympischen Spielen. Zürich war für die Medien deshalb auch das »Weltrekordmeeting«.

Um bei diesem Beispiel zu bleiben: In Zürich ist die Beteiligung bestimmter Sportler, eben der Weltrekordler, der Besten der Disziplinen, bestimmend für den Wert der Veranstaltung. Die Stars setzen hier den Maßstab, bestimmen den mittlerweile gewaltig hohen Erwartungshorizont. Doch unterliegt wohl gerade Zürich der Gefahr, sich selbst in der Rekordjagd zu Tode zu hetzen.

Ein ähnlich legendärer »event« ist das »Masters«, das legendäre Golfturnier in Atlanta, das 1985 Bernhard Langer gewann – hier wurde ein Sportler durch den Sieg selbst zur Legende. »Legendär« sind sicher auch die Davis-Cup-Finals, sind auch manche der großen Motorsportwettbewerbe, sind nationale, Europa- und Weltmeisterschaften.

Diese Großveranstaltungen sind »in den Besitz« der großen Sponsoren aus Wirtschaft und Industrie übergegangen – doch welche Chancen haben Sponsoren der »Mittelklasse«?

◻ **Peter Roth:** Mehr und mehr gewinnen jetzt Veranstaltungen an Bedeutung, die sich mit mittleren Budgets finanzieren lassen; Veranstaltungen, die nationale und regionale »Problemlösungen« anbieten, zum Beispiel Volksläufe, die Stadtmarathons mittlerer Preisklasse – also nicht New York, das ist die »Scala« des Marathons. Interessant für die mittleren Budgets sind zum Beispiel auch viele der großen Skilanglauf-Veranstaltungen.

Was können kleine und mittlere Veranstaltungen einem Sponsor bieten?

Peter Roth: Die Zahl solcher »events«, die sich für die Werbung eignen, nimmt zu. Alle diese Beispiele zeigen, daß zum Sponsoring von Veranstaltungen nicht nur Insiderwissen gehört, dies verlangt auch ein in die Zukunft gerichtetes Denken und Planen; nur dadurch lassen sich Angebote richtig einschätzen. Fazit: Kleinere und mittlere Veranstaltungen bieten dem Sponsor einen reellen Gegenwert.

Wie läßt sich Sponsoring mit anderen Kommunikationsbereichen »verzahnen«?

Peter Roth: Von der Verbraucherpromotion über den Einsatz bei Messen und Ausstellungen bis hin zu Aktionen, um Händler oder Außendienstler zu motivieren, bestehen eine Reihe von Möglichkeiten, um verschiedene Kommunikationsbereiche miteinander zu »verzahnen«.

Werbeaktivitäten mit Sportlern sind eine hervorragende Ausgangsbasis für Aktionen im Promotionbereich. Die Vielfalt des Sports ist für breiteste Zielgruppen attraktiv. Es gibt eine Fülle von kreativen Ansatzpunkten, deshalb sollte kein Sponsor die Verknüpfung und Koordination des Sponsorings mit anderen Kommunikationsbereichen dem Zufall überlassen. Wer die Grundidee des Sportsponsorings von Anfang an auch als Planungsbasis bei der Aktivierung des Außendienstes oder der Motivierung von Händlern, bei Verbraucherpromotion oder PR-Anlässen einplant, der bekommt ein Kommunikationskonzept aus einem Guß, dessen kumulative Wirkung wesentlich mehr wert ist als die Summe der einzelnen Aktionsteile.

Zuerst einmal ist es jedoch wichtig, daß der Verkaufsförderungsspezialist schnell erkennt, welchen Wert die eine oder andere Sportart oder ein Sportler für die kreative Planung von Maßnahmen im Promotionbereich haben. Eine »Verzahnung« von Maßnahmen in und mit Sportsponsoring ist aber praktisch über alle Kommunikationsbereiche möglich.

Für die Konzeption der Basiswerbung können Sportmotive übernommen werden, ist der Einbau eines Sportstars als Präsenter möglich oder lassen sich Lifestyle-Szenen aus dem Sport als attraktives Umfeld einsetzen. In PR-Konzepte lassen sich Sportler und Veranstaltungen gleichfalls integrieren.

Wirkungskontrolle: Was ist machbar und vor allem: wie ist es machbar?

◻ **Peter Roth:** Für den Fall der umfassenden Integration des Sports in eine Marken- oder Imagekampagne gelten zuerst einmal alle die bekannten Instrumente der Pre- und Posttests zum Erfassen der Werbewirkung einzelner Mittel. Problematisch erscheint die Wirkungskontrolle allerdings, wenn ein Unternehmen beim Sportsponsoring ausschließlich den Erfolg an der Zuschauerresonanz und an dem Publizitätseffekt der Sportberichterstattung in den Medien mißt. Dies ist nach allgemeiner Erfahrung heute immer noch häufig so.

Mit welchen Marktforschungsmethoden läßt sich die Wirkung des Sponsoring-Engagements messen?

◻ **Peter Roth:** Da ist zum ersten die »Werbe-Erinnerung«. Sie wird sowohl bei den Zuschauern einer Veranstaltung als auch bei den Fernsehzuschauern, bei den Lesern des Sportteils in den Tageszeitungen oder von Sportzeitungen ermittelt. Über die »Werbe-Erinnerung« läßt sich kontrollieren, ob und in welchem Ausmaß bestimmte Formen der Werbung, wie etwa die an der Bande oder die auf dem Trikot, bemerkt wurden beziehungsweise erinnert werden. Hilfreich sind auch Kurzbefragungen der Zuschauer einer Veranstaltung.

Für die Kontrolle bei den Mediennutzern bietet sich auch das System der »day-after-recalls« an. Diese Methode hält nach Abschluß einer Veranstaltung per Telefoninterview die Erinnerung an das Sponsoring-Engagement fest.

Das Heranziehen von Imageanalysen erscheint indes nur dann sinnvoll, wenn das Sportsponsoring über einen längeren Zeitraum hinweg als einziges Kommunikationsinstrument eingesetzt wurde.

Sportsponsoring, wie berechenbar oder unberechenbar ist dieses Instrument?

Peter Roth: Unbestritten: Sportsponsoring ist ein schwer berechenbares Medium. Doch andererseits bietet Sportsponsoring Möglichkeiten, die Effizienz zu steigern, das Instrumentarium zu optimieren. Risiko ist angesagt, und es drohen stets auch Flops, doch andererseits winken interessante Chancen. Erfolg und Mißerfolg liegen nahe beieinander.

4.3 Beispiel USA: Suche nach attraktiven »events«, Frauen im Kommen, gelegentlich ein Blick nach Europa

Der Anfang: Die großen Profisportarten

Ganz ohne Frage, im Vermarkten von Sportarten und Sportlern besitzen die Amerikaner einige Jahre Vorsprung. Angefangen hat alles mit den drei großen Profisportarten Football, Baseball und Basketball. Doch die Entwicklung ist weitergegangen, Unternehmen nutzen für sich und ihre Marken die breite Palette des Sports in den USA – von Beach-Volleyball bis zum BMX-Radfahren. In diesem Angebot läßt sich für jedes Unternehmen und für jede Marke eine passende Sportart finden, die Identifikation schaffen kann. Im Jahre 1987 investierten amerikanische Sportsponsoren mehr als sechs Milliarden Dollar für ihre sportlich-werblichen Engagements. Mit eingerechnet die Kosten für die »commercials« und auch die Aufwendungen für Veranstaltungen und das gesamte Umfeld.

Ursprünglich zielte das Sponsoring in den USA vor allem darauf, einen Athleten zu verpflichten, um ein Produkt durch und mit ihm zu vermarkten. Wobei sich die Beziehung zwischen dem Produkt und dem Sportler nicht unbedingt zwingend aufdrängen mußte. So warb der Footballprofi Joe Namath, ein legendärer Quarterback der sechziger und frühen siebziger Jahre, einmal für Strumpfhosen. Auch heute werden nach wie vor die Stars verpflichtet, um die Aufmerksamkeit auf ein Produkt zu richten.

US-Werber auf der Suche nach attraktiven »events«

Mehr und mehr setzte sich in den USA die Erkenntnis durch, daß es riskant sein kann, sein Image an einen Einzelkämpfer zu hängen. Das um sich greifende Doping mit anabolen Steroiden in Kraft- und Schnellkraftsportarten und auch die Tatsache, daß viele der Athleten mit Drogenkonsum in Verbindung kamen, und andere imageschädi-

mi-Leserservice-Karte

Das neue Weiterbildungs-
medium mit Zeitgewinn:

Fragen Sie Ihren Fachbuch-
händler danach!

Ich bitte um Informationen zu folgenden Programm-
bereichen:

☐ **Fachbücher**

☐ Management (0451) ☐ Marketing (2451) ☐ Verkauf (2458)
☐ Werbung (2453) ☐ Rechnungswesen (3459) ☐ Controlling (0452)
☐ Einkauf (4450) ☐ Personal (1452) ☐ Betriebs- und (3450)
☐ Sekretariat (3454) ☐ Korrespondenz (3452) ☐ Büroorganisation (3451)
☐ Geldanlage (0454) ☐ Datenverarbeitung (3455) ☐ Produktion/Technik (4452)
☐ Qualitätswesen (4451)

☐ **mi-Audiothek** (0476/2449)

☐ **mi-Software-Programme** (3487)

☐ Management Informationssoftware (3485)
☐ Anwenderprogramme Lotus 1-2-3 und Symphony (3484)
☐ Management-Trainingssoftware (3486)

☐ **mi-VIDEO-Programme** (0558)

☐ **mic management information center – Seminare** (0492)

☐ **MBC Management-Buchclub** (0998)

Bitte auf der Rückseite Ihre Adresse nicht vergessen!

Absender: (Bitte in Druckbuchstaben ausfüllen)

Firma

Name

Funktion/Position

Abteilung

Telefon

Straße

PLZ/Ort

☐ Privatadresse   ☐ Firmenadresse

Unsere Firma gehört zum
☐ Konsumgüterbereich
☐ Investitionsgüterbereich

Wir sind ein Unternehmen
☐ mit unter 300 Beschäftigten
☐ mit über 300 Beschäftigten
☐ mit über 500 Beschäftigten

Personalcomputer-Besitzer ☐ ja   ☐ nein

Antwortkarte

verlag moderne industrie

Justus-von-Liebig-Straße 1

8910 Landsberg/Lech

Bitte mit
Postkarten-
porto
freimachen

gende Skandale führten dazu, daß sich die mit dem Sport werbende Wirtschaft stärker zu Veranstaltungen hinwandte. Weil Veranstaltungen, so die vorherrschende Meinung in den USA, dem Sponsor mehr langfristige Stabilität bieten.

Die großen Sponsoren wie Philip Morris (Budget zum Ende der achtziger Jahre: 85 Millionen Dollar jährlich), wie Nabisco (58 Millionen Dollar) und auch die Brauerei Anhaeuser-Busch (50 Millionen Dollar) gingen zunehmend auf die Suche nach attraktiven Veranstaltungen. Dieser Bereich, davon sind Experten überzeugt, wird in den nächsten Jahren auch weiter wachsen.

Was die US-Unternehmen sich vom Sport versprechen

Zuerst einmal eignet sich der Sport nach ihrer Auffassung vor allem dazu, neue Produkte vorzustellen; zum zweiten, um die Bekanntheit eines Markennamens zu fördern, Sport könne zum dritten auch äußerst hilfreich sein, um mit einer Konkurrenzmarke in den Wettbewerb zu treten. Ein vierter Punkt: Sponsoring kann eine engere emotionale Beziehung zwischen der Marke und dem Verbraucher schaffen. Wer über ein attraktives Thema verfüge, sich zudem die Exklusivität einer Veranstaltung gesichert habe, besitze nach aller Erfahrung einen respektablen Platzvorteil. Russels, Hersteller von Kartoffelchips, steigerte dank der New York Yankees, einer Baseballmannschaft, den Absatz während einer Aktion (»Gewinne mit den Yankees in Boston«) um 21,5 Prozent im Vergleich zum Vorjahr.

Auch die US-Sponsoren produzieren Flops

Nun sollte aber keiner glauben, daß die Amerikaner ein allen überlegenes Know-how im Sportsponsoring besitzen. Sicherlich, die meisten Unternehmen beschäftigen Experten im Sportmarketing – entweder hauseigene oder Agenturen. Doch nach wie vor wagen sich manche Unternehmen – ähnlich wie hierzulande – an das Unternehmen Sportsponsoring heran, ohne vorher die Situation genau abzuklopfen. Deshalb verzeichnet das Sportsponsoring in den USA neben gigantischen Erfolgen ebenso gigantische Flops. Ein Sponsor aus Chicago beglückte den Formel-I-Piloten Mario Andretti einst mit einer Millionensumme (Dollar selbstverständlich) für ein Engagement, unterließ es aber – aus welchen Gründen auch immer – den Markennamen augenfällig auf Andrettis Wagen zu plazieren.

Auch in den USA ist es wohl immer noch so, daß sich mancher Sponsor von einem Engagement mehr verspricht, als Sportmarketing letztlich bieten kann. Marketingexperten in den USA halten es deshalb für besonders wichtig, beim ersten Kontakt mit einem potentiellen Sponsor dessen Erwartungshorizont auf ein realistisches Maß zu bringen. Der »neue Realismus« im US-Sportsponsoring führte zu einer Hinwendung zu kleineren, mittleren und vor allem zu regionalen Veranstaltungen, die, wie es sich zeigte, mehr Effektivität, also mehr »Werbewert« bringen.

Bei den großen Publikumssportarten ist der Sättigungsgrad erreicht

Dies gilt zum Beispiel für die in den USA höchst attraktiven NASCAR-Rennen, und dies gilt auch für Golf, wo das Kosten-Nutzen-Verhältnis für Sponsoren, die nicht zu den ganz Großen zählen, mittlerweile ausgesprochen ungünstig geworden ist. Deshalb drängt nun die mit dem Sport werbende Wirtschaft zu Alternativen. Zu Sportarten und »events« wie Skateboard, zu BMX-Veranstaltungen, deren Helden Teenager sind, zum Beach-Volleyball und selbst zu exotischen Sportarten wie Schlittenhunderennen.

US-Sponsoren blicken jedoch schon nach Europa

Die europaweite TV-Verkabelung hat den Amerikanern die »alte Welt« wieder ins Blickfeld gerückt. Es ist damit zu rechnen, daß eine zunehmende Zahl amerikanischer Unternehmen den Sport dazu benutzen werden, um ihre Produkte in Europa vorzustellen. Anhaeuser-Busch, der Welt größter Bierbrauer, hat dies schon getan und seine Marke »Budweiser« in England präsentiert, und zwar über das Medium American Football.

Der große Trend: Die Frauen kommen!

Weitsichtige und wagemutige Sponsoren verschafften den Frauen diese Chance. So sahen Experten Mitte der achtziger Jahre im Damenbowling einen ganz heißen Trend im Sponsoring des Frauensports. Bowling, so argumentierten die Experten, könne speziell mithelfen, Konsumartikel zu vermarkten. Der Grund: In den USA gehen Jahr für Jahr mehr als 60 Millionen Menschen regelmäßig zum Bowling, damit ist die US-Version des Kegelns die am häufigsten betriebene Sportart. Unter diesen 60 Millionen »Bowlern« sind etwa 45 Prozent Frauen – und dies mit zunehmender Tendenz.

Für die Volleyball-Liga der Frauen dagegen war es anfangs nicht leicht, einen Sponsor zu finden. Lee Meade, Direktor dieser Volleyball-Liga, suchte den Kontakt zu den Vermarktern von Frauenprodukten wie Kosmetika, Kleidung, Mikrowellenherde und Weinkühler. Nachdem die ersten Startschwierigkeiten überwunden waren, ließen sich auch die Volleyball-Ladies in den USA gut vermarkten. Ganz am Rande: Vergleichbare Voraussetzungen für eine Volleyball-Herrenliga waren in den USA – immerhin Olympiasieger – lange Zeit nicht zu schaffen. Im Volleyball liegen die Frauen also vorn. Experten glauben: Frauenvolleyball hat in den USA eine große Zukunft vor sich. Jedoch wissen die Marketingexperten auch, daß Mannschaftssportarten in ihrem Land generell nicht so viel Unterstützung finden wie Tennis und Turnen, also Sportarten, bei denen die Einzelkämpfer dominieren.

McDonald's und die Turnerinnen

Die Turnerinnen gerieten schon vor Jahren ins Blickfeld eines solch potenten Sportwerbers wie McDonald's. Und seitdem fördert die Restaurantkette die Meisterschaften der Turnerinnen. Die fünf größten Veranstaltungen des amerikanischen Frauenturnens werden quer über den Kontinent ausgestrahlt. Zwei Veranstaltungen über CBS und NBC und zwei über den Spoortkanal ESPN. Beste Chancen also für McDonald's, über das Turnen die Frauen für sich zu gewinnen. Turnen ist in den USA also vornehmlich ein Frauensport und ist zum Beispiel bei den Mädchen in den USA fünfmal beliebter als bei den Jungen. Und für 62 Prozent der Frauen ist nach einer 1985 durchgeführten Umfrage das Turnen ihre Lieblingssport auf dem Bildschirm.

Konica schrieb sich als erster offizieller Sponsor in der Rhythmischen Sportgymnastik ein, und dies bereits »1984, als bei den Spielen in Los Angeles diese Sportart in den USA vorgestellt wurde.

Allerdings: Der Anteil des Frauensports an den Gesamtaufwendungen der Sponsoren wird in den USA auf nicht mehr als zehn Prozent eingeschätzt.

Sicher gab und gibt es Ausnahmen. Tennis zum Beispiel, wo Martina Navratilova und Chris Evert einen durchaus »männlichen« Marktwert erreichten. Doch die Frauen können als attraktives Objekt für Sponsoren auch bei den großen Publikumssportarten durchaus mit den Männern gleichziehen. Der entscheidende Faktor dabei – und die Beispiele der Martina Navratilova und Steffi Graf scheinen dies zu beweisen – ist wohl, ob sie den Status eines Superstars erreichen können. In der Vergangenheit erreichten den nur wenige Athletinnen. Dies scheint sich zu ändern. Steffi Graf ist dafür nur ein Beispiel.

Duale Strategien – um Männer und Frauen zu erreichen

Solche Strategien scheinen nach Ansicht von US-Experten schon deshalb dringend notwendig, weil die meisten Vermarkter auf ein duales Publikum setzen. Speziell für Frauen konzipierte Produkte dagegen lassen sich nach dieser These durchaus mit Sportveranstaltungen für Frauen verbinden. Doch gibt es hier oft einen inneren Widerspruch, der darin liegt, über eine schweißtreibende Sportart und über beinharten Wettbewerb zum Beispiel Mascara oder Rouge zu verkaufen.

Experten in den USA glauben allerdings, daß es noch einige Jahre dauern wird, bis die Sponsoren Wege gefunden haben, um den Frauensport auf Männerniveau zu hieven. Doch Fortschritte sind unübersehbar. Im Tennis, wie bereits erwähnt, im Golf und auch noch bei einer Reihe von anderen Sportarten. Veranstaltungen der weiblichen Golfer – hierzulande nicht mehr als eine exotische Randerscheinung – werden von Unternehmen wie Konica, dem japanischen Kamerahersteller, von Mastercard International, von Mazda, McDonald's, Nabisco, auch von Nestlé und Sara Lee gefördert. Und der Tabakkonzern Philip Morris entdeckte bereits 1970 für seine Frauenzigarette Virginia Slims das Damentennis. Und dies, obwohl Damentennis damals nicht mehr war als ein Pausenfüller zwischen den Spielen der Herren, abgedrängt auf Nebenplätze. Von 1970 bis 1990 hat sich, wie dieses Beispiel zeigt, einiges geändert. Virginia Slims, einstmals ein mutiger Pionier, erntet nun den Lohn, ist mittlerweile größter Sponsor im Frauensport in den USA.

Nach wie vor ist der Sport immer noch eine von Männern beherrschte Welt

Dies alles sind erste Erfolge im Frauensport, doch im Marktwert haben die Frauen auf breiter Front noch längst nicht mit den Männern gleichgezogen. Das Problem: Sport ist nach wie vor eine von Männern beherrschte Welt. Doch die Situation beginnt sich zu wandeln, und Zuwachsraten werden in den USA noch erwartet. Schließlich ist Sportmarketing auch in den USA gerade in den letzten Jahren erst mündig geworden. Sobald es sich herumgesprochen hat, was sich mit solchen Engagements bewegen läßt, wird es auch im Frauensport weiter aufwärts gehen. Und womöglich können die Frauen in manchen Sportarten, wie etwa im Turnen, Volleyball und Bowling, eine dominierende Rolle übernehmen. Wenn sich denn ein Sponsor findet, der ähnlich mutig ist wie die Brauerei Anhaeuser-Busch, ein Pionier beim Ironman-Triathlon. Bowling, auch Radrennfahren, dies scheinen Sportarten zu sein, auf die Amerikas Sponsoren in Zukunft verstärkt setzen werden.

Der Lebensmittelkonzern Ore-Ida-Foods stieg bereits aufs Rennrad und schuf den Ore-Ida-Challenge-Cup. Diesen Cup gewinnt die Siegerin eines Neun-Tage-Etappenrennens in Idaho. Zwar entspricht die Starqualität und der Bekanntheitsgrad der »Pedaleusen« bei weitem noch nicht den Werten der männlichen Kollegen im Rennsattel, trotzdem hat dieses Engagement sowohl dem Lebensmittelkonzern Ida-Ore wie auch den Radfahrerinnen geholfen.

Strumpfhersteller L'eggs sponsert, was naheliegt, mit einem Mini-Marathon für Frauen in New York ein beinbezogenes Sportthema. L'eggs erklärte allerdings auf Befragen, dies sei eine Goodwill-Aktion, man ziele vordergründig gar nicht einmal auf höhere Verkaufszahlen. Doch dann stellten sich für den Sponsor des Mini-Marathons auch die Umsatzerfolge ein. Die Vermarkter von L'eggs werden nicht unglücklich darüber gewesen sein.

Walking, das flotte Gehen, kann – speziell bei den über Fünfzigjährigen – zum Fitneßtrend der frühen neunziger Jahre in den USA werden. Der Seifenhersteller Lever Bros. erkannte dies schon früh, und schuf mit dem »Lever 2000 Atlanta Stride« einen Wettbewerb für Fitneßgeher, um sozusagen im Marschtempo eine Seife für die ganze Familie auf den Markt zu bringen: eben »Lever 2000«.

Der Reitsport fasziniert auch in den USA vor allem die Frauen. Umfragen lassen erkennen, daß unter jenen Fernsehzuschauern, für die das Reiten die Nummer eins unter den Sportarten ist, sich rund 85 Prozent Frauen befinden. Hinzu kommt beim Reiten ein Image »auf höherer Ebene«, vergleichbar etwa mit dem des Segelns. Diese Tatsache animierte Rolex, sich im Reiten zu engagieren. Die Möglichkeiten, speziell im Hinblick auf »weibliche Produkte«, scheinen beim Reiten noch längst nicht ausgereizt. Reitsport halten Marketingexperten für eine noch lange nicht ausgeschöpfte Goldmine potentieller Sponsoren mit den dazu passenden Produkten.

4.4 Trends und Tendenzen: Medienmensch, Comebacks für »Sport live« und vergessene Sportarten, Suche nach ungewöhnlichen Auftritten und Chancen für weibliche Idole

1. Das neue Idol – ein Medienmensch

Das neue Idol muß jene Fähigkeiten besitzen, über die der Wuppertaler Motorradfahrer Stefan Prein im Übermaß verfügt. Dessen Talent, sich »ständig ins Rampenlicht zu rücken«, beschrieb Detlev Hacke (SÜDDEUTSCHE ZEITUNG, 23./24. 3. 1991). Prein, 1990 »beinahe« Weltmeister in der 125-ccm-Klase (wenn ihn die italienische Konkurrenz im letzten Rennen nicht in Mafiamanier von der Bahn »geschossen« hätte), war vom ersten Auftritt an ein Liebling der Medien. Laut Hacke, weil Prein zuerst einmal leicht verständlich die technischen Feinheiten seines Metiers zu erklären vermag, *weil er im besten Sinne kommunikativ ist.* Bekomme Prein eine Frage gestellt, so Hacke, beantworte er drei. Medienmann Prein wirbt im übrigen für die Produkte derselben Molkerei wie Boris Becker und Larry Hagman (»J. R. Ewing«), und dies mit Witz.

Das Werbe- und Sponsoringidiom geht Prein fließend von der Zunge. Wenn er von Werbeaktionen spricht, um »das Produkt näher an den Endverbraucher zu bringen«, sind die lauschenden Marketingmenschen beeindruckt. *Prein weiß seine Geldgeber/Sponsoren zu präsentieren.*

Und dies geschieht bei dem Medienmann Prein auf elegante Art; er muß sich nicht verstellen, so ist er nun einmal: Sprößling einer bergischen Kaufmannsfamilie, die über Generationen mit Brot und Blumen und schließlich mit Autos handelte. Hacke stellte auch fest: Die demonstrative Makellosigkeit von Preins Auftritten sei »selbstverordnete Direktive«.

Der Medientyp von der Wupper hält Erfolg grundsätzlich für »programmierbar« – auch den sportlichen. Ein von drei Monteuren assistierter Chefmechaniker kümmert sich um die zwei 250-ccm-Hondas von Prein, ein Mediziner um die körperliche (und seelische) Fitneß.

Autor Hacke stellt dann die Frage, ob dieser immense Aufwand den Rummel rechtfertige. Prein, der »Beinaheweltmeister« in der Schnapsglasklasse könne bei den Viertellitermatadoren vielleicht unter die ersten Zehn der Welt kommen; sein Teamkollege Helmut Bradl dagegen sei der Favorit. Doch über den und auch über den Münchner Martin Wimmer, der seit Jahren in der zweirädrigen Weltklasse zu finden ist, schreibt die Publikumspresse nur wenig. Die »medial« weniger begabten Konkurrenten giften dann auch gegen den Aufsteiger aus Wuppertal. »Ich spucke nicht schon vorher große Töne«, so Bradl. Und Jochen Schmidt, 1990 Achter in der Viertelliterklasse, schießt verbal gegen Prein mit der Feststellung, es gebe solche, die Erfolg haben »und solche, die vom Erfolg reden«.

Vor Beginn der Rennsaison 1991 mußten Preins deutsche Konkurrenten sportlich höher als das Medienwunder Prein eingeschätzt werden. Der entscheidende Unterschied zwischen dem Medientypen Prein und dem Saisonfavoriten Bradl: *Der Bayer Bradl ist ein sportlicher Purist, versteht sich als Rennfahrer, möchte seine »Ruhe haben und gut fahren« – Prein dagegen will berühmt werden, will Geld verdienen und nach dem Ende der Karriere »als Werbeträger auf Jahre hinaus attraktiv sein«.*

Idole müssen heute wohl so sein, müssen sich mitteilen und präsentieren können. Dies ist neben den sportlichen Talenten wohl die wichtigste Eigenschaft. *Das Idol muß Mut zu sich selbst zeigen (auch zu seinen Schwächen). Es muß seine Einzigartigkeit vehement vertreten können. Wer ganz nach oben will, muß in der Lage sein, Erfolge mitzuteilen, sie »rüberzubringen«. Wie Prein.*

Was unterscheidet zum Beispiel Franz Beckenbauer von Gerd Müller? Es sind jene »medialen Fähigkeiten«. Gerd Müller, es ist nötig geworden, daran zu erinnern, war nicht nur der erfolgreichste Torschütze im Dreß der Deutschen Nationalmannschaft, er sorgte durch sein Tor im WM-Finale gegen Holland anno 1974 auch dafür, daß die deutsche Mannschaft die WM-Trophäe entgegennehmen konnte. Franz Beckenbauer spielte den Libero, manche sagen, so gut wie keiner mehr nach ihm, doch Gerd Müller war der große Torschütze, was im Abstand der Jahre mehr und mehr in Vergessenheit zu geraten scheint. Warum nur? *Ein Unterschied zwischen Franz Beckenbauer und Gerd Müller liegt in der Fähigkeit, die eigene Persönlichkeit zu präsentieren. Franz, der »Kaiser«, war ein Medienmensch, vermochte sich mitzuteilen, Gerd Müller hingegen war nur vor dem Tor instinktsicher.*

An »Signalen« ließ es Kollege Paul Breitner, ebenfalls ein 74er Weltmeister, und wie Müller Torschütze in diesem Finale, nie fehlen. »Paule« zielte stets auf Medienwirkung, obwohl er, direkt darauf angesprochen, dies sicherlich bestritten hätte. In der Rückschau allerdings zeigt es sich, daß es wohl doch irritierende Signale gewesen sein müssen, Botschaften, die sein Publikum verwirrten.

Dieses Publikum ist offensichtlich erheblich feinfühliger, als manche glauben mögen; dieses Publikum registriert mit seinen »Kommunikationssensoren« die echten Töne, unterscheidet sie sicher von den falschen Signalen. Deshalb ist es auch so schwer, auf Dauer das Publikum zu täuschen, ihm eine Rolle vorzuspielen. Das echte Idol ist ein Darsteller – ein Selbst-Darsteller – und kein Schauspieler. Das Publikum erwartet von seinem Helden so etwas wie ein Echtheitszertifikat; echt muß er also sein, der Held, durch und durch.

2. Das Idol muß eine Botschaft verkünden

Diese ganz spezielle Aussage, die hinter dem Idol steht, ist fast noch wichtiger als seine Siege. Jimmy Connors zum Beispiel wurde für die Werbung erst als Mittdreißiger so richtig interessant. Zu diesem Zeitpunkt hatte er sich nicht nur zu einem Sympathieträger gewandelt, für die Mittdreißiger transportierte er die Botschaft, daß auch im »reifen Alter« noch Spitzenleistungen möglich sind. Zudem war er ein Held, der sie an jene Zeiten erinnerte, als sie selbst noch zwanzig waren. Millionen, die sich mit ihm identifizierten, begeisterte er mit einer Vielzahl von »letzten Gefechten«.

3. »Sport live« ist wieder eine Attraktion

Ende der achtziger Jahre begannen die Leute wieder in die Stadien zu rennen. »Sport live« zog wieder. Diese Erkenntnis verbreitete Claudia

Krämer in der Zeitschrift SPORT-ILLUSTRIERTE (1/88). Damit schien sich ein Trend ins Gegenteil umzukehren, den Demoskopen nicht wenig zuvor noch ganz anders vorausgesehen hatten: »Sport live«, Sport mit Atmosphäre also – das alles sei am Ende.

Die Gefahr gehe von der Großmacht Fernsehen aus, die den Sport frei Haus und per Kabel noch als Massenware ins warme Wohnzimmer liefere. Falscher Alarm? Forschten die Demoskopen etwa am Trend vorbei? Zum Ende der achtziger Jahre jedenfalls begannen die Zuschauer wieder in die Stadien zu wandern.

Überdruß am Mattscheibensport? Gut möglich. Das bundesdeutsche Eishockey jedenfalls, am Weltniveau gemessen nun wirklich nicht »Spitze«, steigerte die Besucherzahlen; auch der Fußball schien sich wieder zu erholen.

Das BAT-Freizeit-Forschungsinstitut Hamburg, geleitet von Professor Dr. Horst W. Opaschowski, nahm sich dankbar der Umkehrbewegung des Trends an. Es kam dabei zu folgendem Ergebnis: Wer ins Stadion gehe oder in die Halle, den bewege vor allem das eigene Ego. Die Repräsentativumfrage zeigte, daß es 43 Prozent in die Stadien zieht, weil sie »Spaß haben« wollen. Um »begeistert zu werden«, tun es 36 Prozent; um »Geselligkeit zu finden« 27 Prozent; um »Spannung zu erleben« 26 Prozent; 19 Prozent wollen sportliche Höchstleistungen erfahren; nur 13 Prozent möchten Sportstars sehen.

Woraus die Freizeitforscher von BAT das Fazit zogen: Was zähle, sei Show und Unterhaltung. Ganz klar, so meinten sie, Vereine und Verbände produzierten am Verbraucher vorbei, weil sie stets immer nur die sportliche Leistung in den Vordergrund rückten. Das Ansinnen sei zwar ehrenwert, doch in Amerika etwa sei man schon ein gutes Stück weiter. Als Beispiel wurde die American Football League angeführt, die ihren Besuchern eine lockere Mixtur aus Sport, Disco, Barbecue und Revue verkaufe und damit sogar die Frauen ins Stadion hole – ein erstaunliches Kunststück, weil 41 Prozent der Frauen eh kein sonderliches Interesse an Sportveranstaltungen hätten.

4. Neue Chancen für vergessene Sportarten – weil das Publikum öfter mal was Neues will

Die Beweise für diese These müssen noch in den USA gesucht werden. Dort machen sich die Sponsoren mehr und mehr auf die Suche nach dem noch nicht Dagewesenen – oder, wenn sie das nicht finden: nach dem lange nicht mehr Erlebten. Eine Entwicklung, die sich auch hierzulande bald bemerkbar machen könnte. Aus diesem Trend könnten sich Chancen für die »Mauerblümchen« unter den Sportarten ergeben, mit Hilfe von Sponsoren, die neue Reize suchen, aus der Schattenzone herauszutreten.

Was solche von Sponsoren wachgeküßten »Dornröschen« unter den Sportarten einem Sponsor bieten können, ist zuerst einmal ein günstiges Kosten-Nutzen-Verhältnis. Bei Sportarten wie Golf und Tennis erscheint ein Sättigungsgrad erreicht. Amerikanische Sponsoren wagen sich deshalb auch an exotische Sportarten heran. Es beginnt sich die Erkenntnis durchzusetzen, daß sich für jedes Unternehmen, jede Marke eine passende Veranstaltung, eine passende Sportart findet. In den USA sind auch Sportarten wie Walking, Bowling für Sponsoren attraktiv geworden, aber auch BMX-Fahren und Rollstuhlbasketball (soziales Engagement) finden Unterstützung durch die werbende Wirtschaft.

5. Gesucht – ungewöhnliche Auftritte

Ein gelungenes Beispiel für ein phantasievoll umgesetztes Sponsoring-Engagement lieferten vor Jahren die Fechter zusammen mit der Wicküler-Brauerei mit ihrer »Musketieraktion«. Auf ähnlich phantasievolle Aktionen wartet die Branche immer noch.

6. Die Frauen kommen

Frauensport könnte sich in der zweiten Hälfte der neunziger Jahre zu einem Hit entwickeln. Wenn auch der Sport eine vor allem von den Männern beherrschte Welt ist, so haben die amerikanischen Werber entdeckt, daß sich gerade im Frauensport noch attraktive Veranstaltungen finden lassen. Veranstaltungen, Bewerbe, Sponsoring-Engagements, die dazu den Einstieg in sogenannte »Frauenmärkte« bieten. Die Tendenz ist jedenfalls steigend.

7. Eine Gefahr: Die Entwicklung eines Zwei-Klassen-Systems im Sport

Nach dieser These gibt es einerseits die Großverdiener in den wenigen TV-gerechten Sportarten und andererseits die Bettler, nämlich all jene Sportarten, die vom Fernsehen und der Sportartikelindustrie übersehen werden. Den Übersehenen bleiben dann nur noch die Brösel des Kuchens Sportsponsoring.

Ein Kuchen, den es, auf olympischem Feuer gebacken, künftig immer häufiger gibt. In Zukunft nämlich findet Olympia durch den geänderten Rhythmus der Winterspiele alle zwei Jahre statt. Willi Daume allerdings: »Wenn ich könnte, würde ich diese Entscheidung rückgängig machen.« Wahrscheinlich kommt diese Einsicht zu spät. Der Tanz ums goldene olympische Kalb werde immer hektischer, der Tanzboden immer glatter, kommentierte das österreichische Fernsehen diese Entwicklung.

Wie leicht man auf diesem Tanzboden zu Fall kommen kann, hatte die griechische Hauptstadt Athen erfahren müssen; als »sentimentaler Favorit« war die Stadt der ersten Spiele 1896 bei der Vergabe der Jubiläumsspiele 1996 ins Rennen gegangen. Doch nach fünf Wahlgängen siegte Atlanta/Georgia. »Hundert Jahre Olympia hatten gegen hundert Jahre Coca-Cola keine Chance«, so der ORF-Kommentator. In Atlanta, dies muß zur Erklärung hinzugefügt werden, sitzt Coca-Cola, ältester Sponsor Olympias. Darauf baute Atlanta. Nicht zu Unrecht. Atlanta bot neben dem Versprechen einer perfekten Organisation dem IOC schlichtweg den Reingewinn seiner Spiele an. »Das ist eine eigentümliche Entscheidung, ich glaube, Geld hat dabei eine große Rolle gespielt«, kommentierte der britische Sportminister Robert Atkins die Wahl.

Die Gesprächspartner

Horst Kern, Sozial-Psychologe, war fünf Jahre lang Geschäftsführer der Dr. Salcher Team GmbH in Ottobrunn und leitet seit Mitte 1991 den Bereich Research and Strategic Planning der Werbeagentur DMB & B in Frankfurt. Als Spezialist für strategische Marktforschung führte er beim Dr. Salcher Team Studien zum Image von Sportarten und ihrer Idole durch. In diversen Studien untersuchte er auch das Medium Sponsoring. Als Gesprächspartner des Autors interpretierte Horst Kern Erkenntnisse aus diesen Studien.

Peter Roth, Professor an der Fachhochschule München, Berater in Marketing und Marktkommunikation, Geschäftsführer einer GWA Werbeagentur, ist Herausgeber eines Standardwerkes zu diesem Thema: »Sportsponsoring« (Verlag Moderne Industrie). Als Gesprächspartner des Autors äußert er sich zu den verschiedenen Formen des Sportsponsoring im Rahmen des Kommunikations-Mix, spricht über Einsichten und Erkenntnisse, Überlegungen und Erfahrungen.

Ernst Tachler, 1943, Diplom-Psychologe: Koordiniert in München die Marktforschung des Burda-Verlages. Ein besonderer Schwerpunkt seiner Arbeit: die Redaktions-Marktforschung, für die er Medien-Konzepte entwickelt und testet. Aus dem Blickwinkel des Diplom-Psychologen erforscht Ernst Tachler spezielle Zielgruppen, beschäftigt sich mit Aspekten wie Wertewandel und Werbewirkung und der besonderen Wechselbeziehung auf Branchen und Märkte. Als Gesprächspartner des Autors entwickelte er Thesen und Theorien zur Leitbildfunktion des Idols und des Kraftaustausches, der zwischen dem Idol und seinem Publikum stattfindet. Tachler interpretierte auch die Medienwirkung der »Prototypen« auf der Bühne des Sports.

Stichwortverzeichnis

A

Abhängigkeit, 170
Aktivierung, 199
Aktualisierung des
 Markennamens, 173
anabole Steroide, 154
Angriffslust, 126
Animositäten, 81
Anonymität, 146
Arbeit/Leistung, 85
Arbeitsethos, 103
asketische Kälte, 94
Ausbruchsversuch, 69
Ausstrahlung, 146
autark, 27
Authentizität, 184
Autogrammstunden, 182
Autoritäten, 92

B

Barren, 161
Belagerungsmentalität, 126
Beliebtheit, 195
Berührungsängste, 172
Besitzanspruch, 70
besseres Ich, 32
Bohemien, 93
Botschaft, 27
Breitensportengagement, 174
Bußgeldliste, 91

C

Charisma, 20, 54
Charme-, 94
– bolzen, 95

Clipping, 176
Corporate Design, 58, 185
Corporate Identity, 58, 185

D

Day-after-recalls, 200
Depression, 106
Dimension, 185, 196
duales Publikum, 206
Dynamik der Gruppe, 80

E

Effizienz, 183
Ehrgeiz, 92
Ein-Mann-Syndikat, 116
Einstellung, 172
Elektrostimulation, 155
Endlossieger, 19
energetische Kräfte, 22
Energieaustausch, 23
Erfolg(s)-
– kontrolle, 176
– philosophie, 193
– statistiken, 143, 148
– truppe, 117
Erlebnisfeld, 184
Erwartungshorizont, 204
Erziehungsmethode, 161
Exklusivität, 203
Exzentrik, 16

F

Fähigkeit zur Kommunikation, 39
Fairneß, 90

Familienverband, 87
Fankult, 140
Faulpelz, 103
Fernsehereignis, 106
Finanzierung, 143
Fitneß, 83
Fluchtreaktionen, 141
Fördermodelle, 152
Formel, 26
Frauenmärkte, 213
Freundschaft, 90
Fußballstamm, 126

G

Geld-
– Appeal, 172
– geber/Finanzierer, 167
– Ranglisten, 151
Gesamtkommunikation, 174
Geselligkeit, 123, 179
Gestik, 81
Glaubensbekenntnisse, 22
gläubiger Athlet, 21
Gleichmut, 104
Golfstrom, 122
Grand-Prix-Meetings, 153
Groupie-Phänomen, 37

H

Halo-Effekt, 35, 88
Handlung, 29
Harmonisierungsfunktion, 59
Haß, 90
Höchstleistungen, 179
Hooligans, 134
hörig, 96

I

Ideal, 103

Identifikation(s)-, 144, 202
– welle, 71
Image-, 181
– defekte, 122
– dimensionen, 194
– Entwicklungsschub, 132
– transfer, 58, 193
Imagination, 82
Impuls, 29
Individualismus, 16
Individualsportarten, 190
inflationäre Entwicklung, 17
inflationäre Tendenzen, 18
Instinktsicherheit, 38
Integrationsfigur, 71
Interesse, 179, 189
Intimsphäre, 141

J

Jugend, 83

K

Kaiser, 96
Kämpfernatur, 90
Kapitalkraft, 178
Kaufinteresse, 181
Knuddelkicker, 115
Kommunikation(s)-, 180
– erlebnis, 184
– faktor, 40
– inhalte, 31
– Mix, 183
kompatibel, 196
Kompensation, 103
Kontakte, 191
Kosten-Nutzen-Verhältnis, 144
Kostümspektakel, 145
Krieg, 90

L

Legende, 198
Leistung(s)-, 83
– maniker, 106
– purist, 27
Leitbild, 192
Lernprozesse, 91
Lust-
– an der Leistung, 21
– gewinn, 16

M

Makellosigkeit, 209
Männerfreundschaft, 80
Marken-
– aktualität, 185
– präferenzen, 180
Marketingkommunikation, 177
Markt-
– kommunikation, 183
– tendenz, 144
mediale Fähigkeiten, 210
Medien-
– erlebnis, 128
– mensch, 209
– präsenz, 170
– wirksamkeit, 167
– wirkung, 103, 196
Millionen-Cup, 137
Millrose-Games, 154
Mimik, 81, 146
Minimalist, 107
Mit-Läufer, 151
Motivierung, 199
Musketierauftritte, 145

N

Nachfrage, 181
Nähe, 189
nationale Identität, 81
negative Schlagzeilen, 87
nemeischer Löwe, 30
Neon-Punker, 27
Nerven-
– kitzel, 179
– schnitt, 162
neue Elite, 112
Nicht-Wirkung, 109
Nonkonformistenausstrahlung, 116
nostalgische Begeisterung, 90
nostalgische Helden, 12
Null-Bock-Mentalität, 70

O

obszöne Gesten, 89
ohne Allüren und Affären, 84

P

Partita, 126
Pedanterie, 105
Perfektionssucht, 102
phantasievolle Aktionen, 213
Pöbeleien, 91
Point of Sale, 182
polarisierende Wirkung, 14
Popidole, 95
Popularitätskurve, 84
positive und negative Phantasien, 28
positives, überhöhtes
   Lebensgefühl, 19
Präsenter, 200
Preisspirale, 150
Produkt(e)-
– der Phantasie, 17
– umfeld, 180
Protestbewegung, 92
Prototyp, 70
Public Relations, 180

Publikumssportarten, 144
Purist, 108

R

Rächer, 90
Rationalität, 86
reiner Unterhaltungskonzern, 139
Rekordmeetings, 156
Revolution des Fechtstils, 149
Rolle(n)-, 102
– spieler, 117
rüpelhaft, 102

S

Schulsport, 158
schwedische Intraversion, 94
seelisches Gleichgewicht, 89
Sehnsüchte nach Siegen, 13
Selbst-
– darstellung, 148
– kontrolle, 104 f.
– kritisch, 40
– verwirklichung, 16
– zufrieden, 92
Self I und Self II, 36
Seriensieger, 18
Showelement, 97
Siegertyp, 96
Siegeswille, 94
Solidarität, 16
Soll-Image, 194
soziale Intelligenz, 81
soziodemographische Struktur, 191
Spannung, 179
Spaß, 179
Sponsoring-Barometer, 176
Sportkommunikation, 173
sportlich-schöpferische
  Aggression, 29

Stadionwerbung, 190
Stammesritual, 126
Starkult, 142
strategische Vorarbeit, 176
Stricknadelboxer, 149
Subjektivität und Objektivität, 15
Suchtperson, 102
Superturniere, 138
Symbolfiguren, 145
Sympathie-
– faktor, 32
– träger, 211
systematische Erfolgskontrolle, 176

T

Teilnehmerrolle, 14
Telefoninterview, 200
Tennis-
– aficionados, 72
– kosmopoliten, 81
– Ritter, 93
Testimonial, 182
Tiefeninterview, 56
Tifosi, 126
Titelsponsor, 178
Tradition, 197
Trapezieren, 162
Traumfiguren, 37

U

Umfeld, 87, 195
Understatement, 107
unmoralisch, 175
Unterhaltung, 179

V

vasomatorische Doppelgänger, 12 f.
verbissen, 85

verbittert, 102
Verbraucherpromotion, 199
Verkaufsförderung, 173, 180, 182
Vermarktung, 143
Versteinerung, 105
Verweigerer, 108
Verzahnung, 199
Volkssport, 147
Vorbild-, 70
– für die Jugend, 85
Vorbilder, 70

W

Wanderbühne Leichtathletik, 150
Welt-
– kind, 86
– spitze, 148
Werbe-
– aussagen, 88
– Erinnerung, 200
– verträge, 137

Werbung, 180
Wiederholung der Leistung, 38
Wimbledon, 140
Wirkungskontrolle, 200
Wunderkind, 72

Y

Yps, 105

Z

Zielgruppen-
– ansprache, 173
– kampagne, 182
Zuneigung, 82, 91
Zuschauer-
– aggressionen, 133
– sympathie, 18
Zustimmungswerte, 85
Zwei-Klassen-System, 214

Mit der WELT sind Sie täglich im Handumdrehen gut informiert

DIE WELT formuliert knapp und präzise. Sie ist übersichtlich gegliedert, schnell lesbar. Sie erhalten in kurzer Zeit ein Maximum an wichtigen Informationen.

DIE WELT liefert die wichtigsten Informationen aus erster Hand. Über 90 Korrespondenten berichten von den Brennpunkten des Weltgeschehens. Die Hauptredaktion arbeitet in Bonn.

Ein großes Team anerkannter Journalisten und Mitarbeiter verdichtet das Weltgeschehen und seine Hintergründe zu einer Tageszeitung von Weltrang.

Das besondere Angebot für die Leser dieses Buches: Zum Kennenlernen erhalten Sie DIE WELT 14 Tage kostenlos und unverbindlich ins Haus.

Bitte schreiben Sie an DIE WELT, Leser-Service, Postfach 30 58 30, 2000 Hamburg 36.